VICTOR PAVIE

ANGERS, IMPRIMERIE P. LACHÈSE ET DOLBEAU

VICTOR PAVIE

SA JEUNESSE

SES RELATIONS LITTÉRAIRES

Ab auditione mala non timebit.
Ps. CXI.

ANGERS

IMPRIMERIE P. LACHÈSE ET DOLBEAU

4, Chaussée Saint-Pierre, 4.

1887

PRÉFACE

Ab auditione mala non timebit.
Ps. cxi.

On peut dire, sans craindre d'être démenti, que Victor Pavie a été l'un des hommes les plus respectés et les plus sympathiques qui aient paru dans notre ville durant ce siècle. Sa longue carrière, en lui permettant d'exercer pleinement les rares aptitudes dont Dieu l'avait doué, lui a fourni l'occasion de se trouver en rapport avec toutes les classes de la société. Par les hautes facultés de son brillant esprit, il appartenait au monde des lettrés et des artistes; par les tendresses de son âme enflammée de la charité chrétienne, il était porté à tendre la main aux pauvres, aux ignorants et aux humbles. Il avait une de ces natures d'élite qui sont attirées vers le côté élevé des choses et s'y élancent d'instinct. Le dévouement pour ses amis, qui lui valut dans sa jeunesse de si précieuses relations, l'entraîna plus tard vers les réunions charitables dont la religion est le lien et qui se sont développées parmi nous avec tant d'éclat sous l'impulsion vigoureuse de notre illustre évêque. Pieux dès son enfance, il alla progressant toujours dans la vertu. Celui qui avait été dans son adolescence un poète, un littérateur passionné, devint avec l'âge un *grand chrétien*; et cette double expansion de l'intelligence et du cœur, forma, jusqu'au dernier jour, le trait distinctif de sa personnalité.

Dès ses plus jeunes années, il s'essaya dans l'art des vers et y réussit, comme le prouvent les encouragements flatteurs que lui prodiguèrent les maîtres d'alors. Ce ne fut pas une liaison passagère, mais une amitié durable qui s'établit entre lui et les écrivains, les artistes les plus en renom : les lettres nombreuses qu'ils échangèrent pendant si longtemps, en font foi.

Le triomphe de ses amis était ce qui l'occupait le plus ; il s'oubliait lui-même et ne pensait point à se faire un nom, à conquérir la place qu'ils lui réservaient à côté d'eux. Il le fit bien voir dans les grandes et mémorables batailles qui se livrèrent autour d'*Hernani*; peut-être ce premier drame de Victor Hugo, interprété par les plus éminents acteurs des Français n'eût-il pas été accepté du public, s'il n'eût amené pour le soutenir des bataillons d'étudiants, de jeunes peintres, de connaissances recrutées de toutes mains, qui par leurs applaudissements frénétiques étouffaient les marques d'improbation parties de divers points de la salle.

Cette campagne en faveur du romantisme, — dont il fut l'un des chefs les plus actifs, — conduite avec ensemble et couronnée par la victoire, eut pour résultat d'entraîner V. Hugo vers le théâtre, qui lui fut fatal à plus d'un point de vue. Victor Pavie ne tarda pas à le comprendre et il se repentit d'un zèle irréfléchi qui lui valut pourtant de la part du grand poète des élans de reconnaissance et un redoublement d'affection. V. Hugo avait trop de tact pour ne pas distinguer ce qu'il y avait de désintéressé dans un dévouement si absolu, et Mme Hugo disait : « Ce sont là de ces services qu'on n'oublie jamais ! »

On conçoit qu'avec une pareille préoccupation des succès de ses amis, Victor Pavie n'eut pas le temps, ni le souci de songer à suivre la carrière qui s'ouvrait devant lui. Il a beaucoup écrit ; poésies, articles sur la littérature, sur les arts, — peinture, sculpture, musique, — car il embrassait tout dans le rayon de son intelligence féconde ; mais c'était sous l'inspiration du moment qu'il prenait la plume. A ces œuvres si variées, il a manqué l'unité qui fait le livre. Son esprit toujours en éveil produisait sans cesse ; il dispersait en tous sens son talent, qui débordait au lieu de se creuser un lit régulier et contenu. Dans telle de ses esquisses jetées sur le papier de prime saut, abondantes en points de vue ingénieux, en théories neuves, « il y a, disait Sainte-Beuve, « plus d'idées que dans un de nos volumes ! »

Victor Pavie n'a donc pas laissé une œuvre qui puisse donner la mesure de sa valeur. Voilà pourquoi, lorsqu'il a disparu d'au milieu de nous, la famille a jugé convenable de consacrer à sa mémoire une notice, dans laquelle on pût suivre les plus brillantes et les plus actives années de sa vie, éclairées par le reflet des lettres de ses amis les plus éminents, V. Hugo, David, Sainte-Beuve, etc. ; et elle a chargé de cette tâche difficile celui qui a passé près de lui soixante-quinze années dans une intimité fraternelle, celui qui a grandi sous son aile, qu'il a essayé de former selon ses idées et qui lui doit le peu qu'il a de bon.

Ce travail est donc un coup d'œil rétrospectif sur des temps éloignés que la génération présente n'a pas connus et que la génération précédente n'a pu qu'entrevoir. Il y est à peine question des années que Victor Pavie a passées dans la retraite, de son rôle dans le progrès des œuvres pies auxquelles il se consacra; c'est là de l'histoire moderne, contemporaine, dont le souvenir est trop vivant parmi nous, pour qu'il soit besoin de le rappeler.

Le caractère expansif de Victor Pavie, guidé par les principes religieux qui étaient un héritage de famille, sa précoce sagesse, sa discrétion bien connue, lui attirèrent plus d'une confidence de la part de ceux de ses amis qui ont occupé le public; mais dans la correspondance publiée ici, on ne trouvera point de ces détails oiseux qui piquent la curiosité du lecteur avide de révélations trop délicates. Ces lettres ont été le plus souvent écrites sous l'inspiration d'une pensée louable et dans les meilleurs moments de ces écrivains, de ces artistes, dont la vie est sujette à tant d'agitations, de tristesses et de défaillances ! Elles ne peuvent que montrer sous un jour plus favorable ceux qui les ont écrites. Tous respectaient et admiraient la candeur et la foi vigoureuse de ce jeune poète, à l'imagination ardente, qui se contenta de prêcher d'exemple et ne sermona jamais.

Puisse cette noble vie si bien commencée et si admirablement terminée, prouver aux jeunes gens que la foi n'est incompatible, ni avec la poésie, ni avec l'enthousiasme pour les grandes œuvres de l'esprit humain ; et leur faire comprendre que la sincérité des convictions jointe à la pureté des mœurs, est toujours un objet de respect et souvent d'envie pour ceux-là mêmes qui semblent le plus s'abandonner à leurs passions et obéir aux instincts de la libre pensée.

Th. P....

La Chaufournaie, le 1er mars 1887.

VICTOR PAVIE

PREMIÈRE PARTIE

CHAPITRE PREMIER
Les années d'enfance

I

Parmi les jeunes gens qui, nés dans les premières années de ce siècle, furent témoins du magnifique essor que prit à l'avénement de la Restauration, la littérature française, et particulièrement la poésie, aucun peut-être ne l'accueillit avec un enthousiasme plus sincère que Victor Pavie. Doué d'une nature expansive et éminemment sensible, il était mieux que personne disposé à ressentir les influences qu'exerça sur les esprits d'élite l'école nouvelle, l'école romantique alors à son début. Les fantaisies rêveuses des poètes modernes qui animaient l'ode d'un lyrisme rajeuni et rendaient à la ballade sa naïveté des temps passés, les élégies empreintes du sentiment d'une vraie douleur, répondaient aux instincts de son imagination précoce. La folle du logis hantait son berceau. Tout enfant, il se montrait tourmenté du désir d'admirer et il se laissait entraîner vers ce qui, par son étrangeté, sa bizarrerie ou par le côté dramatique, l'étonnait et le fascinait. Prompt à s'exalter, impétueux, facile à s'attendrir, passant du rire aux larmes sans transition, son âme vibrait à toutes les sensations qui lui venaient du dehors. Ce que l'on racontait en sa présence se gravait profondément dans sa mémoire et il fallait éviter les conversations dont les tragiques aventures fournissaient le sujet. Dès ses plus jeunes années il avait des rêves étranges, de subites terreurs qui le faisaient se lever la nuit en poussant des cris.

Il me souvient des frayeurs qui l'assaillirent à l'époque du drame horrible dont les Moulins d'Ivré furent le théâtre et qui se termina par le supplice des coupables. La servante dévouée — qui resta au service de la famille pendant soixante-cinq ans, — venait de nous mettre au lit et s'était retirée après avoir eu soin de constater que son cher Victor, objet de ses plus tendres prédilections, était bien endormi; à peine était-elle sortie, quand Victor s'éveilla en sursaut, criant, sanglotant, m'appela; me tira du lit, me prit la main, et nous voilà tous les deux, descendant les quarante marches de pierre du second étage, pieds nus et en chemise. C'était en hiver, j'avais froid ; mes petits pieds glissaient d'une marche sur l'autre, et je tombai. Encore endormi, je pleurais de toute ma force sans savoir pourquoi. Le père et la grand'mère qui soupaient tranquillement, — on soupait alors, — quittèrent vite la table au bruit de nos lamentations ; ils s'élancèrent vers nous en demandant : « Que vous est-il arrivé? qu'y a-t-il? » Il n'y avait rien, si ce n'est que Victor était en proie aux hallucinations d'un affreux cauchemar. Il avait alors moins de neuf ans et moi un peu plus de six.

Il fallut qu'une autre servante, fort attachée aussi à notre famille et qui se prêtait volontiers à nos caprices, endormît mon frère avec des contes drôlatiques, propres à calmer son esprit, et le veillât toutes les nuits pendant des mois... Bien souvent je ronflais avant la fin du récit, mais Victor écoutait jusqu'au bout et se faisait répéter certains détails que ses perpétuelles distractions ne lui avaient pas permis de retenir.

Ces deux femmes, qui ont consacré tant d'années de leur vie au service de notre famille, ont eu sur l'enfance de Victor trop d'influence pour que nous n'esquissions pas leur portrait et leur biographie. L'une représentait la Vendée, avec son héroïsme, sa foi inébranlable, ses mœurs antiques ; l'autre, moins vive d'intelligence, moins ardente dans ses convictions, mêlait le fantastique aux souvenirs des terribles réalités dont elle avait été témoin. La première, Marie Dubois, née sur la ferme de Sainte-Foi, en Saint-Lambert-du-Lattay, y gardait les brebis quand éclata la Révolution : elle avait alors dix-neuf ans. Chassée de son pays par les Bleus, elle suivit l'armée Vendéenne dont elle partagea les succès, puis les désastres. Elle traversa la Loire avec Bonchamps mourant, vit tomber Cathelineau sur la place Viarmes à Nantes, assista au combat acharné de Dol, où Vendéens et Républicains luttaient corps à corps et arriva sous les murs de Granville que le manque de grosse artillerie empêcha d'assiéger. Quand la retraite commença, quand les héroïques paysans acculés à la mer et ne pouvant se reposer dans une place forte, durent revenir sur leurs pas, Marie emportée par la déroute, se trouva séparée du gros de l'armée, réduite à errer dans la campagne, à se cacher au fond des fossés remplis d'eau et gelés bien souvent, pour éviter la mort. Non loin de Savenay, elle tomba aux mains des Bleus et fut emprisonnée à Nantes, au Bouffay, de sinistre mémoire, d'où les captifs ne sortaient que pour être guillotinés ou noyés dans la Loire. Depuis quelques mois elle gisait dans cette affreuse prison, se cachant sous un tas de petits enfants dont les rats rongeaient les oreilles, s'attendant chaque jour à marcher au supplice, quand la mort de

Robespierre ouvrit les cachots. On la jeta dehors, mourante de la peste et si faible qu'au premier pas elle tomba dans une allée. Grâce aux soins de quelques bonnes âmes, elle guérit et entra à Nantes au service d'une dame chez laquelle elle ne resta qu'une année. Désireuse de revoir l'Anjou et de gagner son pain dans le pays natal, le hasard ou plutôt la Providence lui fit rencontrer notre grand'mère qui, délivrée elle-même des prisons d'Amboise par la chute du monstre dont le joug odieux écrasait la France, venait de recouvrer sa liberté. Ainsi marchèrent l'une au-devant de l'autre, la maîtresse et la servante qui ne devaient plus se quitter.

Marie Dubois était de haute taille, intrépide, infatigable, bonne à tout; elle devint une habile cuisinière. Quand Victor lui demandait ce qu'elle avait répondu aux juges iniques du tribunal révolutionnaire de Nantes, elle posait sa main sur sa hanche et répliquait fièrement : « Je leur ai dit : « Vous êtes pires que les tigres au fond des bois ! » — « Tu as donc vu tous les chefs vendéens, La Rochejaquelein, Bonchamps, Lescure ?.. — Ah ! oui, que je les ai vus et connus ! Je les ai souvent servis à table... une belle tablée, va ! Il y avait là aussi ce grand flandrin de prince de Talmont, haut comme le plancher, avec un sabre qui n'en finissait point, et des bottes de sept lieues, dans lesquelles ses longues jambes fléchissantes avaient l'air de danser... »

Elle avait son franc parler, la Vendéenne, et savait se faire respecter. De toute sa hauteur elle dominait sa compagne, Renée Boulay, native de Gonnord, et qui avait également pris sa part des misères de la grande guerre, mais sans quitter les communes de son canton, où régnait, paraît-il, un certain scepticisme. Petite de taille, d'une complaisance à toute épreuve — dont nous ne nous faisions pas faute d'abuser — elle racontait sur les temps de la Révolution d'étranges histoires : le défilé nocturne et interminable de la division de Stofflet et de ses cavaliers en sabots, portant des cordes pour étrivières ; une certaine messe dite au milieu d'une lande, la nuit, sans qu'on sût où était le prêtre, et dont une voix partie du haut d'un arbre, indiquait les diverses phases, en criant : « Debout, voici l'Évangile... Prosternez-vous, voici l'Élévation ! » Et les femmes suivaient, remplies d'effroi et de trouble, cette messe fantastique, au milieu de l'obscurité. Il était assez difficile de comprendre ces récits auxquels manquaient les contours nettement accusés qui rendaient si vivants ceux de Marie Dubois. N'importe, ils s'imprimaient dans l'esprit de Victor qui aima toujours associer la fantaisie à la réalité. Aussi accablait-il de questions la pauvre fille qui faisait de vains efforts pour donner plus de précision à ses souvenirs, mais que de jolis contes elle savait et racontait comme une leçon !

Le soir, au coin du feu de la cuisine, ces deux

femmes évoquaient invariablement les tableaux des jours sinistres de la Révolution. Marie Dubois qui avait suivi l'armée, parlait en soldat des marches, retraites, déroutes, massacres ; Renée Boulay y mêlait ses récits épisodiques. De telles conversations n'étaient pas pour rasséréner l'esprit trop impressionnable de Victor. Aussi le père et la grand'mère, inquiets des secousses fréquentes qu'imprimaient à son imagination les histoires réelles ou fictives et craignant que son tempérament en apparence débile n'eût à en souffrir, prirent le parti de l'envoyer à pied et à jeun, à la première messe d'Avrillé, afin d'y être *évangilé* par le curé du lieu qui avait la confiance pour ce genre d'exorcisme. Peu à peu, l'âge et la raison aidant, Victor se trouva guéri de ses terreurs ; il prit possession de lui-même, mais sans pouvoir dominer ni réprimer encore les élans de ses sensations trop vives.

II

Il fallait si peu de chose pour l'emporter dans les régions de l'idéal qu'il semblait chercher de son regard toujours dirigé en haut ! C'était son bonheur de suivre les masques qui, sortis par la rue du Petit-Prêtre de la place Cupif et du quai, — où se trouvaient des magasins de travestissements, — rentraient dans la rue Saint-Laud à notre porte et remontaient par le Grand-Talon pour gagner la place du Ralliement et le théâtre. Quand apparaissaient, mal éclairés par la lueur vacillante des reverbères, les brillants chevaliers aux toques ornées de plumes, les polichinelles à double bosse, aux sabots blancs résonnant sur le pavé, l'arlequin agile et pimpant au museau de Carlin, frappant de sa batte le dos des passants ahuris, quels cris de joie ! Mais si les paillettes qui constellaient les manteaux des troubadours et les bonnets pointus des magiciens, attiraient Victor sur leurs pas; leurs visages de carton enduit de cire, immobiles, souriant ou menaçant sans jamais changer d'expression, les voix sourdes ou criardes, rauques ou avinées qui s'échappaient de dessous ces figures privées de vie et de mouvement, — et tenaient des propos que, Dieu merci, nous ne comprenions pas, — le jetaient dans une stupéfaction inquiète. Il regardait en écarquillant les yeux, il écoutait la bouche béante et brûlait d'envie de savoir ce qu'il y avait sous cette enveloppe mystérieuse.

L'ardeur de Victor à s'attacher aux pas des masques était tellement irrésistible qu'un lundi gras, — ce jour est d'ordinaire consacré au repos par ceux qui se sont fatigués à fêter trop consciencieusement le dimanche, et veulent reprendre des forces pour le mardi, — un lundi gras, dis-je, parut au haut de la rue du Petit-Prêtre un voyou boueux, à moitié ivre, déguisé en femme et qui tenait sur l'épaule une *miche* enfilée au bout d'un bâton : Victor aperçut du haut de la terrasse cette tête échevelée, mal couverte par un bonnet à brides; il s'échappa et courut après cet ignoble masque jusque devant la Trinité. Il l'eût suivi jusque dans la rue Saint-Nicolas si la bonne dépêchée à sa recherche ne l'eût rattrapé et ramené d'autorité à la maison. On voit à quel point tout ce qui sortait de l'ordre habituel des choses en beau ou en laid, tout ce qui tenait de près ou de loin au fantastique agissait sur son imagination et l'emportait sans qu'il pût se retenir.

Les foires de ce temps avaient à nos yeux quelque chose de solennel qu'elles n'ont plus pour les enfants d'aujourd'hui blasés par toute sorte de spectacles. La place des Halles se couvrait de cabanes en toile, moins brillantes que celles de nos jours, mais quels sujets d'étonnement pour Victor, d'ébahissement, de curiosité inassouvie! Ce n'était point la joie bruyante, le rire enfantin qu'excitaient en lui les artistes voyageurs en tous genres avec leurs musiques tapageuses et leurs parades grotesques. Non; il voyait partout le surnaturel, et il admirait sans réserve. Ce n'est pas lui qui aurait cherché à surprendre les secrets de l'escamoteur et à découvrir la muscade cachée entre ses doigts; il se laissait aller au plaisir d'être ébloui et fasciné, il lui fallait à tout prix du merveilleux. Il lui semblait que les saltimbanques étaient des hommes à part, des hommes supérieurs à la foule qu'ils dominaient du haut de leurs tréteaux. Ce qui plongeait Victor dans une véritable extase, c'étaient les exercices de ce pître à queue rouge, vêtu en jocrisse, qui avalait lentement un paquet de filasse gros comme le poing, et après l'avoir mâché faisait jaillir tranquillement de sa bouche grande ouverte des rubans de feu et des jets de flamme. Il demeurait des heures entières devant les parades où Paillasse et son maître échangeaient des réflexions philosophiques ou des quolibets quelque peu risqués, en se promenant, devant les tableaux qui représentaient, avec une exagération manifeste, les exercices de l'intérieur. Puis quand la caisse battait, quand sonnaient les trompettes, quand, avec des cris assourdissants la troupe entière en grand costume de funambules défilait pompeusement, il contemplait avec un naïf éblouissement ces personnages inconnus qui allaient déployer leurs talents devant une foule émerveillée. Et les soirées de physique, moitié scientifique, moitié amusante, données par le sieur Bienvenu, qui se terminaient par une fantasmagorie dans laquelle les apparitions de spectres et de diables, d'abord toutes petites, grossissaient peu à peu et semblaient prendre leur essor pour s'élancer sur les spectateurs ! Il en rêvait pendant plusieurs nuits.

III

Dans l'intervalle des foires qui nous paraissaient si éloignées les unes des autres, il passait par les villes beaucoup de musiciens ambulants, chanteurs et joueurs de vielles non organisées, de celles que M. Bouilly et les peintres de son temps mettaient aux mains de Fanchon la Savoyarde et qui ont un clavier semblable pour la couleur aux flancs du hanneton, comme le remarquait Victor. Telle de ces romances ou de ces chansons, entendue aux premières années de notre enfance, ne s'est jamais effacée de son souvenir, pas plus que l'accent nazillard de l'artiste qui les débitait, et il en répétait le refrain à ses bons moments.

Il y en avait de sérieuses et d'élégiaques, et aussi d'humoristiques et d'égrillardes; ces dernières faisaient sourire le coutelier d'en face qui, couché sur sa roue, repassait les lames des rasoirs et des couteaux sous lesquelles jaillissaient avec un crépitement de feu d'artifice des gerbes d'étincelles. Ah! ce voisin d'en face! Victor aimait à se le rappeler. Il évoquait volontiers dans ses conversations semées d'images, ce coutelier, vulgaire dans ses allures, portant la queue plate et les cadenettes, — comme les ouvriers en métaux, les charpentiers et les couvreurs de ce temps-là. — Toute la matinée il travaillait en chantant dans sa boutique à l'enseigne de l'E couronné ; mais l'après-midi, les chants cessaient et l'on entendait sa grosse femme assise au comptoir l'invectiver avec acharnement ; et lui d'une voix épaissie par l'ivresse lui donnait vertement la réplique, jusqu'à ce que, fatigué de disputer et désespérant d'avoir le dernier mot, il terminât le dialogue par ces mots répétés avec une solennité grotesque : « On te dit que tu nous ennuies. » Aux heures du repassage, la roue était mise en mouvement par un grand jeune homme aveugle dont le malheureux sort excitait notre pitié : quand il quittait la boutique et s'éloignait en tâtant les murailles, Victor gardait le silence et le suivait d'un regard ému.

Parfois le son de tu-tu-ban-ban, produit par l'accord du galoubet et du tambourin, appelait les gamins au haut de la rue Baudrière ; Victor s'élançait en me tirant par la main et nous arrivions haletants. Quel spectacle attrayant, où le grotesque se mêlait au terrible dans une certaine mesure! Des bohémiens au costume bizarre, culotte courte en panne et houzeaux en cuir, faisaient danser un ours pelé au milieu d'un cercle de spectateurs petits et grands, curieux et un peu effrayés. Ils tenaient l'ours par une chaîne et avec un bâton marquaient sur ses épaules un mouvement de valse en répétant avec un accent étrange : « La voici la bête sauvage qui épouvante nos montagnes : le voici l'animal méchant qui ravage nos campagnes ! » Et l'ours montrant sa langue rouge à travers la ferraille rouillée de sa muselière répondait à ces gracieuses paroles par un balancement lourd et fatigué dont son rugissement enroué soutenait le rythme. Notre compassion hésitait entre les Bohémiens au visage triste et leur ours contraint de danser malgré sa détresse; mais lorsque la pauvre bête recevant des mains du maître un chapeau gras, le présentait à la ronde en faisant la quête, c'était sur elle que se portait la commisération de Victor. Arraché à ses montagnes, esclave, mené au bâton !.. Il n'en fallait pas tant pour émouvoir son cœur et il eût volontiers donné une poignée à l'ours si l'animal eût été armé de griffes moins aiguës. Tout ce qui frappait ses regards se gravait dans son esprit sans cesse en éveil sous une forme pittoresque, et plus tard, quand il sut donner un corps à sa pensée, il retrouva dans son souvenir ces ébauches qui se transformèrent en tableaux saisissants de vérité et d'un coloris étincelant.

Notre maison de la rue Saint-Laud se trouvait également rapprochée de la halle à la viande, située au pied de l'Évêché, à droite en descendant, et de l'*Ecorcherie*, l'abattoir d'alors, établie dans une ruelle humide. Toute la rue Plantagenet en a pris la place en l'élargissant. Par suite de ce voisinage peu enviable, les chiens — de tout temps fort nombreux à Angers — abondaient autour de nous, et leurs aboiements acharnés nous annonçaient le passage des animaux exotiques qui traversaient les rues. Il me souvient de l'apparition, sur le pavé de la rue Saint-Laud, de gens maigres, aux visages gris, aux vêtements de même couleur, coiffés de chapeaux pointus, qui menaient à leur suite des chameaux efflanqués, boiteux, pelés à la bosse et aux reins, lesquels regardaient autour d'eux d'un air doux et souffrant. D'où venaient ces gens? d'où venaient ces bêtes ? Nul ne le savait, mais les spectateurs accueillaient volontiers l'opinion d'un vieux soldat de la campagne d'Egypte qui disait hardiment que cette caravane venait du désert, près les Pyramides *du haut desquelles quarante siècles avaient contemplé* nos bataillons carrés, dont il faisait partie. Ces paroles exaltèrent l'imagination de Victor, dont les yeux éblouis se portaient avec une admiration égale sur les chameaux et sur le vieux soldat.

A ces spectacles inattendus et toujours accueillis avec transport, s'ajoutait celui plus fréquent d'un bœuf mené à l'abattoir de l'Écorcherie, et qui à l'entrée de cette ruelle, d'où s'échappait l'odeur du sang, rebroussait chemin en beuglant et semait l'effroi dans le voisinage par la rapidité de sa course. Alors le coutelier d'en face se précipitait au secours des bouchers affolés ; le drapier du coin, grand et nerveux — dont le magasin ne regorgeait pas d'acheteurs ; peu lui importait, il était riche, — sortait à la rescousse en brandissant son aune. Chacun, selon l'ardeur de son zèle, prêtant l'appui de ses bras, le quadrupède traqué de toutes parts, était contraint de suivre la voie douloureuse. Peu à peu sa croupe disparaissait dans la ruelle fatale sous les coups de fouets, d'aunes et de bâtons que lui prodiguait la troupe des auxiliaires, et Victor gémissait sur le sort de la pauvre bête qu'il espérait toujours voir s'évader et regagner la campagne.

A ces causes d'émotions sans cesse renouvelées, joignez l'aspect bizarre de la pharmacie de M. O... notre voisin de gauche, véritable musée d'histoire naturelle. Serpents boas, crocodiles, tortues, — tout cela jaune et noirci par le temps, — s'y balançaient du haut du plafond, au-dessus d'immenses vases ventrus, remplis de thériaque. Le pharmacien poudré, frais de visage, coiffé le matin d'un bonnet blanc retenu par une fontange, vêtu d'une longue robe de chambre à ramages qui flottait sur sa culotte courte et battait ses maigres mollets à chaque mouvement de son corps, pilait des drogues dans un mortier sonore et les repilait avec la conscience d'un praticien émérite. Cet excellent homme nous admettait volontiers dans son officine, et nous laissait admirer à loisir et en silence ces animaux inconnus, bizarres, dont la peau rugueuse altérée par le temps et crevassée en maints endroits livrait passage à la filasse et au foin qui la gonflaient imparfaitement. Et Victor ébahi, comme enivré par l'odeur pharmaceutique de l'officine, se demandait si le pharmacien en robe de mage, ne serait pas un sorcier auquel obéissaient ces monstres, ces amphibies venus de Nubie et d'Egypte ; car enfin à quoi pouvaient-ils servir ?

IV

La rue Saint-Laud elle-même, remplie en partie de vieillards du siècle précédent, portant des costumes surannés, avec la queue poudrée, la tresse, les cadenettes ; cette rue, la première d'Angers pour le commerce, avec ses maisons en bois à pignon pointu, ses façades illustrées de mascarons et de têtes grimaçantes, ses gargouilles déversant l'eau des pluies jusque dans le ruisseau, ses alignements fantaisistes, ses angles saillants et rentrants, offrait des perspectives étranges et singulièrement variées. Vue du portail de l'Evêché, elle se déroulait comme un serpent gris, entre ses deux rangées de boutiques généralement sombres et basses ; un peu de jour en éclairait l'entrée, mais les arrière-boutiques restaient plongées dans l'obscurité. Pendant l'été le soleil l'enfilait dans toute sa longueur, mais à mesure qu'il tournait à l'Ouest, la partie gauche retombait dans une ombre opaque, que barraient d'une vive lumière ses rayons obliques, à l'intersection de la rue du Petit-Prêtre et de la rue de la Roë. Pendant les pluies d'orage et durant l'hiver, le ruisseau de la rue du Grand-Talon, grossi par les sources de la chaussée Saint-Pierre et de la Godeline, roulait à grand bruit, remplissant la rue de l'Ecorcherie dont il noyait les rez-de-chaussée. Les gargouilles vomissaient des torrents sur la tête des passants en déroute et semblaient des monstres déchaînés qui prenaient à tâche de défoncer les parapluies sur lesquels résonnait sourdement le liquide écumeux tombant du haut des toits par leurs gueules menaçantes. La circulation était interrompue pour les piétons. Des industriels de circonstance apportaient des planches et dressaient à l'angle des rues des ponts improvisés que la force du courant faisait dévier, juste au moment où s'y posait le pied téméraire d'un passant trop pressé et qui prenait un bain, après avoir payé un sou pour franchir l'obstacle ; et ceux qui plus patients, bloqués dans une boutique hospitalière, attendaient la fin de ce déluge, éclataient de rire. Puis le soleil reparaissait, brillant sur les pavés bien lavés et il ne restait de l'inondation passagère d'autre vestige que des plaques boueuses arrêtées par les bornes et des pierres descellées à l'ouverture des caves.

Telle était, il y a près de quatre-vingts ans, la rue Saint-Laud, avec les péripéties de toute sorte qui s'y succédaient, et c'était celle où devait naître Victor Pavie, disposé par sa nature à les saisir au vol et à les fixer dans sa mémoire. Il a consigné la plupart de ses sensations d'enfance, dans des pages charmantes, lues en famille et qui ne verront sans doute jamais le jour. Quel dommage ! Ces souvenirs ne seraient pas indignes de figurer en regard de ceux qu'a laissés Goëthe sur la rue Fosse-au-Cerf, où il avait vu le jour.

Cependant, les demeures de la rue Saint-Laud n'étaient pas toutes privées de ces échappées riantes et lumineuses qui réjouissent l'enfance ; on n'avait pas encore relevé les bas quartiers. Il y avait dans la maison de notre père, du côté opposé à la rue, des mansardes, des cabinets bien aérés, d'où l'œil embrassait de larges horizons, Reculée, la Maine, les prairies Saint-Serge, l'île Saint-Aubin et les perspectives d'au delà. Notre plaisir, durant les grands froids, consistait à reconnaître, à l'aide de la longue-vue, les patineurs fameux qui se donnaient rendez-vous sur *la prée*, pour s'y faire admirer et promener les belles dames dans des traîneaux à cou de cygne ; pendant l'été, à suivre les voiles des bateaux, gonflées par le vent qui les poussait en plein à la sortie du port Ayrault. En bas l'ombre, en haut la lumière.

CHAPITRE II

Les grands parents

I

Tel fut le nid dans lequel nos yeux s'ouvrirent à la lumière sous le regard attentif de nos parents ; le milieu recueilli, un peu austère, où maîtres et serviteurs remplissaient avec exactitude leurs devoirs professionnels et leurs obligations religieuses, dans lequel Victor puisa cette foi ferme, qui ne l'abandonna jamais un instant à travers les distractions qui l'attendaient à Paris. En sortant de là, son âme ardente, enthousiaste, prit son vol vers les régions élevées de la poésie où les aspirations de sa jeunesse trouvèrent à s'étendre en tous sens, au-dessus des passions qui troublent et abattent les cœurs les plus nobles et les esprits les mieux doués.

Dans les intervalles de loisir que laissait à notre père la conduite de son imprimerie et de sa librairie, nous l'accompagnions à la campagne, tantôt à Sainte-Gemmes, sur les bords sablonneux de la Loire, tantôt à Feneu, sur les rives verdoyantes de la Mayenne ; localités bien différentes et qui en donnant à Victor l'occasion de s'initier aux beautés de la nature, lui apprirent à goûter les charmes des eaux et des bois. Mais avant d'aller plus loin, il est de notre devoir de payer le tribut bien mérité de notre respectueuse tendresse et de notre piété filiale envers les parents auxquels nous sommes redevables de notre fidélité à la foi catholique et de notre aisance.

Notre grand'mère représentait dans la famille le passé, en ce qu'il avait de meilleur. « Marie-Madeleine Fabre (c'était son nom), épousa vers 1780 Louis-Victor Pavie (fils de Joseph Pavie, imprimeur-libraire à la Rochelle), qui était venu s'établir à Angers en acquérant l'imprimerie de Bonaventure Billaut. Une dénonciation encore inexpliquée, lui attira du directeur de la librairie, Camus de Néville, une lettre de cachet dont il n'évita les suites qu'en disparaissant pendant 8 mois, et avec des dépenses inouïes [1]. » Cette persécution, dont on ne connut jamais l'auteur, l'empêcha, malgré ses réclamations adressées à MM. les électeurs du département de Maine-et-Loire, d'obtenir le titre d'imprimeur du département que l'assemblée élec-

---

[1] Voir le Dictionnaire historique, géographique et biographique de M. Cél. Port, à l'article PAVIE. Nous n'avons pas attendu jusqu'à ce jour pour remercier l'auteur de la manière charmante et sympathique dont il a parlé de notre aïeule et de notre père ; mais il en coûte si peu et c'est un devoir si agréable de réitérer l'expression de sa reconnaissance envers ceux qui nous ont légué des portraits de famille d'une aussi parfaite ressemblance !

torale lui avait décerné. Lors de l'occupation de la ville d'Angers par les Vendéens, ses presses furent employées à publier les proclamations et affiches des royalistes, et un certain C... de Chemillé, qui accompagnait l'armée de la Vendée, enleva une partie du matériel de l'imprimerie de L.-V. Pavie. Elle lui fut payée en bons royaux, qui ne devaient servir à rien, et que j'ai vus entre les mains de notre père. Après le départ des Royalistes, les scellés furent mis sur l'imprimerie et l'imprimeur fut sommé de comparaître devant la commission militaire qui le renvoya au Tribunal révolutionnaire, lequel ne lâchait jamais sa proie. Choudieu, son ami d'enfance, le fit évader et il courut (sous un faux nom) jusqu'à Bayonne, où il gagna sa vie de son métier de typographe. Comme il travaillait à un journal de cette ville, il se trouva chargé de *composer* les noms des malheureuses victimes de la Révolution, dont les têtes tombaient sur la place du Ralliement [1]. Comprenant le sort qui l'attendait s'il était pris, il eut peur et se sauva en Espagne, à Santander, sans oser écrire à sa famille dont il ne recevait d'ailleurs aucune nouvelle. La femme du proscrit, mère d'un enfant de 12 ans, Louis Pavie, notre père, avait été elle-même mise en état d'arrestation, et conduite au

---

[1] Une grande tante qui habitait au coin de la rue des Deux-Haies, nous disait à propos de ces massacres : « Le sang coulait à plein le ruisseau ! »

château d'Amboise, sur une charrette à fumier, en compagnie de mesdames de Villebois, de Turpin (d'Angrie), et d'un marchand de peaux de lapin, lequel, paraît-il, s'était permis de critiquer l'affreux régime qui faisait couler des flots de sang. La mort de Robespierre lui ouvrit inopinément les portes de sa prison, et à peine de retour dans sa maison pillée par les deux partis, elle se hâta de présenter un mémoire à l'effet de réclamer pour elle et pour son mari les bénéfices de l'amnistie. Cet écrit tout entier de sa main, fut très remarqué dans les bureaux et on lui accorda ce qu'elle demandait. Notre grand'père put rentrer en France, mais à la vue de son établissement abandonné, à moitié détruit, un profond chagrin le saisit et il mourut le 12 avril 1796.

Voilà donc l'aïeule restée veuve avec un fils de 13 ans. Elle ne perdit pas courage et soutint bravement le fardeau que lui imposait la Providence. Sous sa direction l'imprimerie se releva peu à peu de ses ruines. Secondée par un prote habile [1],

---

[1] Il venait de Paris et se nommait Prunair. Nous écoutions avec curiosité ce qu'il nous racontait de l'ancien régime et du défilé du Grand maître de l'Université, escorté des massiers de quatre Facultés. Il avait fait quelques études au collège d'Harcourt et connaissait assez bien le latin et parfaitement le français. Nous tenions souvent la copie quand il lisait les épreuves, dont il signalait la ponctuation par ces mots : *Interrogant, des points ! Aperiatur et claudatur*, quand il se rencontrait une parenthèse ; *petit que*, pour dire *point et virgule*, parce que dans les manus-

aidée dans son intérieur par l'active servante dont nous avons parlé et qui exerçait les fonctions de factrice, de cuisinière, de bonne à tout faire, elle se vit bientôt en état de quitter la maison trop petite qu'elle occupait vers le milieu de la rue Saint-Laud pour en acheter, au coin de la rue du Petit-Prêtre, une plus spacieuse, dont elle fit reconstruire la partie antérieure.

Son visage sérieux, qu'un sourire effleurait rarement, imposait à première vue. Elle semblait concentrée dans le souvenir des temps pénibles qu'elle avait traversés et dont elle nous parlait bien rarement. Le soir, de bonne heure, retirée dans un étroit cabinet attenant à sa chambre et transformé en oratoire, elle se souvenait, priait, récitait le chapelet. Il y avait dans ce retrait des portraits de la famille des Bourbons, groupés en façon de bouquet de pensées, des images de sainteté et un crucifix en bois noir aux pieds duquel on lisait ces vers qui nous frappaient beaucoup :

L'exil, les fers, la mort, l'homme peut tout souffrir ;
   Le chrétien fait plus, il pardonne !

crits latins, le *que* se figurait par le signe ;. Pendant la Terreur, il n'alla pas plus loin que la Chalouère, armé d'un fusil sans chien, pour repousser l'avant-garde des Vendéens qui passa outre et s'établit à Saint-Serge. On le *requisitionna* comme typographe pour imprimer chez Jahyer les proclamations des Jacobins, dont l'une débutait ainsi : *les Brigands sont f...* (le mot en toutes lettres et en gros caractères). Gros, court, les yeux ronds, portant la culotte courte et l'ample lévite, il allait parfois le dimanche jusqu'au Lion d'Angers, toujours seul, pour déjeuner et se donner de l'exercice.

Belles paroles qu'elle mettait en pratique, la pieuse grand'mère, car elle oubliait les persécutions dont elle avait eu à souffrir et n'eut jamais une malédiction pour les plus odieux survivants des massacres de 93. Lorsqu'elle mourut, en 1833, un ami de la famille, membre du Bureau de bienfaisance de Paris, écrivait à Victor :

« *Madame Pavie, votre grand'mère, était une sainte !*
« Ce sont les propres paroles d'un autre ange de
« vertu, la digne supérieure des sœurs de la Charité
« de notre paroisse, qui a habité cinq ans votre
« ville et qui connaissait bien ce que ces saintes
« filles appellent les *bonnes maisons.* »

II

Notre père avait moins de quatorze ans quand il resta confié aux soins de sa mère veuve. « Il fut élevé, comme le dit si justement M. Cél. Port, au milieu des misères de la famille », d'abord à la Flèche, chez les Oratoriens, puis à Angers où il suivit les leçons de l'Ecole centrale. Menacé de la réquisition, bien que fils de veuve, il alla, pour obéir à sa mère, continuer ses études à Nantes, où on enrôlait les jeunes gens un an plus tard que dans notre département [1]. L'année suivante, de

---

[1] « Il y remporta le prix de grammaire générale, » dit M. E. Lachèse, dans son excellente et très aimable notice insérée au tome VI de la *Revue d'Anjou et du Maine.* » La « joie de ce jour fut féconde pour lui, car c'est dans cette

retour à Angers, il reprit les cours de l'Ecole centrale.

Celui de belles-lettres, professé par l'ex-génovéfain Toussaint Grille, et celui de mathématiques confié à l'habile ex-oratorien Benaben [1], l'intéressaient particulièrement. Le premier développa en lui le goût des études littéraires qui convenaient à son esprit ouvert, prompt à saisir le charme de la poésie ; dans le second, il trouvait à exercer la faculté innée chez lui de déduire et de conclure. Ce fut à l'École Centrale qu'il noua avec Chevreul une étroite liaison qui dura toute sa vie, et que le grand chimiste reporta sur les enfants de son ami ; et aussi avec David, son cadet de six ans, élève du cours de dessin. Le jeune David, pauvre, timide, se tenait en arrière. Frappé de l'intelligence empreinte sur son visage et de la douceur réfléchie de son œil bleu, il l'attirait à lui en lui adressant ces paroles tout angevines : « Viens donc avec nous, *petit gars*, viens donc ! » Et le

---

« solennité et au bruit des fanfares, célébrant son triom-
« phe, qu'il lia avec MM. de Nerbonne, Fétu, Dépaigne, l'un
« amateur, les deux autres artistes musiciens d'Angers, et
« venus exprès pour la cérémonie, des relations que la mort
« seule devait rompre. » J'avais cru comprendre, d'après
les paroles de notre père lui-même, que ces messieurs,
embrigadés dans les bataillons d'alors, étaient à Nantes de
passage, se dirigeant vers La Rochelle et Saintes, où M. de
Nerbonne, avec un autre, déserta. Ce succès causa un
véritable bonheur à notre père qui les aimait.

[1] Voir dans le dictionnaire de M. Cél. Port la biographie
de Toussaint Grille et celle de Benaben.

petit gars, apprivoisé, enhardi par ce bienveillant appel, revenait du logis Barrault, où se faisaient les cours, entre Chevreul et notre père [1].

C'était bien en effet à l'École centrale que se forma entre David et notre père cette amitié que M. Célestin Port qualifie de « plus que fraternelle ». Mais ce qui lui donna sa sanction, c'est ce fait que nous raconta plus tard le grand sculpteur :
« J'étais à Rome quand mon père mourut, et je
« fus informé à mon retour qu'un ami avait assisté
« à ses derniers moments le vieil artiste aban-
« donné. Cet ami, tu le devines, c'était ton père...
« Je lui dis en pressant ses mains et en l'embras-
« sant avec des larmes : « Nous voilà unis à la vie
« et à la mort ! Je tâcherai de te rendre ce que tu
« as fait pour moi ! » Il a tenu parole, et c'est aux fils autant qu'au père qu'il a témoigné pendant cinquante ans son affectueuse reconnaissance et son dévouement de tous les instants. On ne saura jamais ce qu'il y avait de sensibilité profonde et de délicatesse exquise dans cet artiste de génie, simple enfant du peuple, qui se passionnait pour tout ce qui lui semblait bon, noble et généreux [2].

---

[1] M. Chevreul habitait la rue des Deux-Haies, notre père la rue Saint Laud et David la rue de l'Écorcherie. Ils avaient donc à suivre la même route pour se rendre à l'École centrale.

[2] Notre père avait deviné et pronostiqué le talent et la grande renommée de David. Plus tard, j'eus l'occasion d'apprécier la justesse de son jugement et sa sagacité à

II

De 1800 à 1801, notre père, *en ce temps de spectacles inouïs* [1], séjourna à Paris pour compléter son éducation de lettré et de curieux. Les émigrés commençaient à rentrer, mais non encore rétablis dans leurs biens, pauvres et besogneux. Notre père les rencontrait dans un tout petit restaurant de la rue de l'Arbre-Sec, où l'on mangeait à cinq sous le plat. Il employa son temps à étudier tout ce qu'il put, à achever autant que possible son instruction fort incomplète et à cultiver la musique pour laquelle il avait un goût très prononcé. Sans feu dans sa petite chambre au quatrième étage, pendant un hiver rigoureux, vêtu d'une houppelande usée qui l'abritait imparfaitement contre la rigueur de la saison, il trouvait dans la misère d'autrui un soulagement à la sienne et pas-

pressentir l'avenir des gens bien doués. J'étais étudiant à Paris ; notre père vint m'y voir, et M. Lenepveu, bien jeune encore, lui rendit visite dans ma petite chambre pour le remercier d'un minime service rendu, je crois. L'attitude du jeune peintre, ses manières excellentes, le ton parfait de simplicité et de modestie avec lequel il s'exprima, le frappèrent. Quand nous fûmes seuls, il me dit : « Que penses-tu de ce jeune homme ?... Que d'amabilité dans sa conversation, de tact dans ses paroles, de finesse dans sa physionomie !... Tu es jeune, toi, tu le verras devenir un grand peintre et entrer à l'Institut !... » Notre père s'était-il trompé ?
[1] Voir Cél. Port.

sait allègrement ces jours d'indépendance studieuse.

En 1801, il revint près de sa mère prendre la direction de l'établissement relevé par elle. La profession d'imprimeur lui plaisait et il l'avait en haute estime. Répétons ici ce qu'a dit de lui si excellemment M. Célestin Port, qui, sans l'avoir jamais connu, l'a deviné et jugé avec une rare pénétration et dans un style nerveux dont tous les mots portent.

« Bientôt s'était habituée autour de lui, dans
« cette profession qui s'allie si bien et de si près à
« toutes les études élevées, une clientèle nouvelle,
« amie des fines causeries et des conseils enjoués de
« sa jeune expérience. Vers 1815, il constitua dans
« sa maison même un premier groupe, — Millet,
« Daligny, Lachèse, Bastard, Guépin, — en Société
« d'histoire naturelle, que les événements divi-
« sèrent, et prit bientôt la part la plus active à la
« formation de la Société d'agriculture et surtout
« du *Concert d'études*, qui a laissé tant de souvenirs
« d'aimables fêtes. Musicien excellent, m'écrit
« quelqu'un qui l'a bien connu, doué d'une voix
« expressive et bien timbrée, instrumentiste de
« ressource, il faisait planer sur ces réunions, dont
« il était devenu l'âme, une grâce à charmer tous
« les hôtes et une attention à les rallier tous. »

Voilà bien des éloges ; mais comme ils sont mérités et s'adressent à notre père, nous nous croyons en droit de les redire et nous continuons de citer.

« Il avait trouvé le moyen d'animer même le « journalisme angevin, en ajoutant aux Affiches « qu'il imprimait, un feuilleton de quinzaine où « s'égayaient entre tous Blordier, Deleurie, Mor- « dret, lui-même et F. Grille avec sa légion de « pseudonymes [1]. En 1826, il fut nommé adjoint « au maire et prit de droit le département des « Beaux-Arts, jusqu'en 1830... Quand il eut cédé « à son fils aîné, Victor, son imprimerie et sa « librairie, il se retira à sa campagne des Ran- « geardières, où, dès 1822, il conviait à des cau- « series littéraires les jeunes maîtres du collège, et « où depuis il avait fêté le chanteur Derivis père « et Chevreul, Sainte-Beuve et tant de fois David... « Il est mort le 2 novembre 1859, à Angers, lais- « sant un souvenir d'honnête homme, sympa- « thique à tous par ce mélange rare de sensibilité « et de raison, d'enjouement et de songerie, de « charme et d'autorité. »

Qu'il nous soit permis d'ajouter à cette image si complète un dernier trait, essentiel, qui n'était

---

[1] Et bien d'autres encore : Cyprien Robert qui eut la chaire de slave au Collège de France, Édouard Foucaux qui professe aujourd'hui le sanscrit au Collège de France, Adolphe Mazure, professeur de troisième au collège d'Angers, Victor Godard, conservateur du musée Saint-Jean, Jules Bruneau, qui mourut avant d'avoir produit tout ce que promettait son esprit cultivé et réfléchi, etc., etc.

point du ressort de son biographe. Notre père, élevé dans des temps néfastes où l'enseignement religieux était supprimé, dut puiser dans les exemples de sa sainte mère et dans sa droite raison le germe si amplement développé plus tard des vertus chrétiennes, de la religion et de ses pratiques.

III

Le buste qu'a fait de lui David, buste palpitant de vie, où l'artiste a effleuré le marbre d'une main si délicate, comme s'il eût craint de blesser une tête si chère, donne la plus parfaite idée des qualités de l'esprit et du cœur qui distinguèrent notre père : bonté, enjouement, sagacité, jugement sûr et indulgence. On devine, en le regardant, qu'un pareil caractère devait avoir sur ses compatriotes, dans le cercle restreint des relations privées, une autorité librement consentie. Il sut répandre autour de lui le goût des lettres, qu'il cultivait dans le genre de son époque, et favorisa dans la ville celui de l'horticulture et de la botanique, sans jamais oublier la musique, pour laquelle il avait une aptitude particulière.

Sa vie fut bien remplie ; il était parfaitement doué et né pour être heureux. Mais, hélas ! la mort prématurée de notre mère, qu'une fièvre pernicieuse enleva à l'âge de vingt-deux ans, fut pour lui un coup terrible ; malheur irréparable qui jeta sur le reste de sa vie un voile de tristesse que le temps ne put dissiper. Sa douleur fut muette ; il se renferma dans son deuil, et *noluit consolari*. Jamais il ne prononça, jamais il ne voulut qu'on prononçât devant lui le nom de cette épouse bien-aimée qui lui avait été enlevée après moins de six années d'un bonheur dont le regret le suivait partout

Qu'était-elle cette mère morte si jeune et tant pleurée ? Nous ne l'avons jamais bien su. Victor avait moins de cinq ans et moi deux ans et deux mois quand elle disparut d'au milieu de nous. De visage, Victor lui ressemblait beaucoup et certainement il dut tenir d'elle les qualités les plus délicates de son âme si élevée. Quand notre père se laissait aller, dans ses moments de rêverie, à regarder la physionomie de Victor adolescent, il se détournait, comme suffoqué par les larmes qui montaient à ses paupières. De là cette sollicitude de tous les instants que lui inspirait ce fils dans lequel revivait l'image de notre mère, et qui tout en le charmant par son intelligence précoce, l'inquiétait par les tendances de son esprit impressionnable, emporté vers l'idéal. Notre père était réfléchi, attentif, tandis que la pensée de Victor s'égarait bien souvent hors du lieu où il se trouvait. Ainsi, durant les longs offices de la cathédrale, levant la tête, tantôt il contemplait les vitraux resplendissants de lumière, qui l'étonnaient par les gestes naïfs, les costumes étranges des personnages, et les chantres aux visages parfois grotesques, assis devant le lutrin qu'ils faisaient pivoter sur son axe, tantôt les robes noires des bedeaux dont les longs cheveux retombaient sur les épaules et qui marchaient gravement à travers le chœur ou devant l'autel, tenant la baguette plate entre leurs bras croisés sur la poitrine. Le père, recueilli, lisait dans son livre ; mais une note fausse échappée au *serpent*, ou une intonation douteuse du grand chantre, le troublaient dans ses prières et lui arrachaient une petite exclamation douloureuse comme si une guêpe l'eût piqué. Alors il voyait Victor, assis à ses côtés, les yeux en l'air, et d'un geste impatient, le rappelant sur la terre, il lui indiquait la page qu'il devait suivre.

Ces distractions perpétuelles furent pour Victor le tourment de toute sa vie. Il en gémissait en secret et en public. Il lui était impossible d'écouter l'explication un peu longue d'une affaire sérieuse ; on parlait et il n'y était plus. Une idée subite, un souvenir traversait son esprit et il poursuivait son rêve sans pouvoir s'arrêter. Aussi notre père disait parfois : « Victor est comme un cerf-volant ; plus on tire sur la corde pour le ramener vers la terre, plus il pointe ! »

CHAPITRE III

La première jeunesse.

I

Ces distractions trop fréquentes étaient l'effet du souvenir tenace des impressions d'enfance qui obsédaient son esprit : car il avait une mémoire prodigieuse. Il n'oubliait rien, ni l'aspect des lieux que sa vue excellente lui permettait d'embrasser dans tous les détails, ni le visage des gens qu'il reconnaissait malgré les transformations que l'âge leur faisait subir. Mais l'affaire du moment était ce qui le captivait le moins. Il avait beau s'efforcer d'écouter, la fantaisie faisait irruption dans ses idées, et s'y fixait sous la forme poétique; la poésie était son élément.

Nous avons dit que nous suivions nos parents tantôt à Sainte-Gemmes, tantôt à Feneu. La Loire, le motif dominant de la première de ces deux localités, présentait, selon la saison, des tableaux bien différents, mais d'une égale grandeur. Durant l'été, le beau fleuve, abusant du droit de sécher au soleil ses grèves dorées, semblait s'oublier dans un sommeil léthargique. Amarrés à la queue des îles, à l'ombre des grands peupliers, des léards, des saules dont le courant reflétait le feuillage glauque, et retenus par les vents du nord, les bateaux restaient des semaines entières sans avancer d'une encâblure. Le mât et les cordages goudronnés, les flancs sombres de ces bateaux se détachaient sur les sables. Tout resplendissait alors à notre vue charmée et nous courions, tout en poursuivant les lézards à coups de pierre, le long du rivage, les yeux fixés dans le lointain sur les arches des Ponts-de-Cé, qui plongeaient dans le courant ralenti leurs arches nettement dessinées, dont la voûte s'échancrait par l'effet de la perspective. Tout était chaud, la terre, les eaux, le ciel rayé de petits nuages qui se fondaient à l'horizon, et les mouettes errantes, volant d'une île à l'autre, se laissaient choir avec des cris rauques sur quelque goujon étourdi qui se jouait dans le flot transparent.

Quand l'hiver venait, quand de grosses nuées chargées de pluie et poussées par le vent de la mer creusaient des vagues profondes dans les eaux débordées et couvertes d'une écume jaune, les grands bateaux remontaient vers Tours et Orléans. Toute la journée des trains considérables passaient avec leurs amples voiles, tour à tour à demi masquées par les grands arbres dénudés des îles et reparaissant en pleine lumière sur la vaste étendue des eaux. Nous les voyions infléchir leur route vers la droite pour éviter l'écueil du

Grand Jars, sur lequel les vagues mugissaient sourdement, puis, à la tombée du jour, s'arrêter au pied du château des Ponts-de-Cé déjà envahi par le crépuscule. Peu à peu la nuit arrivait ; la cloche du soir sonnait l'*Angelus* dans les bourgs voisins ; on nous avait dit que le son des cloches avait pour but de faire retrouver le chemin aux voyageurs égarés, et nous pensions aux frayeurs de ces pauvres gens perdus dans les bois où les loups foisonnaient alors ! La peur nous prenait et nous regagnions l'humble demeure où nous attendait la grand'mère qui nous gourmandait doucement d'être rentrés si tard.

Autant les rives de la Loire nous offraient d'ampleur dans l'ensemble solennel de leurs aspects changeants, autant le pays de Feneu empruntait de gaieté au voisinage de la Mayenne. En dépit des hauts rochers qui bordent sa rive gauche en face du village de Juigné et sur lesquels Victor cueillit pour la première fois d'une main tremblante de joie le *Doronicum pardalianches*. La Mayenne conserve partout dans son cours sinueux, quelque chose de doux et de riant. Les petits taillis mystérieux, peuplés de merles, de grives, de rossignols et de fauvettes, les vieux chênes de haute futaie où nichaient les oiseaux de haut vol, éperviers, ramiers et corneilles, les vieilles souches éventrées, où s'abritait le hibou, offraient un charme extraordinaire à nos promenades : mais ce qui ravissait Victor, c'étaient les petites mares couvertes de cannetille, les abreuvoirs où fleurissait le cresson alénois, les renoncules aquatiques aux fleurs blanches, la *scelerate*, l'*auricomis*, la *nodiflorus* et la *flammula* à la corolle jaune, et surtout les fossés d'eau vive où croissait la *typha*, — la *quenouille* comme on l'appelle dans nos pays, — qui laisse emporter par le vent le fin duvet de sa tige brune arrondie en cylindre. Cette plante lui inspirait le respect, parce qu'il l'avait vue dans une image en guise de sceptre, aux mains de l'*Ecce Homo* ensanglanté par la flagellation et le couronnement d'épines. Ce qui l'attirait encore, c'était l'œil vitreux de la grenouille apparaissant entre les feuilles transparentes de la *lemna trisulca*, dans l'attitude d'un baigneur, ou se séchant au soleil sur la racine d'un saule. Il restait en contemplation devant ces batraciens amphibies et se demandait pourquoi elles se mettaient toutes à la fois à coasser en formant des *bousines* de chaque côté de leur bouche. Oh! que d'heures il passa près des mares de Feneu à pêcher des grenouilles, à les rejeter en arrière par-dessus sa tête et à les voir, par des sauts de clown, regagner les eaux où elles se replongeaient, pour émerger du fond bientôt après, rassurées, sans rancune et l'œil fixé sur lui.

Un jour, un lundi de Pâques, après les vêpres, Victor m'entraîna dans les champs ; il portait un pantalon cuir de laine, tout neuf et de couleur claire. Arrivé auprès d'un fossé profond, dont l'abord fallacieux se cachait sous de hautes herbes, il avise une grenouille d'un beau jaune, strié de filets bruns : cette bête gentille, bien plus belle que la *rana esculenta*, le regardait d'un œil impertinent ; elle se savait hors de la portée de sa main qu'il allongeait tant qu'il pouvait en portant son pied en avant. Hélas ! il tomba jusqu'à la ceinture dans l'eau boueuse d'où il se retira à grand'peine. Il lui fallut retourner au plus vite à la maison, courant et pleurant, car il se lamentait volontiers, et changer de vêtements : ce qui s'opéra avec l'aide empressé de la vieille servante dont la sollicitude allait de son jeune maître en grand danger de s'enrhumer à ce beau pantalon si cruellement éprouvé dès son début [1].

Sa nature impétueuse que la réflexion retenait rarement, l'exposa à bien des mésaventures du genre de celle-ci. Ignorant le danger et ne le prévoyant pas, il se montrait téméraire dans ses actions non par forfanterie — ce fut un défaut que jamais il ne connut, — mais par candeur, parce que même dans les choses il ne soupçonnait pas la faculté de nuire, le piège caché.

[1] Il a fait allusion à cet incident dans une charmante pièce de vers que Sainte-Beuve se plaisait à citer.

II

Dans nos très jeunes années, Feneu avait toutes nos sympathies; c'était par excellence le pays des sorciers et des apparitions, auxquels tout le monde croyait, et notre fermier plus que personne; oncques n'exista un homme plus hanté par la peur, plus obsédé d'idées saugrenues qui le tourmentaient nuit et jour. Dès qu'il faisait noir, il commençait à trembler. Tantôt c'étaient trente-deux belettes se tenant par la queue et qui, disait-il, avaient arrêté un homme pour lui demander du tabac; le passant étant ivre n'entendit pas la question et *ça le roulit dans un sillon, si rouli, si rouli, que ça le dessoulit*. Il affirmait avoir rencontré, le soir, sur la route de Champigné, à droite des bois du Grolay, des fresaies en si grand nombre qu'il avait dû les écarter avec son bâton pour passer. Victor, ne doutant pas de la vérité du fait, m'emmena un soir sur cette même route, le lendemain même du récit fait par le fermier; et nous ne rencontrâmes pas un seul oiseau nocturne. Autant en arriva pour la bique blanche qui posait ses pattes sur le dos du voyageur attardé, en un certain carrefour, et le malheureux ne pouvait plus faire un pas : la bique blanche était une *apparaissance* et pesait plus qu'une maison !

On aurait pu croire que le paysan se moquait de

nous et se plaisait à nous raconter des histoires auxquelles il n'ajoutait pas foi lui-même, il n'en était rien ; le malheureux croyait à toutes ces rêveries. La nuit, quand il entendait un bruit dans la cour, trop poltron pour ouvrir la porte, il se contentait de *berdanser* à l'intérieur un vieux fusil à un coup dont notre père lui avait fait présent pour qu'il fût à même de défendre sa ferme un peu isolée ; cependant après minuit, il devenait plus brave, parce que, disait-il, le *malin* perd de sa force à mesure que le jour approche.

Nous eûmes l'occasion de nous convaincre de la sincérité de ses frayeurs. Un jour de foire à Champigné, à laquelle aucun fermier de la contrée ne manquait de se rendre, Victor, qui ne renonçait pas à l'espoir de voir les innombrables fresaies dont la route était obstruée, m'emmena avec lui dans la direction des bois du Grolay. Il faisait grand jour, mais il se pouvait que nous ne fussions pas de retour avant la nuit. Après avoir marché longtemps ; nous aperçûmes le fermier qui entrait dans un cabaret, nous l'y suivîmes et le régalâmes d'un rafraîchissement de vin blanc. Comme nous portions nos verres à nos lèvres, notre attention fut attirée par la dispute de deux hommes ivres à propos d'un chapeau. — « Tu m'as pris mon *chapuau*, disait l'un, rends-moi-le. — Il n'est pas à toi, le *chapuau*, répondait l'autre, tu ne l'auras pas ! » Puis les injures, puis les menaces et nous de rire franchement, ouvertement, de la querelle des deux ivrognes. Le fermier ne buvait pas ; il allongeait sa main doucement derrière nous, il nous tirait par les basques de nos vestes et disait bien bas, bien bas : « Messieurs, taiz'vous donc, taiz'vous donc !.. S'il allait nous entreprendre ! — Que voulez-vous dire, nous entreprendre ? — Oui, oui, Monseigneur Dieu ; le plus petit, là dans le coin, c'est un sorcier, c'est C... »

En parlant ainsi le pauvre homme était devenu très pâle. Sa voix tremblait, la sueur coulait de son front. Nous sortîmes du cabaret en laissant le sorcier et son camarade se disputer à leur aise. Le fermier était déjà parti d'un pas rapide ; il reprit le chemin de sa maison, très peu rassuré sur les suites de notre incartade ; il nous devança bientôt et ce fut avec les marques d'un mécontentement mal déguisé qu'il affecta de se séparer de nous, de ces enfants de la ville, assez imprudents pour se permettre de rire d'un sorcier en goguette.

C'était encore un survivant du temps jadis, un ex-faux saunier, auquel la balle d'un *gabelou* avait enlevé la moitié de son nez et les trois quarts de sa raison. Il errait le jour et la nuit, chantonnant, se parlant à lui-même ; avec sa longue blouse blanche et son bâton noueux qu'il brandissait d'un geste menaçant, il nous inspirait une véritable terreur. Au fond des bois il se faisait des gîtes de feuilles et de branchages ; il fallait que le froid fût bien intense et la terre couverte de neige, pour qu'il consentît à venir passer la nuit dans le grenier au foin de la ferme et manger la soupe que lui faisait chauffer la fermière qui était sa nièce.

Rien ne se passait à Feneu comme ailleurs. Ainsi il arriva qu'un chien *fou*, un chien *enragé*, puisqu'il faut l'appeler par son nom, tomba sous les coups de gens armés qui s'étaient mis à sa poursuite; quand on voulut l'*enrocher*, — le mot enterrer s'applique seulement à la sépulture d'un chrétien, — l'animal, tout mort qu'il était, faisait sous la terre des bonds si prodigieux qu'on dut renoncer à le contenir; ce qui prouve que c'était le *malin* et non pas un vrai chien!

On conçoit que Victor, sans s'en rendre compte, préférât aux paysages de la Loire, calmes et solennels, cette contrée où chaque jour était contée quelque histoire fantastique. L'ardent désir de voir de ses yeux au moins une de ces scènes, dont les carrefours mal famés et les landes traversées par les loups, étaient le théâtre, l'avait rendu brave. Il se promenait le soir dans les bois, cherchant les aventures, sans en rencontrer aucune, mais ne perdant jamais l'espoir d'être favorisé de quelqu'une de ces visions qui venaient d'elles-mêmes au-devant des paysans effrayés. Tel il se montra toute sa vie, attaché aux illusions qui l'avaient fasciné et n'y renonçant qu'avec peine.

CHAPITRE IV

L'École et le Collège

Les débuts de Victor dans la carrière des études ne furent rien moins que brillants. Sur l'avis de la grand'mère on nous envoya dans une école, située rue de la Serine, et tenue par une vieille demoiselle obèse et louche, alliée de très loin à la famille. On était censé y apprendre à lire et écrire. Il y avait là des garçons et des filles bien plus âgés que nous, qui épelaient, assemblaient à haute voix et nous paraissaient bien savants à nous qui ne savions rien. Après un séjour dont je ne puis préciser la durée, comme nous ne faisions aucun progrès, la grand'mère nous retira de cette école. La maîtresse, consultée sur nos aptitudes, avait répondu : « Les pauvres enfants ! Ils ont de la bonne volonté, mais si guère de moyens ! » Alors la pension Laporte, sise rue du Grand-Talon, dans l'hôtel de la Godeline, devint le théâtre de nouveaux efforts à peu près infructueux. M. Laporte frappait avec sa férule sur les doigts de Victor ; les grands, — il y avait des jeunes gens venus de la campagne occupés à apprendre depuis des années le français, l'orthographe et la tenue des livres en partie double, — mangeaient sans scrupule le déjeuner de mon aîné, apporté dans un panier qu'il oubliait de mettre en sûreté. Bref, notre père peu satisfait de nous voir perdre notre temps, prit le parti de recourir à l'instruction privée.

Il avait amené de Châteaugontier, pour le seconder dans les travaux de son imprimerie, un jeune homme intelligent, actif, qui s'était attaché à lui comme un frère cadet et à nous comme à des neveux. Henri [1], c'était le seul nom qu'il portât parmi nous, — avait fait quelques études au collège alors fameux de sa ville natale ; notre père le chargea de nous faire la classe, de nous enseigner avec la grammaire les premiers éléments de la langue latine. Sous ce maître bienveillant, d'un

---

[1] M. Henri Langlois qui était allié à notre famille du côté maternel. Notre père se reposait sur lui de tout ce qui regardait les détails de sa maison, parce qu'il avait su se mettre au fait de l'imprimerie en très peu de temps. Il était bon musicien, habile flûtiste, et notre père l'avait fait agréer dans toutes les réunions d'artistes. D'un caractère prompt à saisir le côté drôle des choses, il nous apprit à voir ce qu'il y avait de grotesque dans la gravité affectée des hommes de ce temps-là, pour la plupart ignorants et contents d'eux-mêmes. Quand il nous quitta pour prendre, avec M. Audebert, la suite de l'importante maison Blancler, nous versâmes bien des larmes ; nous avions perdu le meilleur des amis ; notre père se montra de son côté profondément blessé ; mais bientôt cette impression fâcheuse s'effaça de son cœur ; son amitié pour Henri Langlois se réveilla, plus intime, plus vive qu'auparavant, et ne finit qu'avec la vie.

caractère affectueux, qui savait se faire aimer et obéir, nos progrès furent rapides et bientôt nous nous trouvâmes en état d'entrer, comme externes, au collège, Victor en cinquième et moi en septième ; le temps perdu était réparé, nous étions les plus jeunes de nos classes respectives. L'impulsion était donnée. Placé comme demi-pensionnaire chez un jeune professeur, d'esprit distingué, sympathique, épris de la poésie grecque dont il avait l'intuition, et versé dans toutes les branches des littératures ancienne et moderne [1], Victor prit un essor rapide, et remporta d'année en année des succès plus éclatants. A la fin de sa rhétorique, où il fit une rafle de premiers prix,

---

[1] M. Adolphe Mazure qui professait alors la troisième ; il habitait avec son père, professeur de philosophie, le logis Barrault où beaucoup de maîtres du collège étaient logés, ainsi que le recteur, les inspecteurs, les conservateurs des musées. Son attachement pour nous, ses anciens élèves, survécut à son séjour à Angers. Nommé bientôt professeur de philosophie à Poitiers, puis inspecteur à Pau et à Clermont-Ferrand, il prit sa retraite jeune encore et se fixa à Paris pour s'y adonner à la vie littéraire qui lui convenait mieux que l'enseignement. Il était de ceux dont le cœur affectueux et l'esprit généreux se sentent blessés par l'indifférence, l'inattention et le peu de respect des élèves ; il a écrit beaucoup de poésies, d'articles de critique sur la littérature, et un ouvrage sur la philosophie. Ce dernier travail ne plut pas à V. Cousin et fut mal accueilli par Villemain, alors ministre de l'instruction publique, lequel excellait à glisser une parole amère à ceux auxquels il donnait audience. Malgré son réel mérite et son talent d'écrivain, M. Mazure ne réussit point à conquérir le rang auquel il aspirait et en ressentit toute sa vie une peine profonde.

notre père se décida à l'envoyer à Paris pour y redoubler cette même classe, et le mit pensionnaire à l'institution Favart qui suivait les cours du collège Charlemagne.

Ce fut pour Victor un temps d'épreuves et d'ennui. Élevé loin de Paris, au sein d'une famille chrétienne, entouré d'affections, il lui fallut subir le contact de jeunes gens sceptiques, égoïstes, gouailleurs pour la plupart, qui se moquaient de sa candeur, et méprisaient ce qu'il respectait.

N'oublions pas cette circonstance particulière, que rien jusqu'alors n'avait heurté, contrarié, contrecarré les idées de Victor. Tout ce qui l'entourait se pliait à ses fantaisies, sans le savoir, sans le vouloir même. On ne lui obéissait pas comme à un enfant gâté, mais on se prêtait avec une complaisance excessive à ses désirs impétueux, à ses velléités soudaines, d'abord pour ne pas irriter ses nerfs trop sensibles, plus tard parce que, à travers les bizarreries de son caractère, les grands parents démêlaient des instincts poétiques, des élans d'imagination qui les étonnaient. V. Hugo a exprimé ce sentiment d'inquiétude et de secrète satisfaction dans ces vers charmants :

   Et ma mère disait tout bas : C'est une fée
   Qui lui parle et qu'on n'entend pas !

Sociable au suprême degré, ennemi de la solitude, Victor voulait toujours près de lui quelqu'un qu'il

3.

associât à ses admirations, à ses déceptions même, quelqu'un dont il fît bon gré mal gré l'écho de ses idées et qui les partageât toutes. Il ne soupçonnait pas chez un autre des goûts différents des siens ; il ne lui venait pas à l'esprit que l'on n'aimât pas ce qu'il aimait, ni qu'on acceptât ce qu'il répudiait. Mais cela ressemble beaucoup à de la tyrannie, dira-t-on. Celui qui a le plus subi cette domination affectueuse peut répondre en connaissance de cause : non, la volonté d'opprimer n'y était pour rien. Quand on ne se trouvait pas de son avis, il en témoignait une si douloureuse surprise ! On lui cédait donc volontiers ; tout le terrain que l'on perdait, il le gagnait, et par ces faciles victoires il arrivait à exercer autour de lui une autorité dont il n'avait pas conscience. Et puis trop peu attentif pour prévoir les impressions d'autrui et les observer quand elles se traduisaient au dehors par des signes d'impatience, il allait droit devant lui. Quand avec des jambes bien plus courtes et une ardeur bien moindre, on consentait à l'accompagner dans une excursion très lointaine et très fatigante, — car il fallait toujours aller le plus loin et le plus vite possible ! — il partait joyeux, convaincu que son entrain était partagé. On le suivait par monts et par vaux, à contre-cœur bien souvent, en murmurant tout bas. Que voulez-vous ? Sans s'apercevoir de rien, il marchait si allègrement, qu'il oubliait le compagnon haletant, resté en arrière. Il chantait si gaiement en cueillant sur le talus des fossés le *galeobdolon*, l'*orchis viridis*, l'*ophris anthropophora !* Puis de retour au logis, il déposait sur la cheminée ces plantes tant cherchées, les contemplait un instant, avec le regret de les avoir cueillies, et n'y songeait plus. Jamais il ne consentit à composer un herbier, à conserver à l'état sec une fleur sans parfum, décolorée, morte. « Je ne serai jamais un savant, disait-il, mais simplement un dilettante. »

Avec un caractère aussi personnel, nullement préparé à se plier aux désirs des autres, Victor dut souffrir beaucoup dans l'institution Favard. Je suppose que les récréations lui plaisaient moins que les heures d'étude ; il travailla sérieusement et remporta un accessit au grand concours. Cependant, David n'oubliait point le fils de son ami : les jours de congé, fermant l'atelier où s'élaboraient tant de chefs-d'œuvre, — qui après lui avoir conquis une renommée déjà glorieuse devaient lui ouvrir bientôt les portes de l'Institut, — il se consacrait à Victor, l'emmenait dîner à sa table d'hôte et le conduisait le soir au théâtre. Pour apprécier à sa valeur cette complaisance toute paternelle, il faut se rappeler ce qu'il en coûte à l'artiste de s'arracher au silence de l'atelier où il passe de si ardentes veilles, face à face avec l'œuvre dans laquelle il a mis toute son âme et qui commence à naître sous le pinceau ou à respirer sous l'ébauchoir ! Ces journées précieuses, passées dans l'intimité du grand sculpteur, développèrent chez Victor les aptitudes à sentir les beautés de l'art, et il en vint bientôt à savoir les exprimer dans un langage coloré, énergique, où l'enthousiasme qui déborde n'enlève rien à la sûreté du jugement.

CHAPITRE V

Les débuts littéraires

I

Le séjour à Paris, même dans les conditions défavorables du collégien enfermé entre les quatre murs d'une institution, avait décidé de la carrière littéraire de Victor. A partir de cette époque ses vers et sa prose se succèdent sans relâche. Le Feuilleton de quinzaine, annexé par notre père aux Affiches d'Angers, qui s'imprimaient chez lui, fut la première et modeste arène dans laquelle il parut en public. Dès la première année de la fondation de ce Feuilleton, en 1824, Victor publia trois pièces de vers, *la Mer et le Lac*, *un Enfant* et *le Juif*. Il venait d'atteindre sa dix-huitième année, et son inspiration un peu timide ne subissait pas encore l'in-

fluence prononcée du chef de l'Ecole moderne.
Citons quelques stances de la première de ces trois
pièces :

LA MER

De tes fougueux désirs où t'emporte l'audace ?
Sur la foi des autans, insensé qui s'endort !
Vois, le ciel s'épaissit, la tempête menace,
Baisse, baisse la voile et regagne le port.

LE LAC

Poète, à la beauté viens frayer une route ;
Saisis la rame agile et sillonne mes eaux.
La lune brille aux cieux ; viens, la céleste voûte
Dans un miroir d'azur réfléchit ses flambeaux.

LA MER

Profonds comme les plis d'une sombre pensée
A l'imprudent esquif mes gouffres sont ouverts.
Cent fois contre ses flancs, mon écume brisée
  Bondit, s'élance et bat les airs.

LE LAC

Pur comme les désirs d'une vierge timide,
Mon flot se ride à peine au souffle du zéphir ;
D'un insensible effort, sur le rivage humide,
  En soupirant il vient mourir.

. . . .

LA MER

Dans mes antres profonds, malheureux qui succombe ;
  Près d'un fils une mère en deuil
D'emblèmes fastueux n'ornera point sa tombe,
La vague se referme et voilà son cercueil.

LE LAC

Heureux le nom chanté sur ma rive argentée !
  Heureux, il ne saurait périr.
Sous des doigts inspirés une corde agitée
Vibre longtemps encor d'un amoureux soupir [1].

 Et la mer répète avec le lac les deux premières strophes. Ces vers sont un écho des *Méditations* de Lamartine ; même inspiration, même contemplation de la nature, même douceur dans le rythme, avec la différence qui sépare l'élève du maître. L'aile est courte encore et manque de cette envergure qui l'emportera plus haut et plus loin.

 Dans l'*Enfant* il y a progrès déjà [2] ; le sujet intéresse davantage et on trouve une pensée plus élevée, coulée dans un moule plus sérieux, moins de vague dans l'expression, et cette sensibilité qui plaît dans un adolescent. En voici la première moitié :

Quand du sombre néant, victorieux à peine,
Et du sein maternel traînant encor la chaîne
  L'enfant naît... pour mourir ;
Quand de ce temps enfin dont la sphère l'embrasse,
Incertain et tremblant il mesure l'espace,
  Par un premier soupir ;

Héros, sans le savoir, d'une imposante fête,
Quand sur les fonts sacrés il va courber la tête,

---

[1] Numéro du 26 mars 1826.
[2] Numéro du 30 juillet 1826.

Et qu'un prêtre à longs flots
Lavant son front impur dans l'onde salutaire,
Est prêt à l'enrôler, soldat involontaire,
Sous d'augustes drapeaux,

Si l'ange qui régit sa jeune destinée,
Tout à coup découvrait à sa vue étonnée
L'avenir qui l'attend,
Et qu'ensuite à ses yeux, humides de tristesse,
Il fit briller du ciel la sublime allégresse ;
Oh ! que dirait l'enfant ?

« A vos rêves mortels, non je ne saurais croire ;
« Je n'inscrirai jamais mon nom parmi vos noms.
« Cette coupe ôtez-la, non, je n'y veux point boire :
« Vous savez ses douceurs, je connais ses poisons !
« Car j'ai vu dans le ciel et j'ai vu sur la terre,
« De la terre et du ciel j'ai pesé les plaisirs ;
« Du côté de vos biens la balance est légère,
« Mais de l'autre son poids entraîne mes désirs.
« J'aime mieux, voyageur à la route éternelle,
« M'élever doucement loin des terrestres lieux,
« Cacher comme l'oiseau ma tête sous mon aile
« Et me réveiller dans les cieux.

La rime n'est pas toujours riche et V. Hugo dans ses premières lettres, l'avertira d'être plus sévère sur ce point, comme aussi de maintenir son rythme et d'éviter le dithyrambe. Ce sont là des défauts dont il se corrigea bientôt. Malgré ces imperfections, pardonnables chez un très jeune poète, on ne peut se refuser d'applaudir à cette pièce d'un sentiment élevé où se trahit déjà l'inspiration chrétienne, laquelle dominera désormais dans tous ses écrits. Les poètes, les écrivains qu'il admire s'en écarteront presque tous ; lui, il y demeurera fidèle et de plus en plus dévoué à mesure qu'il avancera en âge.

Le *Juif* révèle déjà plus de maturité dans le talent, l'expression a acquis plus de fermeté et le vers est mieux frappé. Remarquons aussi que ce sujet était bien fait pour tenter un jeune homme qui dans ses méditations recueillies étudie les légendes des siècles écoulés et en pénètre l'esprit.

LE JUIF

> Tous les peuples l'ont vu passer ; tous ont été saisis d'horreur à son aspect. Il était marqué d'un signe plus terrible que celui de Caïn. Sur son front une main de fer avait écrit : Déicide.
>
> LAMENNAIS.

« De ton Dieu méconnu le pouvoir se révèle :
« Je t'ai maudit, ô Juif ; la vengeance éternelle
« Comme un autre ennemi se lève sur tes jours ;
« J'ai reculé bien loin l'horizon de ta vie !
« Jérusalem, adieu ! la terre est ta patrie
    — Tu marcheras toujours !

« Et que t'importe à toi le bruit de tous les âges ;
« Que le ciel sur ta tête assemble les nuages,
« Que le soleil achève ou commence son cours ?
« De tes pas chancelants je masquerai la place,
« Ma main te poussera dans ta pénible trace,
    — Tu marcheras toujours !

[1] Feuilleton du 19 mars 1826.

« Interprète muet des décrets du Messie,
« Va témoigner du Dieu que ta bouche renie ;
« Avec les derniers temps luiront tes derniers jours ;
« Les peuples te verront dans leur stupeur profonde,
« T'arrêter haletant sur les débris du monde ;
   « Tu marcheras toujours ! »

Et lentement, la croix montait vers le Calvaire ;
Et le Juif étourdi du poids de la colère,
Jette un dernier regard sur le sacré chemin.
C'en est fait ; il soupire, et secouant la tête,
Voyageur sans retour, il saisit la houlette
   Du pèlerinage sans fin.

Le voilà donc proscrit, exilé dans la vie,
Triste et du grand supplice accomplissant les lois.
Il marche, il marche encor, sa tête appesantie
S'incline sous les jours, — comme Dieu sous la croix.
Et du Dieu dont la main l'enchaîne sur la terre,
Sa bouche vainement abjurerait le nom ;
Car son front est signé du sceau de la colère,
Et les peuples ont dit à l'aspect de leur frère :
   « Voilà l'exilé de Sion ! »

Ces monuments fameux dont le regard s'étonne,
Étalent devant lui l'éclat de leur couronne,
L'indifférent Hébreu ne connaît point leur nom
Et foule au bruit égal de son pas monotone
   Et les débris de Babylone
   Et les pavés du Parthénon.

Cette voix de l'airain, qui s'adresse à la terre,
Pour lui du temps jaloux mesure en vain les pas ;
C'est l'accent inconnu d'une langue étrangère,
   C'est un son qu'il ne comprend pas.

Mourir ! — Ah ! si la mort, à tant de vœux contraire,
Détournait son poignard du cœur d'un fils, d'un père,
  Sur ce cœur ulcéré d'ennui !
Mais sur l'*Être maudit* la faux n'a pas d'empire ;
Penché sur les tombeaux, c'est en vain qu'il aspire
  Cet air qui n'est pas fait pour lui.

Dormir !... si du trépas cet emblème fidèle,
  Le sommeil qu'il appelle,
S'abaissait un instant sur son front soucieux !
Mais prêt à l'éveiller, lugubre sentinelle,
L'ange vengeur est là, dont l'épée éternelle
D'un éclat menaçant importune ses yeux.

Plus tard il repassait, quand sur sa base antique
Du temple de Sion frémissait le portique.
Quand des chariots d'airain se heurtaient dans le ciel,
Quand mêlés aux accents d'une voix prophétique
Ces mots : Sortons d'ici ! s'échappaient de l'autel.
Ensuite il repassa, puis voulut dans sa course
  Retrouver la fertile source
Où l'homme du désert baptisait de sa main...
Et le pâtre écartant une herbe vénéneuse,
Dans les stagnants détours d'une onde limoneuse
A ses regards surpris désigna le Jourdain.

II

Ces essais poétiques de Victor font pressentir la portée future de son talent [1]. Elles parurent dans

---

[1] Il avait publié, dans les Affiches d'Angers (en 1825), avant la création du Feuilleton, et à la suite des *Biens à vendre*, une charmante élégie, le *Conscrit*, tout empreinte de candeur et de délicatesse, et que Millevoye n'eût pas re-

le temps où les premiers volumes de V. Hugo firent leur apparition et émurent le monde littéraire, attentif à suivre le mouvement poétique qui se dessinait alors. Dès le début, Victor se déclara pour les jeunes poètes, Lamartine, Guiraud, Soumet, etc., qui chantaient alors sur des modes divers, mais ce fut avec un enthousiasme extraordinaire qu'il accueillit les odes et les ballades de V. Hugo. Il avait trouvé en lui le maître auquel il devait s'attacher. La première fois qu'il s'ouvrit à notre père de l'effet produit sur lui par ce génie qui le fascinait, il lui demanda timidement : « Que penses-tu de lui, cher père ? — Plus de mal que de bien », répondit notre père d'un air sérieux. Grand mécompte pour Victor ! Il en fut triste pendant toute une semaine. Il aurait pu deviner que notre père, enfant d'un autre siècle, esprit mûr, raisonnable, classique par éducation et par goût, devait être un peu choqué des nouveautés, des hardiesses du jeune maître qui déjà voulait s'imposer à la génération nouvelle, car non content de chanter sur un rythme nouveau, il érigeait en théorie ses caprices poétiques et remplaçait la muse grecque par la fée du moyen âge.

---

niée. Un peu plus tard parut un dithyrambe sur la mort du peintre Louis David, dans le genre de Lebrun, où l'on remarque l'énergie des pensées et le rythme animé des stances. Nous n'en parlerons pas ici, parce que ces productions appartiennent à un genre dans lequel Victor ne persévéra pas plus longtemps.

Cependant, voyant avec quelle ardeur Victor suivait les productions de V. Hugo et avec quelle passion il souhaitait de connaître l'*Enfant sublime*, — comme avait dit Chateaubriand, — notre père se risqua à envoyer à l'auteur des *Odes et Ballades*, ses propres poésies et celles de son fils avec une lettre comme il savait les écrire. Oh ! bonheur inespéré ! une lettre arrive, notre père l'ouvre. « Victor, une lettre de M. Hugo ! » — A ces mots Victor se trouble et tremblant d'émotion il écoute la lecture de ce qui suit :

Paris, 5 janvier 1827

« C'est moi, monsieur, moi, qui vous dois mille
« remerciements.
« Vous voulez bien écrire mon nom sur la liste des
« lecteurs d'un *Feuilleton* de province qui vaut bien
« mieux que bien des feuilletons de Paris. Vous faites
« plus encore ; vous m'envoyez de vos ouvrages, pleins
« de maturité, de raison et d'esprit, et des vers de
« monsieur votre fils, tout étincelants de jeunesse et
« de poésie ; ce sont là encore de vos productions,
« monsieur, et je ne croirai point déplaire à votre
« légitime amour-propre de père et d'auteur, en vous
« affirmant que quelque remarquables que soient vos
« ouvrages, monsieur votre fils est encore le meilleur
« de tous. C'est du reste ce qu'on a dit d'Homère en
« parlant de Virgile.
« Dites bien, monsieur, à votre jeune aiglon, à votre
« Victor, qu'il est un autre Victor ici qui lui envierait
« bien, si l'envie se mêlait à l'affection, le beau chant
« sur *David, le Juif, la Mer et le Lac*, composition ingé-

« nieuse et inspirée, et surtout sa ravissante élégie de
« *l'Enfant*. Dites-lui, à lui, qu'il ne cache pas *sa tête*
« *sous son aile;* son aile est faite pour planer dans le
« ciel et sa tête pour contempler le soleil.

« Si ses *dix-huit ans* accordaient quelque droit de
« conseil à mes *vingt-cinq ans* (car j'y touche), je n'au-
« rais à lui adresser que des recommandations pure-
« ment matérielles. Je lui dirais d'être encore plus
« sévère sur la richesse de la rime, cette seule grâce
« de notre vers et surtout de s'efforcer presque tou-
« jours de renfermer sa pensée dans le moule de la
« strophe régulière. Il peut changer de rythme aussi
« souvent qu'il le voudra dans la même ode, mais qu'il
« y ait toujours une régularité intime dans la dispo-
« sition de son mètre. C'est, selon moi, le moyen
« de donner plus de force à la pensée, une plus large
« harmonie au style, et plus de valeur à l'ensemble de
« la composition. Du reste, je ne lui donne ceci ni
« comme des lois, ni comme des règles, mais comme
« des résultats d'étude bonne ou mauvaise sur le génie
« de notre poésie lyrique. Chez lui, la pensée n'a rien
« à faire qu'à se développer librement : je donne quel-
« ques conseils à l'artiste, mais je les soumets au
« poète.

« Adieu, monsieur, recevez de nouveau l'expression
« de la reconnaissance et de la haute estime avec la-
« quelle j'ai l'honneur d'être

« Votre très humble et très obéissant serviteur.

« Victor Hugo.

« 15 janvier 1827. »

Quelle exquise politesse ! Il avait pris la peine
de lire les œuvres du père et du fils pour les juger

si bien et tout en pressentant le talent qui se révélait dans les essais de Victor, il parlait à notre père comme à un homme intelligent, capable de comprendre et dont il devinait la finesse d'esprit. On sera peut-être surpris du ton aimable, sans prétention, de cette longue lettre adressée à des inconnus, de l'aménité du poète déjà célèbre envers des provinciaux assez hardis pour lui adresser leurs ouvrages, mais il faut se reporter à la date et se rappeler que V. Hugo ne fut point accepté d'emblée par ceux qui dirigeaient le goût public en littérature ; les lettrés et les académiciens de ce temps-là s'effrayaient de voir le jeune poète faire si bon marché des théories classiques et entrer dans la lice en sautant par-dessus les barrières. Lamartine avait été accueilli avec moins de défaveur ; il ne professait point du haut de ses préfaces, il se contentait de chanter sur un mode harmonieux, rêveur, qui n'avait rien de menaçant pour l'ancienne manière, bien qu'il s'en éloignât beaucoup.

Hélas ! il s'éloigna beaucoup plus des idées aristocratiques et royalistes qu'il professait alors ; il en fut ainsi de V. Hugo qui, après avoir glorifié la naissance de l'*Enfant du miracle*, alla plus loin encore que le poète des *Méditations*, aussi loin qu'on peut aller quand on boit à la coupe enivrante de la popularité.

III

Mais revenons au V. Hugo de 1827, jeune de ses vingt-cinq ans, tout à la poésie, à l'art et ayant, comme il le dit lui-même,

> Des chants pour toutes les gloires,
> Des larmes pour tous les malheurs !

La réception de cette lettre transporta de joie le jeune poète et lui inspira une ode à V. Hugo, qui parut dans le numéro du 20 mai 1827. Dans cette pièce où l'influence du maître est flagrante, l'*aiglon* s'essaie à suivre le vol de l'aigle ; il y a du lyrisme, de l'élévation de pensées, un rythme de plus en plus harmonieux. Il n'y manque pas non plus de ces élans de royalisme que V. Hugo partageait alors, lui qui avait écrit sur la naissance du duc de Bordeaux de si beaux vers. Six jours après l'impression de la feuille qui les lui mit sous les yeux, le grand poète écrivait à notre père les lignes suivantes :

« Après les beaux vers que votre Victor vient de
« m'adresser, je me ferais conscience de lui envoyer
« directement mes remerciements et mon admiration
« en vile prose ; ce serait lui donner du plomb en
« échange de son bronze et de son or. Permettez donc
« que ce soit dans votre cœur de père que je dépose
« mes sentiments de frère et d'ami ; dites à votre
« Victor qu'il souffre que je le remercie en vous.

« Vous lui transmettrez un témoignage bien faible de
« mon profond attendrissement et ils auront plus de
« douceur en passant par votre bouche.

« Oui, monsieur, ce sont de bien beaux vers, pleins
« de feu, d'éclat et de grandiose, plus beaux que l'idéal.
« Nous devons être fiers tous deux de ces vers, vous
« comme le père, moi comme le *frère* du poète. Je
« suis bien fier que cette ode jeune et véhémente me
« soit adressée ; mais j'aurais plus d'orgueil encore,
« si mon nom, au lieu d'être en tête, était en bas.

« Je n'aurais peut-être pas dû, monsieur, louer tant
« ces vers où je suis trop loué. Mais c'est une erreur
« de l'amitié qui a donné mon nom pour titre à cette
« ode. Ce n'est pas à Victor Hugo qu'elle s'adresse,
« c'est à un poète de génie, digne d'inspirer un chant
« si élevé, et moi je ne suis digne que de l'admirer.

« Adieu, monsieur, adieu, heureux père ; embrassez
« bien votre fils pour moi ; en attendant que je puisse
« l'embrasser pour vous.

« Vôtre bien cordialement.

« Victor Hugo.

« 26 mai 1827. »

Ne fallait-il pas que Victor eût un fort lest de bon sens au fond de sa barque, pour ne pas chavirer sous cette raffale d'éloges ? Le grand poète était content, très content, d'avoir été si bien compris et si bien loué par Victor ; il le disait dans son langage grossissant et par une déférence flatteuse pour notre père, c'était à lui qu'il avait adressé la lettre. Des procédés aussi aimables adoucirent singulièrement les préventions de notre père contre les romantiques ; mais prudent et sensé il fit ses réserves; il ne passa point avec armes et bagages dans le camp suspect, mais il entra de tout cœur sous la tente du général en chef qui lui tendait les bras.

Cette même année, Victor étant retourné à Paris, vit de ses yeux le grand poëte, son idole, dont sa candide admiration lui conquit tout aussitôt l'affection. En revenant à Angers, il put remettre aux mains de notre père une nouvelle lettre, aussi gracieuse que la première, et qui montre le pas considérable que Victor avait fait dans son esprit.

« Je ne veux pas, Monsieur, que notre bon et cher
« Victor nous quitte sans vous porter quelques remer-
« ciements de moi. J'aurais déjà dû (et n'accusez que
« ma paresse) vous écrire vingt fois depuis que je l'ai
« vu. J'aurais dû vous remercier d'avoir consenti à
« vous priver pour quelque temps de cet excellent
« jeune homme, en qui je ne sais ce qui me plaît le
« plus, de l'ami ou du poëte. Vous êtes heureux; vous
« avez un fils comme tout père doit souhaiter d'en
« avoir un.

« Souffrez aussi qu'à mes félicitations et à mes
« remerciements je mêle quelque reproche et quelque
« importunité. Pourquoi nous l'enlever si tôt ? Pour-
« quoi nous le montrer si peu de temps ! Je conçois
« votre désir de le revoir et votre impatience de père,
« mais ne concevez-vous pas aussi nos exigences et
« nos prétentions ? Il n'y a qu'une chose qui nous
« rende son départ moins triste; c'est l'espérance de
« le revoir cet automne, à l'époque du Salon, et vous
« êtes trop bon pour tromper cette espérance.

« Votre Victor adoucit aussi nos regrets par une
« promesse que vous vous chargerez de remplir, c'est
« que nous vous verrons bientôt à Paris, avec votre
« jeune fils. . . . .
« C'est dans cette attente, monsieur, que j'embrasse
« votre fils en le chargeant de vous parler de toute
« mon amitié, de tout mon dévouement pour vous
« deux.

« Victor HUGO.

« Paris, 6 août 1827. »

Ces lettres si remplies de déférence pour lui et si flatteuses pour Victor, notre père ne les montrait point en public ; oh ! non, c'était de ces joies qu'il savourait tout seul, en silence, et qu'il conservait dans son cœur.

CHAPITRE VI

Le mouvement littéraire à Angers

Le mouvement littéraire se propageait en province et les poètes romantiques faisaient école. En 1827, notre ville vit éclore une femme poète qui, plus tard, se fit connaître par des poésies fort remarquables et davantage encore par des nouvelles qui eurent et ont de plus en plus un véritable succès. Plusieurs de ses poésies et tous ses écrits en prose ont été publiés sous le pseudonyme de Genevray ; en doublant l'n et en ajoutant un *e* on reconnaîtra facilement Madame E. Janvier, née Gennevraye[1]. Douée de toutes les qualités qui font les poètes, imagination vive et rêveuse à la fois, grâce, esprit et bonté, Mme E. Janvier alors bien jeune, venait de faire paraître un premier volume de vers sous le titre de *Poésies d'une femme*. Il s'agissait d'obtenir de Victor un article pour lancer le livre, et d'en obtenir un aussi de Sainte-Beuve. A cet effet, Grégoire Bordillon lui écrivit la lettre que voici : je la donne toute entière bien que s'y trouve mentionné le jeune frère qui devrait rester dans la coulisse ; mais il faut qu'on ait le texte complet de cette épître spirituelle, étrange, toute d'un jet, tracée en gros caractères informes, dans lesquels on retrouve l'ampleur du geste et jusqu'à la voix sonore de celui qui l'écrivait.

« Mon cher petit monsieur Pavie,

« J'ai commis un fameux oubli avant-hier en en-
« voyant à Paris deux exemplaires que je vous priais
« de remettre à Sainte-Beuve, et cet oubli Mme Eugène
« Janvier m'en a grondé. Je devais remettre *trois* et
« non *deux* exemplaires, car un d'eux vous était
« destiné ainsi qu'à Th...

« Acceptez donc, mon bon ami, l'exemplaire que le
« charmant poète vous adresse. Il faut tout vous avouer.
« Ce n'est pas à vous seulement, c'est aussi un peu à votre

---

[1] Aujourd'hui Mme Perrot.

« frère Th... que cet envoi se destine. Et voici comment :
« on a lu avec plaisir sans doute (et l'on a trop bon goût
« pour qu'il en ait pu être autrement) l'article sur *Gœthe*[1],
« mais on était sinon plus content, du moins très content
« aussi du charmant morceau de la *Goélette*, et quand
« nous en causions, tout l'éloge, tout le mérite nous
« le rapportions à vous, et voici que votre père à
« qui je le disais hier, s'est écrié : — Mais vous n'avez
« donc pas pris garde aux initiales des prénoms ? Ce
« n'est pas Victor, c'est Th... qui m'a envoyé la *Goélette*.
« — Eh bien, les deux font la paire, mon bon ami !
« Le ciel d'Amérique a bien inspiré Th... Et Dieu me
« damne, j'en suis jaloux. Ce morveux-là que j'ai vu
« naître, a, ma parole, fait là une chose charmante et
« que pour beaucoup je voudrais avoir faite. Mais,
« je l'oubliais ; je fais des requêtes, des exploits, moi,
« et vous enfants gâtés du sort vous vivez d'une toute
« autre vie[2].

« Ainsi, que les deux frères en prennent chacun leur
« part, puisqu'un seul n'a pas tout fait, comme nous
« le croyions... J'en dirais tant, tant, si je m'abandon-
« nais à l'exubérante loquacité de ma plume, que je
« n'aurais plus de place pour vous conter la commis-
« sion dont ce soir votre père m'a chargé.

[1] *Gœthe, son buste colossal par David*, article écrit au retour de Weimar, et suivi d'une pièce de vers. Feuilleton du 18 octobre 1829.

[2] Le *morveux* était alors dans l'Amérique du Nord. Cette petite pièce de vers composée sur le Saint-Laurent, était destinée à son père tout seul, et ne valait pas la peine qu'il la publiât, mais l'amour paternel égare parfois les esprits les plus judicieux. La pièce parut dans le numéro du 1er septembre, à son regret et à son insu. Ce n'est pas la seule fois qu'il ait déploré que son père eût des presses à sa disposition !

« Il vous prie, vous ordonne au besoin, de remettre
« avant le 14 de ce mois un article sur les *Poésies d'une*
« *femme*... Beaucoup d'exemplaires déjà se sont vendus
« ici ; le demi-secret qui voile encore le nom de l'au-
« teur donne lieu aux plus jolis cancans.

« Adieu, mon cher Victor, excusez bien cette lettre
« que tout à la hâte je vous écris chez Eugène
« J... (Janvier), au son du piano et au milieu des discus-
« sions psychologiques.

« BORDILLON.

« Écrivez-moi, de grâce, ce que David, Hugo et le
« petit *cénacle* pensent du petit recueil. »

En regard de cette lettre décousue, pleine d'entrain, où les idées se heurtent, mettons un fragment de celle que mon père écrivait à Victor, à
propos de ce livre nouveau pour lequel on lui
demandait un article.

« Je termine en te recommandant d'apporter toute
« ta réflexion à l'article sur Mme Janvier. Point d'apos-
« trophe, point de néologisme, point d'obscurité ; style
« facile, pur, correct. Ne dépasse point la hauteur du
« sujet ; il faut t'y conformer pour le ton et le genre
« d'écrire ; sois gracieux et moins profond. Une allusion
« à la muse de la Loire, sans parallèle, ne serait sans
« doute pas déplacée. Qu'elle accepte ton éloge mesuré,
« qu'elle puisse se reconnaître comme dans une glace...
« Remporte aussi cette victoire sur toi-même, corrige-
« toi de ces deux défauts que je te reconnais, que je te
« pardonne, mais que tu ne peux plus te faire pardon-
« ner. Encore une fois, ici ce n'est pas toi qui com-
« mandes, c'est une femme !... »

Conseils fort sages à coup sûr, et discrètement donnés. On dirait que notre père regrette de n'avoir pas été chargé de cet article qu'il eût fait mieux ou autrement que son fils, dont il redoute l'intempérance de style et les exagérations de pensées. Victor tint-il compte des avis donnés par notre père ? Il le lui promit sans doute et se le promit à lui-même, mais je n'en trouve pas, dans l'article [1] que j'ai sous les yeux, une preuve bien évidente. Il était alors à Paris, en pleine atmosphère romantique, chauffé par les soirées du *cénacle* que présidait V. Hugo. Son style procédait par sauts et par bonds ; sa période surchargée d'éclairs, gonflée d'images, ne coulait pas limpide et claire comme notre père l'eût désiré. Cependant, à la fin de l'article se détachait cette phrase charmante. Après avoir regretté que l'harmonie des strophes n'eût pas été assujettie à un rythme constant et régulier [2], il dit :

« L'amour du rythme est une chose bonne et louable
« sans doute ; mais pourquoi immiscer la gravité
« d'homme dans cette fantaisie de femme ? Ce sont
« d'incomplètes émanations d'une existence frêle, qui
« vont où le vent les porte, que nous devons prendre
« comme elles viennent et dont le caprice fait la fraî-
« cheur. Il est de ces fils blancs, ténus et brisés, qui

---

[1] Feuilleton du 27 décembre 1829.
[2] V. Hugo, on s'en souvient, lui avait recommandé à lui-même de s'assujettir à un rythme constant et régulier.

« se promènent dans l'air pur, par un soleil d'été, et
« qu'on appelle *fils de vierge*, qui jamais ne feront le
« tour de la quenouille et que jamais filandière ne
« roulera sur un fuseau ! »

Ce que pensa l'auteur des *Poésies d'une femme* de cet article écrit sur le ton d'un haut lyrisme, je n'en eus point connaissance ; j'étais absent, en Amérique, et Mme E. Janvier ne devint ma tante que douze ans plus tard. Mais dans la correspondance de Victor, je trouve une longue et fort aimable lettre d'elle, du 10 janvier 1830, dans laquelle, après s'être défendue de toute prétention à être poète et avoir laissé percer son désir de savoir si elle doit continuer à faire des vers, elle ajoute :

« Je me rappelle, monsieur, le bal où j'eus l'avan-
« tage de vous voir, je m'en souviens, parce que déjà
« de jolies pièces, dans le journal de M. votre père,
« me faisaient chercher dans vos traits ce je ne sais
« quoi qui révèle le cœur d'un poète. Mais moi, j'ai dû
« passer devant vos yeux comme toutes les dames
« parées de guirlandes et de satin. A la prochaine fois,
« j'espère, nous causerons ; ce que vous faites mieux
« que de danser. Vous m'avez dit que vous dansiez fort
« mal. Je n'en sais rien, et d'ailleurs c'est le fait de
« tous les gens d'esprit.

« Encore une fois, monsieur, je vous remercie de
« votre charmant article plein de grâce et de talent, et
« de votre lettre qui m'a rendue heureuse comme une
« enfant.
                              « ADÈLE JANVIER. »

Même à propos de vers, il faut, quand ils sont d'une femme jeune et à la mode, ne pas perdre de vue la grâce, la beauté de sa personne, et je suppose, d'après la teneur de la lettre, que Victor n'y avait pas assez songé... L'auteur laisse entendre qu'elle eût désirée d'être distinguée des autres dames. Mais passons ; nous avons dit que notre père n'était pas converti tout à fait au romantisme ; ses conseils à Victor ne laissent aucun doute à ce sujet. Les littérateurs qui l'entouraient appartenaient tous au siècle précédent et défendaient de toutes leurs forces les doctrines classiques auxquelles il restait attaché. Emporté par sa fougue, Victor allait droit devant lui, ne tenant aucun compte de ce que pensaient de lui les *philistins*, comme on disait alors. Il avait des partisans, mais des contradicteurs en grand nombre le critiquaient, le censuraient et adressaient à notre père des articles assez vifs, non signés, que celui-ci insérait quand même dans son Feuilleton. Parmi ses défenseurs les plus ardents, il comptait Bordillon, que n'effrayaient ni les nouveautés, ni les hardiesses, de quelque part qu'elles vinssent. Dans une seconde lettre de lui, réclamant un article de Sainte-Beuve sur les *Poésies d'une femme*, on lit ces passages :

« Mon cher petit bonhomme, je vous souhaite le
« bonjour de tout mon cœur ; j'étais à Laval quand
« vous m'êtes venu voir et apporter votre article sur
« Gœthe. Grand merci je vous en fais, car je l'ai relu

« deux ou trois fois et je me suis *enroué* à crier à sept
« ou huit sots de notre ville qu'ils étaient une vraie
« canaille intellectuelle, n'ayant, comme dans le
« *speaume* (sic) *in Exitu*, ni oreille pour entendre, ni
« œil qui sache voir. Ils vous prennent pour un *ma-*
« *niaque* de romantique, mais laissez-les dire et allez
« votre allure. Seulement je persiste à vous conseiller
« une lecture attentive de Bentham ; c'est la plus
« froide et la plus étroite sagacité que tête humaine
« ait jamais offerte. Bonne serait la chose, je vous
« assure, et comme il n'y a pas de danger qu'il vous
« pétrifie, il y a chance qu'il vous consolide. Voilà, me
« comprenez-vous ?

. . . .

« Vous ne feriez pas mal aussi de lire *Laure Montre-*
« *ville ;* si je connaissais une jeune fille qui lui ressem-
« blât, le l'irais chercher à la Chine, mais le pauvre
« *avoué à la cour* est une trop prosaïque créature pour
« songer à ce bonheur des anges. Au reste, avoué à
« part, lisez ce roman de Mistress Brunton, et dites-moi
« si jamais jeune fille *catholique* eut un sentiment reli-
« gieux aussi élevé, aussi pur. C'est chose désespé-
« rante ! Ces maudits prêtres à vieilles chapes et à
« payennes cérémonies, matérialisent, fétichisent les
« cœurs de nos jeunes Françaises. Si j'étais homme et
« non pas avoué, j'irais me marier en Écosse ou en
« Amérique avec une jeune méthodiste, et je prierais
« Dieu avec elle de toute mon âme.

« G. BORDILLON. »

En êtes-vous bien sûr, grand Grégoire ?... Tout
beau, s'il vous plaît, vous parlez à un catholique !
Quelle mouche vous a piqué ? Votre cœur natu-

rellement bon et généreux vous avait mérité les sympathies de vos adversaires politiques, mais votre goût pour le rôle de tribun rendait parfois votre parole acerbe et outrageante. Vous avez appelé de vos vœux les révolutions; vous les avez provoquées, oublieux des excès qu'elles entraînent avec elles; vos discours sentaient le jacobin; et pourtant quand vous avez vu les masses soulevées par vos imprudentes excitations, bouillonner et menacer le couvent du Bon-Pasteur, vous vous êtes courageusement jeté au-devant d'elles pour les arrêter ! Ceux que l'on pourrait croire vos ennemis sont peut-être seuls à se souvenir du bien que vous avez fait, car ceux qui se disent vos amis à présent vous le reprocheraient, je crois, ou tout au moins n'imiteraient pas votre généreuse conduite !

CHAPITRE VII

Les voyages à Londres et à Weimar

Désireux de faire le buste de Walter Scott, alors dans toute sa gloire, David partit pour Londres en avril 1827, et emmena Victor [1], qui put voir le

---

[1] J'étais de ce voyage; dans son inépuisable complaisance, David avait bien voulu se charger des deux fils de son ami. Le buste ne put pas être exécuté à cause du départ du romancier pour l'Écosse.

grand romancier et l'entendre, en un mauvais français, exposer ses théories sur la littérature et sur l'art. Quelle belle tête il avait ce noble vieillard en cheveux blancs, sur lequel se fixaient les regards de l'Europe entière ! C'était le moment d'une exposition ; on y admirait les portraits de Lawrence, les paysages de Venise et de l'Inde de S. Turner, d'une couleur exagérée, mais saisissants d'effet ; des œuvres du sculpteur Chantrey, et ces fines aquarelles dans lesquelles les Anglais réussissent si bien. Chez beaucoup de ces artistes il fut reçu sous le patronage de David et assista à une séance de l'*Atheneum*. Ce qui le laissa plus froid, ce fut la visite à Bentham ; le jurisconsulte, chef de l'école *utilitaire*, déjà très vieux, courait, courait, avec ses jambes fléchissantes et ses bas détachés, autour d'une longue table, en prononçant des paroles à peine articulées que son secrétaire, M. Bowring, comprenait et qu'il interprétait. L'*utilitarisme* n'était pas son fait, lui qui ne recherchait que l'idéal, et il se souvenait de la lettre de Bordillon.

L'année suivante, quelle fut sa joie, quand David lui dit un matin : « Allons voir Gœthe ! Je pars pour Weimar et tu viens avec moi. » Ce fut un beau voyage et que seul il pouvait raconter. Dans un article publié à son retour (et dont il a été question plus haut), l'enthousiasme déborde, il n'est plus maître de sa plume. Après ces huit jours passés dans l'intimité de l'auteur de *Faust*, l'exaltation est au comble. En ces derniers temps, il est revenu sur ce sujet, et dans le récit qu'il a fait de son pèlerinage auprès du patriarche de la littérature allemande, il a retrouvé toute la fraîcheur de ses souvenirs, toute l'ardeur de sa jeunesse, tempérées par une expression mieux à la portée des lecteurs d'un esprit plus rassis. Comme on voit Gœthe, dans son grand fauteuil, présentant avec une confiante satisfaction sa tête olympienne à l'artiste de génie, à David, et celui-ci, petit de taille, modelant de sa main fine et frémissante ces traits accentués, nobles, ce front vaste où la pensée a creusé des sillons, cette physionomie plus grande que nature, à laquelle on ne pouvait donner qu'une forme colossale pour en exprimer la puissance !

Resté seul à Angers, loin de ses deux fils, dont l'aîné était à Paris et l'autre en Amérique, notre père tournait ses regards avec une tendresse égale sur les bords de la Seine et sur ceux du Mississipi. Le 26 novembre 1829, il écrivait à Victor, à l'occasion de son vingt-unième anniversaire, ces paroles touchantes :

« Cher enfant,

« Pour la vingt-unième fois, je viens de remercier
« le Seigneur du beau présent qu'il m'a fait, et chaque
« année ma reconnaissance est plus vive, puisque j'ai
« le bonheur de voir chaque année ce fils croître en
« vertus et en qualités. Oui, c'est un hommage que je

« te dois ; tu tiens dans ta jeunesse toutes les pro-
« messes de ton enfance. La bonté de ton cœur, la
« noblesse de tes sentiments, la fermeté de tes prin-
« cipes font ma joie et ma consolation. Aussi, met-
« trai-je mes soins à t'en récompenser ; c'est un
« devoir qu'il m'est doux de remplir.

« Mais au-dessus de moi, de tes bonnes mères[1], Dieu
« élevant sa voix toute-puissante nous demande compte
« de cette félicité commune : à nous, si nous formons
« ce fils dans sa crainte salutaire, à toi, si tu te rends
« digne des dons qu'il s'est plu à répandre sur ta per-
« sonne ; et sa récompense ou sa punition est éternelle !
« Continue donc, cher Victor, à te montrer aussi bon
« chrétien que bon fils (si toutefois l'un est séparable
« de l'autre) ; les dangers, ceux que je redoute le plus,
« ceux de l'amitié, t'entourent ; reste inébranlable. »

Quelle tendresse ! quelle sollicitude chrétienne !
Cette fois les conseils ne portent point sur le style,
sur la forme, sur les idées poétiques exprimées
avec plus ou moins d'indépendance de langage ;
non, ils portent plus haut ! Ce fils si bien doué, si
bien accueilli par d'illustres amis, lancé dans un
milieu où le sentiment religieux existe à peine, ce
fils sollicité de tous côtés par la poésie, le théâtre,
qui passe plus de temps dans les ateliers et les
salons littéraires qu'à l'École de Droit, sortira-t-il
à la fin croyant de ce monde sceptique, brillant,
qui le fascine ? Oui, l'écume de la vague passera
sur lui, et la salure de la mer, la pureté de son

---

[1] De ses grand'mères.

âme fortifiera ses croyances et son talent. *Gaudeant bene nati !*

N'admirez-vous pas ce père à la foi antique, qui ne se laisse pas éblouir par l'accueil brillant que font à son fils tant d'hommes illustres ou distingués? Il en est fier sans doute, mais il en redoute les effets. Si jeune, si ardent, si facile à entraîner sur les pas de ceux qu'il admire, Victor est en péril peut-être... Notre père le sent, il tremble ; de là ces douces paroles, pénétrantes, pleines d'autorité qu'il adresse à un fils bien-aimé le jour de sa naissance, comme pour lui rappeler les vœux de son baptême ! Mais Dieu le garde, ce fils si cher ; il le sauvera *ab omni periculo !*

C'est ainsi que convergeaient sur Victor les sentiments affectueux d'un père vertueux et intelligent et ceux d'amis sincères, déjà en possession de la renommée. Vit-on jamais une jeunesse plus heureuse, plus digne d'envie, s'épanouissant sous la double influence des conseils paternels et des encouragements des artistes ? Tout lui souriait dans la vie ; il nageait en plein dans la poésie, en ces temps d'illusions et de rêves où l'on voyait volontiers l'avenir en beau.

CHAPITRE VIII

La liaison avec Sainte-Beuve

I

Il est temps de parler des relations de Victor avec Sainte-Beuve. Ce fut chez V. Hugo qu'il le rencontra. Le futur critique terminait ses études au collège Charlemagne, en 1825, deux ans avant Victor. Il suivit pendant quelque temps les cours de médecine où il se montrait médiocrement assidu. Un jour il fut admis chez Charles Nodier ; le lendemain il y retourna, se trouva lancé dans le monde des écrivains et oublia la route de l'École de médecine. Tout jeune encore, le fin critique, guidé par cette sagacité que je comparerais volontiers à celle du botaniste, devina à première vue le provincial adolescent qu'il voyait chez Hugo et le *détermina*. A ce propos, nous raconterons un fait qui allait nous échapper et dont la vraie place est ici.

Quelques mois auparavant, Lamartine vint en visite chez V. Hugo à l'heure où Victor s'y trouvait déjà. Les deux chefs de l'École nouvelle n'eurent jamais de bien intimes relations. Leurs admirateurs commençaient à se séparer en deux camps, ce qui les plaçait l'un devant l'autre dans une situation délicate. Il en résulta que la conversation fut sérieuse, élevée et d'autant plus intéressante que les deux interlocuteurs s'appliquaient davantage à bien dire. On conçoit l'attitude de Victor ; il parla peu, mais écouta, avec une attention respectueuse, ce duo entre les deux virtuoses de la poésie. Le lendemain, Lamartine écrivit à Hugo pour lui demander « quel était ce jeune homme à « l'œil vif, à la physionomie intelligente, qui avait « écouté avec tant d'attention et n'avait pris la « parole qu'avec tant de discrétion et une si « extrême modestie. Je voudrais l'inviter à dé-« jeuner. »

L'effet subit qu'avait produit sur l'auteur des *Méditations* le visage candide, attentif, de Victor, il le produisit immédiatement sur Sainte-Beuve. Celui-ci, en le voyant plus fréquemment, eut l'occasion d'apprécier l'élévation de son esprit, son enthousiasme pour la poésie et les qualités de son cœur. Tout aussitôt il s'attacha à lui plus intimement qu'à aucun du *cénacle* : lui, le critique ombrageux, défiant, il tendit à Victor une main amie et leur liaison dura jusqu'à ce que la mort l'eût frappé.

Toujours prompt à saisir l'occasion de parler des œuvres de ses amis, Victor avait fait, en 1829, un article sur les poésies de Sainte-Beuve. Celui-ci content d'être si bien jugé même dans un feuilleton de province, en témoigna sa satisfaction par une lettre affectueuse et en tous points excellente, la première qu'il lui adressa.

« Mon cher Pavie,

« Que j'ai de remerciements à vous faire de l'ex-
« cellent et très bienveillant article que vous m'avez
« fait dans le journal d'Angers! Je m'étais reproché de
« ne pas vous avoir envoyé mon livre, à vous qui êtes
« un de ceux pour qui j'aime le plus écrire et à qui je
« pense le plus quand j'écris... et voilà que vous me
« prévenez d'une si vive et si touchante manière.
« Quand me sera-t-il permis de vous rendre la pareille
« et de parler de vous comme j'en pense et comme
« j'en espère? Il ne vous manque qu'une seule chose
« pour faire, plus de foi en vous-même et plus de
« constance. Là où vous êtes, retiré du tourbillon de
« Paris, de cette *folle demeure*, comme dit Victor
« Hugo, en proie à toute votre originalité native,
« quoi que vous fassiez, quelque sujet que vous choi-
« sissiez, historique, poétique, littéraire, ou d'art et
« d'antiquité, vous nous donneriez, avec un peu de
« suite dans le travail, quelque chose de neuf et d'ex-
« cellent. Cette suite dans le travail, rien n'est plus
« aisé à acquérir avec vos fortes habitudes morales et
« de conviction. Quand on a une telle capacité pour
« la foi et l'enthousiasme, tout est possible ; on dépla-
« cerait des montagnes et si l'on s'éprend une fois
« d'un sujet, on le pénètre dans tous les sens, on le
« féconde, on en tire tous les germes enfouis. Vous
« êtes bien heureux d'être si jeune et si fort et si
« vierge par l'esprit, et vous vous devez à vous-même,
« vous nous devez à tous de faire fructifier de si belles

« facultés qui fermentent de sève et réclament leur
« développement.

« Pardon de ces moralités et trêve de conseils, ce
« serait à moi de vous en demander... J'espère bien
« vous voir cet hiver à Paris où nous parlons si souvent
« de vous.

« Mille amitiés encore,

« Sainte-Beuve. »

Quelle précieuse lettre pour un jeune écrivain ; qu'elle est encourageante ! Ah ! la constance dans le travail, jamais Victor ne saura l'acquérir. Mille sujets le sollicitent à la fois, il va de l'un à l'autre et ne peut se fixer sur un point. Et pourtant quel vaste champ s'ouvrait devant lui ! l'histoire, la poésie, la littérature, l'art, l'antiquité lui convenaient également, il n'avait qu'à choisir. Pour cela, il fallait se créer une spécialité, et Victor aurait vu en cela une sorte d'égoïsme littéraire. Il aimait à sortir au grand air, hors de la retraite cachée et voler en plein ciel pour voir de haut les objets qui le passionnaient et fondre dessus comme le faucon.

La seconde lettre de Sainte-Beuve est d'un tout autre ton, elle porte la date de 1830. La Révolution de Juillet était accomplie, saluée avec enthousiasme par les libéraux qui l'avaient faite, par les exaltés qui devaient plus tard la combattre comme insuffisante et par un certain nombre de gens de lettres, qui voulaient lâcher la bride à leur plume.

Voici dans quels sentiments d'esprit et de cœur se trouvait Sainte-Beuve lorsque se produisirent les graves événements qui ont fait dévier la France de ses destinées.

« Paris, 17 septembre 1830.

« Que vous dire, mon cher Pavie ! Je n'étais point
« ici pendant la Révolution ; je suis arrivé trop tard
« d'Honfleur, trop tard, car mon lot était de mourir
« d'une balle, honorablement, mais il est écrit que je
« manquerai en tout ma destinée ! Cela m'a jeté bien
« loin des romans, de la poésie ; mon ardeur de
« politique m'a repris et je suis depuis plus d'un mois
« au *Globe*, jetant de l'âpre et sombre doctrine. Je
« crois avoir à me plaindre de mes amis du *Globe* qui
« m'ont été fort peu bienveillants dès l'origine de leur
« faveur ; le pouvoir gâte les hommes dès qu'ils y
« touchent.

« Allez, mon ami, priez pour moi et aimez-moi un
« peu, car je souffre d'horribles douleurs à l'âme ;
« toute ma poésie refoulée, tout mon amour sans
« issue, s'y aigrissent et me dévorent. Je suis redevenu
« méchant.

« Oh ! quand on est haï, que vite on devient méchant !
« Je ne suis pas haï, ou du moins je m'inquiète peu
« de ceux qui me haïssent. Mais mon mal et mon
« crime, c'est de n'être pas aimé, de n'être pas aimé
« comme je voudrais l'être, comme j'aimerais l'être,
« aimant. C'est là le secret de toute ma folle existence,
« sans suite, sans tenue, sans but, sans travail d'avenir.
« Tout enfant, je ne rêvais dans la vie qu'un bonheur,
« l'amour, et je ne l'ai jamais obtenu, ni même plei-
« nement ressenti.

« Mais je blasphème. — Lamartine est ici depuis
« quelques jours ; il voit les choses en noir, il craint
« l'avenir, mais il se trompe, je crois, sur les moyens
« de prévenir le mal. Le seul moyen serait, en gou-
« vernant, de manœuvrer selon l'esprit progressif,
« avec largeur, hardiesse et confiance, ce qu'ils ne
« font pas, ce qu'ils feront de moins en moins.

« Victor (Hugo) est calme, serein ; il travaille à son
« roman (*Notre-Dame de Paris*) et a foi en l'avenir,
« même littéraire. Comment vous dire que ce que vous
« m'écrivez de Mme Janvier m'a rendu heureux et a été
« un rayon dans mes ténèbres ? Je l'aime beaucoup
« sans la connaître ; je ne la connaîtrai probablement
« jamais, mais elle a place en moi, et figure comme
« un de ces êtres qu'on sent et qu'on aime. Mais il ne
« faut pas trop que je me livre à mes idées.

« Adieu, mon cher Pavie, travaillez, pensez, poétisez,
« quand la verve vous presse. Soyez toujours bon,
« pieux, enthousiaste des belles choses et indulgent
« pour votre ami.

« Sainte-Beuve. »

II

Cette lettre longue et pleine de confidences
annonce déjà une amitié solidement établie. Sainte-
Beuve s'y révèle tout entier, tel qu'il sera jusqu'à
la fin, aigri, irascible, avec les trois tourments de
sa vie : l'instinct de la libre pensée et de l'opposition en politique (jusqu'au jour où il fut nommé
sénateur) ; la passion pour les *belles Sulamites*,
comme il le dit en un de ses vers, et le sens profond

des choses littéraires, de la poésie, qu'il jugera avec un tact exquis et le plus souvent avec impartialité. Mais pourquoi était-ce son lot de *mourir d'une balle, honorablement*, dans la mêlée des journées de Juillet ? Il n'avait rien dans sa personne de militaire, d'héroïque. C'est que, jeune Werther égaré par le désespoir que lui inspire une passion sans issue, il s'en prend à Charles X et aux Ordonnances ; il s'abandonne à des instincts mauvais, *il est redevenu* méchant ! Cœur ambitieux, il souffrira toujours de ne pouvoir cueillir les fruits d'or placés au-dessus de la portée de sa main, trop bien défendus ou qui se défendaient eux-mêmes contre les séductions de son esprit. Il devint misanthrope à la façon de J.-J. Rousseau, se brouilla avec ses vieux amis et se créa toute sorte de chagrins dont son orgueil ne put le consoler ; car pour être orgueilleux, il n'est pas besoin d'avoir un front d'homme de génie comme Hugo, comme Gœthe. Sous sa frêle enveloppe, sous son allure un peu gauche, qui l'eût fait prendre pour un cloarec endimanché, se cachait un orgueil colossal, l'orgueil obstiné d'un Lamennais, d'un... mais celui-ci vit encore, attendons ! Et cependant comme il sent sa misère morale et comme il en fait l'aveu dans ce seul mot : *Soyez toujours bon, pieux !*

En regard de cette lettre de Sainte-Beuve qui jette une si vive lumière sur toute sa vie, citons celle que V. Hugo adressait à Victor le même jour :

« Merci de votre bonne lettre, mon cher Pavie, je
« suis heureux de savoir que vous vous portez bien et
« que vous avez retrouvé bien portant votre bon père...
« Ce que vous me dites de mes vers me va au cœur ;
« je les avais écrits pour que vous les sentissiez ainsi...
« Ma femme est bellement accouchée, un peu après la
« mitraille et la canonnade[1], d'une petite fille à petite
« bouche, dont Sainte-Beuve est le parrain, que nous
« nommerons Adèle (comme sa mère), et que nous
« baptiserons dimanche ; nous boirons à votre santé.

« Moi, cependant, je suis plongé jusqu'au cou dans
« *Notre-Dame* ; j'empile page sur page, et la matière
« s'étend et se prolonge tellement devant moi, à
« mesure que j'avance, que je ne sais si je n'en écrirai
« pas la hauteur des tours. Quant à *Marion Delorme*,
« j'attends que le théâtre se réorganise et je compte
« bien que vous serez à Paris. Vous savez que vos
« applaudissements sont la douceur de mes succès, si
« succès il y a.

« A vous, toujours à vous et aux vôtres.

« Victor.

« Ce 17 septembre 1830. »

Sainte-Beuve disait vrai ; les graves événements qui s'étaient passés n'avaient altéré en rien la sérénité du poète. Il menait de front *Notre-Dame* et *Marion Delorme*, un roman et un drame. A peine la fumée de la mitraille et de la canonnade s'est-elle

---

[1] Il habitait rue Jean-Goujon, aux Champs-Élysées, quartier alors presque champêtre, fort isolé, sur lequel se repliaient les Suisses et la garde royale dans leur retraite sur Saint-Cloud.

dissipée, qu'il ne songe plus qu'à ses joies de famille et au soin de sa gloire.

Nous avons vu que Sainte-Beuve se plaignait de ses amis du *Globe* que le pouvoir nouveau avait récompensés de leur opposition ardente au régime déchu. Paul Foucher (frère de Mme Hugo), dont nous aurons à parler plus loin, l'un des plus jeunes et des plus enthousiastes du *Cénacle*, raconte ainsi à Victor, dans une lettre du 20 octobre 1830, les suites de cette brouille entre les écrivains du *Globe* :

« Mon cher ami,

« Vous me parlez aussi de Sainte-Beuve. Sainte-
« Beuve a hérité avec Leroux et Magnin du *Globe*, que
« les anciens rédacteurs voulaient détruire, parce qu'ils
« l'abandonnaient pour des places. Il en résulta une
« scission, de cette scission une querelle, de cette que-
« relle un soufflet que Dubois a donné à Sainte-Beuve ;
« de ce soufflet un duel et quatre coups de pistolet sans
« effet : Sainte-Beuve tenant son parapluie sur sa tête
« (il pleuvait un peu), Dubois finissant par faire des
« excuses à Sainte-Beuve. »

Le parapluie sur la tête pendant le duel ! Cela fit rire beaucoup, et j'imagine que c'est au souvenir de cet incident que V. Hugo doit cette pensée, exprimée ainsi dans le *Rhin*[1] : « Dans ce monde, ce n'est pas à sa peau que l'on tient, c'est à son habit. »

[1] Vol. I, Lettre 1re.

Si vous avez sous les yeux le médaillon que David a fait de Sainte-Beuve et où il l'a si bien saisi, vous démêlerez tout ce qu'il y a d'irascible sous ces traits fins, sous cette peau flasque, dans ce regard défiant, vous comprendrez que le critique n'était pas homme à dévorer un affront. C'est égal, le *riflard* d'une main, le pistolet de l'autre, cela ne s'était jamais vu ; et cela indiquait que si l'offensé tenait beaucoup à son honneur, il ignorait la tenue qu'on doit avoir sur le terrain.

III

Dans ses longues promenades sur les boulevards et les Champs-Élysées, V. Hugo avait toujours une canne à la main ; Sainte-Beuve, dans ses petites allées et venues, ne sortait jamais sans tenir un parapluie sous son bras. Le poète allait le front haut, faisant ses vers ou composant ses romans au milieu du bruit de la foule. Il fallait au critique pour travailler, un repos absolu, qui entretînt le calme dans son esprit, sans cesse occupé à trouver une formule qui exprimât sa pensée d'une façon sobre et nette. Quand on établit à Paris la garde nationale, les billets apportés par le tambour et les sommations de comparaître devant le conseil de discipline le mettaient dans de grandes colères. Hugo, lui, avait évité ces ennuis en se faisant porter sur les rôles de l'état-major, en qualité d'officier, dont il ne revêtit jamais l'uniforme. Pour se soustraire aux persécutions du tambour, Sainte-Beuve vint se blottir sous le nom de M. Delorme (celui qu'il avait pris dans ses poésies), au passage du Commerce, dans un très modeste hôtel où logeaient et mangeaient Victor et un certain nombre d'étudiants angevins. Quand par hasard rentrant du dehors, il venait déposer sa clé au tableau à l'heure des repas, il accrochait au clou un billet ainsi conçu : « Je n'y suis pour personne, excepté pour M. Pantathidès (un athénien qui lui donnait des leçons de grec moderne) et le petit imprimeur (l'apprenti qui lui apportait des épreuves de la *Revue des Deux-Mondes*). » Il fallait que Victor allât plaider pour lui devant le conseil de discipline ; se retranchant derrière des licences professionnelles, il produisait des lettres dont le cachet un peu retouché et la date un peu effacée prouvaient que le délinquant habitait hors Paris. Vainement, l'huissier de la Chambre des pairs, sergent-major de la compagnie, l'infâme S..., comme l'appelait Sainte-Beuve dans sa mauvaise humeur, s'acharna-t-il à le traquer dans sa retraite, et à l'obliger à revêtir l'uniforme ; M. Delorme lui échappa toujours. Je ne comprenais pas sa répugnance à endosser la capote militaire, et je lui disais : « Pourquoi ne voulez-vous pas faire comme les autres ? — Non, non, me répondait-il, ça ne me va pas. Un fusil, des buffleteries, une giberne... Je ne saurais, je ne le veux pas ! » En effet, ça ne lui allait pas du tout et il sentait très bien qu'il serait un peu ridicule à la parade.

Il y avait des gens de lettres, qui tout en maudissant la milice citoyenne, se montraient de meilleure composition, par exemple ce sympathique Paul Foucher, auteur de drames applaudis, de *saynètes*, de *libretti* d'opéras, toujours prêt à rire et que son beau-frère Hugo avait le tort de ne pas assez prendre au sérieux. En 1832 et 1833, des émeutes fréquentes troublaient la tranquillité publique, le tambour rappelait par les rues et les gardes nationaux descendaient en uniforme. Le point de ralliement pour le bataillon dont Foucher faisait partie se trouvait sur la place Saint-Sulpice. A la vue des bayonnettes, l'émeute reculait ; on formait les faisceaux et chacun se dispersait. Profitant de l'embellie, notre ami courait dans un cabinet de lecture pour parcourir à la hâte les feuilletons de théâtre. Tout à coup l'émeute se remettait à hurler, le tambour battait, il fallait rejoindre les faisceaux, reprendre son rang. Dans cette bagarre, Paul Foucher qui avait la vue très basse, parcourait les rangs et cherchait à lire à l'aide de son lorgnon le numéro de sa compagnie sur les shakos, en fredonnant l'air du *marché* dans la *Muette de Portici*.

Revenons à Sainte-Beuve qui excellait dans l'art de se dérober aux charges publiques et se dissimulait dans sa petite chambre, la plus haute et la dernière de l'hôtel. Plus tard, quand je vins étudier à Paris, il me permit gracieusement de frapper à sa porte de grand matin, le dimanche. Je le trouvais au lit, coiffé d'un bonnet blanc dont la mèche était aussi longue que celle de sa chandelle de suif, lisant et travaillant ; et nous causions. Quels délicieux instants j'ai passé là, près de lui, à l'écouter lire des sonnets et des pièces de vers qu'il venait d'achever. Il me mettait au courant de tout ce qui se publiait. Quels cours instructifs de littérature française ! C'était la plus précieuse des relations que Victor m'eût léguées, en quittant Paris, et je l'ai toujours cultivée. Dans l'intimité, Sainte-Beuve était charmant, ouvert, confiant avec ceux qui ne pouvaient lui porter ombrage en aucune façon, ni abuser de ses confidences. La douceur de son caractère reprenait le dessus ; il s'épanchait à son aise et toute sa méchanceté, contractée dans les luttes et les passions de la vie, disparaissait alors.

D'autres fois il m'emmenait dans son restaurant favori de la rue de l'Ancienne-Comédie, pour y faire tout à loisir, *coudes sur table*, comme il le disait, une de ces bonnes causeries sans fiel, et qui finissaient toujours trop tôt. Oui, je le répète, Sainte-Beuve était naturellement bon et aimable, il cherchait à plaire. Son enfance s'était passée à Boulogne-sur-Mer ; un capitaine avec qui j'ai fait une longue traversée et qui avait été son condisciple au collège, disait qu'on l'y appelait *Mouton*. C'est bien là en effet le surnom qu'il devait porter, dans ses premières années, avec sa tête enfoncée dans ses épaules, penchée en avant et bien garnie de cheveux blonds bouclés, qu'il perdit de bonne heure. Il était un peu tourmenté par ses camarades, et chacun sait que quand le jeune mouton est taquiné il se fâche et frappe du front.

Il arriva un moment où ses articles de critique, les *Lundis* surtout et d'autres choses encore, lui attirèrent de violentes inimitiés. Il filait dans les rues le long des murs et pour qu'il s'arrêtât il ne fallait pas dire : — Bonjour, Sainte-Beuve ! — il marchait plus vite encore ; — mais : Bonjour, Delorme ! — Alors il se rassurait, souriait et tendait amicalement la main. Puis on se donnait rendez-vous pour causer à l'aise dans sa maison du Mont-Parnasse qu'il avait héritée de sa mère et d'où, disait-il, « je ne sortirai que pour aller dans le cimetière voisin. » La conclusion à tirer de ces rapports si bienveillants et si agréables que Victor et moi par suite avons entretenus avec des hommes de lettres, c'est qu'il faut pour pénétrer dans leur intimité et s'y fixer, ne pas être littérateur, ou du moins ne l'être qu'à ses heures et en amateur.

CHAPITRE IX

Le Cénacle

Quand le calme se rétablit après la révolution de Juillet, les étudiants de province, que leurs parents avaient rappelés de Paris, se hâtèrent d'y retourner. Les vacances commencées plus tôt ne se prolongèrent pas beaucoup plus qu'à l'ordinaire. Victor alla reprendre ses études de droit vers la fin de novembre. Nous avons vu quelques-unes des lettres qu'il reçut pendant cette absence. Ses regards restaient fixés sur Paris et il ne se fit pas prier pour en reprendre le chemin. Il lui fallait suivre encore pendant une année les cours de la Faculté avant d'être reçu avocat. Notre père, par ses lettres remplies de tendresse et dans lesquelles se révèle cet esprit judicieux qui le guidait en tout, exhortait son cher fils à travailler sérieusement le droit, à suivre, s'il le peut, des cours de sciences, à ne pas négliger la botanique dont il lui avait enseigné les premiers éléments ; il lui recommande aussi de calmer son imagination et de ne pas mettre de la poésie là où elle n'a que faire.

C'était bien difficile ! Victor retrouvait à Paris ce *Cénacle* dans lequel il se plaisait et où il tenait si bien sa place. On nommait ainsi le groupe de poètes, d'écrivains, d'artistes, qui venaient sans façon se réunir chez V. Hugo, chef reconnu de la nouvelle école et causer du passé, du présent et de l'avenir de la littérature. Le doyen était Charles Nodier, très lié alors avec le maître de la maison dont il avait tenu sur les fonts de baptême le fils aîné, Charles. Il causait à ravir et racontait avec un accent de conviction fort attachant des souvenirs de jeunesse dans lesquels il entrait un peu de rêverie et pas mal d'illusions. A ses côtés on voyait Emile Deschamps, poète aimable, charmant causeur aussi, esprit délicat ; royaliste toujours et croyant, il resta jusqu'à la fin de sa vie en correspondance avec Victor, dont il accueillit les fils avec une extrême bienveillance. Son frère Antony, lunatique de bonne heure et qui n'en traduisit pas moins en fort beaux vers la *Divine Comédie* de Dante, descendait de Montmartre (où il demeurait dans une maison de santé), et suivait avec calme la conversation où il jetait çà et là un mot judicieux. Planche, le critique sévère et parfois hautain, causait hardiment et ne faisait point sa cour à V. Hugo ; il lui rompit en visière peu après et avec éclat, par un article de la *Revue des Deux-Mondes*, la *Royauté littéraire*, où il dénonçait l'auteur d'*Hernani* comme un tyran qui voulait régner sur les intelligences. Le poète répondit par des poésies acerbes, méprisantes, dans lesquelles il compare le critique à un champignon vénéneux.

il eût mieux valu peut-être ne pas montrer tant de colère. Alfred de Musset, dans toute la fraîcheur de la jeunesse et du talent, chérubin peu timide, reçu avec empressement d'abord, se vit traité avec froideur à la suite d'un propos trop hardi qui offusqua V. Hugo et ne revint plus. Joseph d'Ortigue, qui écrivait les feuilletons de musique dans la *Quotidienne*, et laissa tant de belles pages sur cet art qu'il entendait si bien, se montrait aussi fort assidu. Ses amis n'ont point oublié ses qualités aimables, rehaussées par de solides principes religieux. Il va sans dire que Paul Foucher, le beau-frère, était toujours là, égayant la réunion par ses saillies, par son étourderie ; il était si jeune !

Parmi les artistes on remarquait Achille Devéria, peintre et dessinateur fort en vogue, bien connu par ses compositions correctes et élégantes ; son jeune frère Eugène, dont le pinceau étincelant a produit la *Jeanne d'Arc sur le bûcher* et la *Naissance d'Henri IV*; puis encore les deux Johannot, Alfred et Tony, qui ont illustré avec un rare talent et un sentiment parfait du texte, la plupart des ouvrages publiés à cette époque. Enfin, je lui gardais une place à part, Louis Boulanger, peintre de grand mérite, qui a brossé à vingt ans le *Mazeppa*, vaste toile qui eut un succès éclatant au salon de 1827. D'un caractère sympathique, doux, modeste, souvent triste, il demeura l'ami fidèle de V. Hugo, jusqu'au jour où forcé de quitter Paris pour chercher ailleurs l'aisance que son talent ne lui procurait pas, il accepta d'aller à Dijon diriger l'école de dessin.

Il y mourut en 1867. Parlant de lui dans une lettre du 31 mars de cette même année, Sainte-Beuve, qui le regrettait, disait à Victor :

« Eh bien, voici Boulanger qui a répondu au premier
« appel. Organisation tourmentée et un peu faible qui
« n'a pu franchir le pas des soixante ans. C'était bien
« plus un poète qu'un peintre ou bien le peintre des
« poètes. C'était un Jules Romain qui avait eu Victor
« Hugo pour Raphaël ; de là, bien des irrégularités et
« finalement des défaillances. Il restera comme un
« médaillon enchâssé dans notre *Cénacle* ; ne trouvez-
« vous pas que c'est là sa vraie place ? »

Eugène Delacroix allait aussi quelquefois chez Hugo ; ces deux chefs d'école se comprenaient à merveille, mais le peintre, un peu altier, sûr de lui, marchant à grands pas dans la route qu'il se frayait à travers des obstacles sans nombre, n'était pas un homme à faire sa cour, même à Victor Hugo. Il le traitait de prince à prince.

Si le nom de Sainte-Beuve n'est pas cité parmi les habitués de ce *Cénacle* qui lui devait son appellation, c'est qu'il vaut mieux ne pas rechercher les causes qui le forcèrent à s'en éloigner de bonne heure. Ces causes sont aujourd'hui trop connues. Elles attristèrent beaucoup Victor qui les entrevit ; on en trouve les premiers indices dans des passages énigmatiques des lettres de Sainte-Beuve dès 1832.

II

Comment étudier le droit avec de si entraînantes distractions ? Comment oublier un instant, même pendant les vacances de l'École, cette chère littérature vers laquelle le ramenaient sans cesse ses correspondances de Paris ? Il avait envoyé à V. Hugo son article en prose sur l'incendie du clocher de Saint-Maurice[1]. Ce fut cette fois Mme Hugo qui prit la plume et répondit, bien qu'assez sérieusement malade.

« Monsieur, combien Victor pleure avec vous votre
« clocher ! Encore en avez-vous eu le spectacle ; il est
« vrai que nous y avons assisté, par la peinture que
« vous avez faite si admirablement et qui nous a été si
« fort au cœur. Mais bien certainement la perte de
« votre clocher vous est moins sensible que la vôtre ne
« nous l'est en ce moment, mais nous ne devons pas
« nous plaindre, puisque votre père veut bien vous
« laisser à nous encore une année. C'est un grand sa-
« crifice de sa part qu'il peut mesurer à la joie qu'il
« nous occasionne. Vous avez lu le succès de *Marion*
« *Delorme*; cela va bien comme argent et le public
« est des meilleurs : tout cela ne ressemble pas à *Her-*
« *nani* ; vous verrez cela quand vous viendrez. Ma
« santé est bien mauvaise depuis votre départ ; je suis
« encore bien maigre et mes alentours commencent à
« s'inquiéter un peu, et je suis sûre que dans votre
« bonté pour moi, vous en seriez affligé si vous voyiez

---

[1] Feuilleton du 7 août 1831.

« qu'au lieu de me remettre je suis dans la voie con-
« traire, mais à la grâce de Dieu et à l'espérance du
« voyage que je désire faire depuis si longtemps et
« qui, j'espère, s'accomplira [1].

« Adieu, Monsieur, je termine cette lettre, car je
« vous écris à la nuit tombante et souffrant beaucoup ;
« mais Victor étant malade des yeux et si fort occupé,
« j'ai saisi avec joie l'occasion de me rappeler à votre
« souvenir et à celui de Monsieur votre père que j'aime
« doublement de nous avoir donné un ami comme
« vous.

« A. Hugo. ».

En même temps qu'arrivait cette lettre affectueuse et aimable, Victor en recevait une de Sainte-Beuve, toujours avide de causer avec lui et empressé à lui donner des nouvelles de tout ce qui pouvait l'intéresser. Le succès de *Marion* n'avait pas été très brillant, paraît-il, comme on peut en juger par des passages de cette lettre.

« ... On a donné *Marion ;* la première représenta-
« tion a été lourde, trop longue, cela n'a fini qu'à une
« heure du matin. Le public nombreux et non malveil-
« lant était fatigué et les jugements qui tous s'accor-
« daient sur le talent, n'accueillaient pas l'ensemble de
« l'ouvrage. Le lendemain, de nombreuses coupures
« qui ont remis la fin de la pièce à onze heures et
« demie, l'ont fait aller plus vigoureusement. Le public
« s'est montré fort bon et disposé à écouter tout. Je dois
« dire que bien qu'Hugo en paraisse enchanté, je l'ai

[1] Un voyage à Angers, à la campagne, chez notre père.

« trouvé, ce public, un peu froid. En somme, c'est un
« succès, mais moindre qu'*Hernani*. Les journaux ont
« été sévères. Janin a fait un article pour dans les *Débats*, et Hugo l'est allé remercier.

« Fontaney est revenu d'Espagne; toujours le même,
« homme du monde et un peu plus diplomate qu'avant [1]. J'ai dîné avec lui dimanche chez Nodier qui
« publie d'ici un mois, un volume de *Souvenirs de
« Jeunesse*, sous le nom de Maxime Odin.

« M. de Lamennais est venu ici passer quelques jours,
« je l'y ai vu; il est admirable d'élévation et d'ardeur
« d'esprit, mais hors lui et l'abbé Gerbet, son entou-
« rage est peu de chose; Lacordaire et Montalembert
« ont du talent, mais emphatique et déclamatoire; ce
« sont de forts *écoliers*. Les affaires pécuniaires de
« l'abbé de Lamennais sont toujours mauvaises, et il
« porte cela avec un courage chrétien. — Lamartine
« a aussi passé, revenant de Dunkerque et retournant
« à Saint-Point. — Guttinger [2] est venu une couple de
« jours et s'en est retourné à Honfleur faire la cour et
« des romances aux dames.

« Je vis retiré, n'allant presque nulle part et ne re-
« cevant presque pas de visites... Je n'ai pas vu Paul
« Foucher depuis des siècles, ni David. Fouinet [3] fait
« toujours des vers. Les derniers étaient sur *l'inquiétude
« de son pauvre oncle lorsqu'il rentre trop tard le soir...* »

[1] Il appartenait aussi un peu au *Cénacle*; la *Revue des Deux-Mondes* a publié d'intéressants fragments de ce voyage en Espagne.

[2] Ulric Guttinger, poète gracieux qui eut quelque vogue en ce temps-là. Comme il habitait la province il ne faisait partie du *Cénacle* que virtuellement.

[3] Ernest Fouinet, talent modeste et estimable; il savait l'arabe. On le voyait assez souvent chez V. Hugo qui parle de lui dans les notes de ses *Orientales*.

Il y a là des jugements précipités, téméraires qu'il rectifiera plus tard ; on dirait qu'il s'impatiente de voir autour de Lamennais des disciples non encore à la hauteur du maître. Dans une seconde lettre qui suivit de près celle dont nous venons de lire des passages, nous trouvons des appréciations curieuses sur les œuvres littéraires :

« Mon cher Pavie,

« Rien de bien nouveau ; il y a un romans de Balzac,
« *Peau de chagrin*, *fétide* et *putride*, spirituel, pourri,
« enluminé, papilloté et merveilleux par la manière de
« saisir et de faire briller les moindres petites choses,
« d'enfiler des perles imperceptibles et de les faire
« sonner d'un cliquetis d'atômes. — Il y a un roman
« de Janin, *Barnave*. Il me l'a envoyé, il signe sa paix
« générale. C'est spirituel, meilleur que Balzac, de
« charmants chapitres, une haine mordante contre la
« race des d'Orléans : c'est l'œuvre d'une plume roya-
« liste qui ne comprend rien aux hommes de la Révo-
« lution... — Il y a des vers de Barbier qui sont des hor-
« reurs. — Voilà où nous allons. — Je vis très à part,
« ne voyant que ceux qui viennent, c'est-à-dire peu de
« visages. — Leroux est de retour ; il est *cardinal*
« *Saint-Simonien*. Je dispute contre lui et je l'ébranle
« quelquefois[1]. Leur affaire est dans une crise d'idées
« et aussi de ressources, mais ils ne sont pas à bout de
« vivre, et entre les choses purement humaines, c'en
« est bien une des plus respectables ; nul groupe

[1] Il ne faut pas oublier que Sainte-Beuve avait passé par le Simonisme dans sa toute jeunesse.

« d'hommes actuellement n'a plus de morale, seule-
« ment ils manquent tout à fait de divinité !

« L'abbé de Lamennais est ici ; il y a eu dans l'*Ave-
« nir* d'il y a sept ou huit jours, un bel article de Mon-
« talembert sur Novalis. — Brizeux imprime son petit
« volume de vers qui est charmant ; c'est une petite
« paysanne bretonne, Marie, qui en est l'idée, la *Béa-
« trix* ; la pauvre fille est mariée à quelque matelot
« de la côte et ne lira jamais ce livre ; c'est délicat,
« pudique, discret, farouche des hommes et tout chré-
« tien d'inspiration ; la nature des côtes de Bretagne
« en complète le paysage. — Guttinger est à sa terre,
« fort occupé des *Soirées de Saint-Pétersbourg* et d'une
« *blanche main nouvelle* qui s'est tendue vers lui. — Le
« *Correspondant* reparaît en *Revue européenne* ; ce devra
« être un recueil instructif, fait par des *Doctrinaires
« catholiques* ; je n'en ai encore rien vu... Antony
« Deschamps est toujours lunatique. Emile Deschamps
« est de retour, toujours sémillant ; j'ai hier rencontré
« David qui vient de rentrer à Paris.

« Adieu, mon cher Pavie, aimez-moi toujours,

« SAINTE-BEUVE. »

La politique, la philosophie, la question religieuse occupent le critique attentif, au moins
autant que la littérature ; nous en avons une
nouvelle preuve dans ce passage d'une lettre du
13 novembre.

« Avez-vous lu la brochure de Lamartine ? elle est
« bien belle et bien honnête ; vous la pourrez lire en
« partie dans la *Revue européenne*, journal de Cazalès,
« d'Ekstein, etc...

« ... La brochure de Châteaubriand est plutôt belle
« qu'honnête, dans sa position. Il fait flèche de tout
« bois, même des cèdres du tabernacle ; il ferait feu au
« besoin avec les charbons de l'autel ! — Lamartine
« m'a écrit : On ne lira pas ma brochure, c'est de la
« raison et l'on ne veut que des coups de poings et des
« injures homériques ! — Il ne parle plus de départ
« (pour l'Orient) et poétise en attendant.

« L'*Avenir* va cesser de paraître ; les évêques em-
« pêchent leurs curés de lire et de s'abonner. M. de
« Lamennais part pour Rome, avec Lacordaire et
« Montalembert, pour tâcher que le Pape s'explique et
« pouvoir reprendre ensuite ; il est sublime de résolu-
« tion et de résignation à la fois. Il voulait m'emmener
« avec lui ; hélas ! pourquoi ? Rome n'est plus dans
« Rome et je ne m'écrierai jamais : *Italiam* ! — L'abbé
« Gerbet a publié un livre excellent et grave, les *Contro-*
« *verses chrétiennes*, mais vous savez cela. — Le livre
« de Hugo va bientôt paraître, et Brizeux et Barbier...
« la littérature menace de pleuvoir cet hiver...

III

Ces lettres de Sainte-Beuve me rappellent les
petites notes recueillies sur des feuilles volantes,
qu'il tirait de son pupitre pour nous les lire ; ce sont
comme les sommaires des articles qu'il publiera
plus tard. On conçoit avec quel plaisir Victor retourna après les vacances à Paris pour y reprendre
ses conversations intimes avec Sainte-Beuve, pour
se retremper en pleine poésie chez V. Hugo, repaître
ses yeux de peinture dans les ateliers et entendre

David, dans des entretiens familiers, parler de son art qu'il comprenait mieux qu'aucun sculpteur de son temps. Il ne rentra que vers le mois de décembre dans sa chambre d'étudiant. Au 1ᵉʳ janvier 1831, notre père lui adressait ces lignes attendries, sages et souriantes, que je transcris avec respect :

« Cher Victor,

« Fidèle à mes vieilles habitudes, j'ai offert ma prière
« à Dieu, embrassé ma bonne mère, et je m'élance
« vers toi, certain de te trouver à plus de moitié che-
« min ; monté dans ta chambre, placé à ton bureau,
« comme si j'avais besoin de provoquer ton souvenir,
« je me crois avec toi et je t'entretiens tout à mon gré.
« Mes vœux, mon enfant, sont tous pour toi, car tu
« ne m'en laisses pas à former : ton affection, tes
« excellents principes, ta noble conduite, me paient
« avec usure de l'accomplissement de mes devoirs en-
« vers toi. Je n'ai donc à souhaiter que de te voir
« recueillir le prix de tes vertus, un bonheur que tu
« mérites si bien.
« Quelques jours encore et tu auras achevé le triste
« métier d'étudiant et tu pourras mettre en usage les
« moyens que la nature t'a départis et que l'étude a
« fortifiés ; quelques jours encore et tu pourras du
« moins appliquer tes talents à venger l'honneur, à
« sauver l'infortune. Là ton âme se déploiera toute
« entière, et ton esprit s'appliquant à des faits et à des
« personnes, acquerra cette force et cette lucidité
« qui se développent dans ces imposantes circons-
« tances ; car alors on sent qu'il s'agit moins de soi
« que des autres et la raison prend son empire. . . »

Cette lettre n'était pas cachetée, quand en arriva une de Victor, laquelle provoqua le *post-scriptum* que voici :

« Quelles étrennes ! Plus heureux que sage, tu ne
« méritais pas moins d'être battu. Le succès ne justifie
« pas ta hardiesse. En un mois atteindre le but. Si je
« n'avais déjà écrit l'adresse, j'aurais enfin écrit : Avo-
« cat ! ce sera pour la première. Oublie les quatre rouges
« et la noire et repose-toi ! »

On le voit ; la préparation n'avait pas été longue et le succès n'était pas brillant ! C'est égal, la lettre de notre père ne mérite que des blanches, car l'amour paternel n'a jamais mieux exprimé les joies que lui font ressentir les vertus et les talents d'un fils.

Enfin, voilà Victor avocat. Il plaide à Paris et gagne sa première cause, fort peu importante ; ce début bien fait pour l'encourager comble de joie notre pauvre père. Avocat stagiaire à Paris, il plaide de temps à autre, mais sa vocation ne l'entraîne point du côté du barreau. Il est inquiet, agité. Je ne sais si la carrière littéraire lui eût mieux convenu, puisqu'il n'a jamais abordé une œuvre suivie, quand il vivait dans l'atmosphère inspiratrice du *Cénacle !* Il envoyait à notre père des pièces de vers, des sonnets, des articles en prose sur les œuvres de ses amis, sur le salon de peinture. Tout cela s'ensevelissait dans le Feuilleton des Affiches d'Angers, et, il faut bien l'avouer, ces travaux si goûtés de ses amis de Paris l'étaient beaucoup moins des lecteurs de notre ville. Victor le savait, et s'en affligeait ; emporté par sa nature impressionnable, il s'exagérait la rigueur des jugements que les classiques d'Angers portaient sur ses œuvres, à ce point que notre père, pour le reconforter, dut lui écrire à la date du 7 mars 1831.

« Ton frère répond à ton affection de toute son âme.
« J'en ai trouvé une nouvelle assurance dans la ma-
« nière dont il nous a écrit au sujet de tes relations
« avec tant d'hommes supérieurs : « Ah ! si vous voyiez
« comme ils l'aiment ! »

« Mais, mon Victor, ne va pas t'imaginer qu'on ne
« t'aime pas ici, qu'une injuste prévention s'est élevée
« contre toi ! Au contraire ; tes manières et ton urba-
« nité, tes mœurs et tes sentiments, tes connaissances
« et tes capacités, tout est justement apprécié ; un seul
« cri s'est élevé (et certes il n'est que la manifestation
« de l'intérêt que tu inspires et du cas que l'on fait de
« tes moyens) : « Quel dommage qu'il s'égare dans
« une fausse route, qu'un style trop souvent obscur,
« que des expressions bizarres viennent gâter des pen-
« sées neuves, nobles et hardies. Il perd et fait perdre
« aux autres les charmes d'une riche et brillante ima-
« gination. »

« Tu es donc aimé et apprécié et voilà le bien que je
« veux te conserver, malgré toi, s'il le faut. »

Il y avait donc réellement des préventions à Angers contre l'écrivain ; mais on aimait l'homme, on le suivait avec intérêt dans tout ce qui sortait de sa plume : on en discutait la valeur. Notre père l'avoue franchement en excellents termes, et, remarquons-le, sans blâmer des critiques auxquelles il s'associait. Que voulez-vous, son esprit judicieux n'acceptait pas volontiers les nouveautés ; il aimait la clarté, la correction de l'idée et de l'expression : et puis, la province alors retardait beaucoup sur Paris.

Non, Victor n'était ni rejeté, ni dédaigné de ses concitoyens, et je ne sais d'où pouvait lui venir cette idée. A la suite d'une plaidoirie assez brillante dans une grande affaire [1], quelqu'un lui écrivait d'Angers, le 9 mars 1832 :

« Je n'ai vu personne, depuis les médecins Lachèse et autres, les avocats Lardin, Freslon, etc., personne de quelque degré de connaissance plus ou moins intime, qui n'ait fait irruption sur moi pour me parler de tes succès, de ta plaidoirie, de tes heureux débuts ; enfin on appelle cela de tous les noms... On n'ose pas supposer que tu ne te fixes pas à Paris ; on t'y voit déjà établi et plaidant de cœur et d'âme. Enfin on dit que ton talent comprimé dans les strophes et dans les sujets d'art s'est porté largement de ce côté... »

Non, la poésie et la critique d'art ne comprimèrent pas l'esprit ; mais c'était notre conviction à nous tous, ses parents et ses amis, que l'ampleur de sa

---

[1] L'affaire politique dite le *Complot de la rue des Prouvaires*, dans laquelle il avait eu à défendre deux petits chouans du Morbihan

pensée, la chaleur de sa parole, sa facilité à la réplique et la droiture de ses sentiments l'appelaient au barreau ; il réalisait le type de l'avocat : *Vir probus dicendi peritus.* Il l'avait déjà prouvé, et V. Hugo lui disait : « Acceptez courageusement « votre nouvelle carrière ; vous y réussirez, vous « êtes un homme d'avenir. »

CHAPITRE IX

Le retour à Angers

I

L'invasion du choléra rappela subitement Victor auprès de nous ; tout le monde fuyait loin de Paris en proie au fléau. Par un hasard providentiel, aucune des nombreuses connaissances de Victor ne fut atteinte, si ce n'est Charles, l'aîné des garçons de V. Hugo, qui frappé assez sérieusement dut aux soins intelligents de son père et à la sollicitude active de sa mère une prompte guérison. Alors, arrivèrent de Paris des lettres anxieuses de V. Hugo, de Sainte-Beuve, de David, et de tant d'autres qui n'oubliaient pas un instant leur ami. Une lettre du critique fort longue et remplie de nouvelles littéraires, datée de mars 1832, mérite d'être citée ; elles le mériteraient toutes, si la crainte de grossir trop ce petit livre ne nous retenait.

« Mon cher Pavie, j'espère bien que vos craintes
« pour le choléra à Angers n'auront pas été justifiées.
« Si, comme cela n'est que trop probable, le fléau
« vous touche en passant, ce ne sera que du bout de
« l'aile et sans abattre personne des vôtres. Ici nous
« en sommes heureusement quittes, et les choses ont
« repris leur train comme si de rien n'avait été. La
« politique a rattrapé le dessus ; on se chamaille pour
« ou contre le ministère... Quant aux publications
« littéraires, c'est plutôt cette politique qui leur nuit
« que tout le reste. On fait toujours une quantité de
« livres bons (quelques-uns) à lire quand on les a sous
« la main, et à ne pas lire si on ne les rencontre pas.
« Balzac fait *florès* plus que jamais. Un conte qu'il a
« mis dans la *Revue de Paris*, la *Femme de 30 ans*, m'a
« paru charmant, quoique notre ami Hugo ait tonné
« contre, mais ce sont de ces riens, heureusement
« nés, qu'on trouve jolis parce qu'ils font plaisir et que
« tous les tonnerres du monde n'écraseraient pas, car
« c'est trop peu de chose pour que le tonnerre ait
« affaire à eux. Vous trouverez dans la *Revue des*
« *Deux-Mondes*, si vous la lisez, une liste à peu près
« exacte des publications avec un jugement suffi-
« samment sain. C'est Fontaney, ou Planche, ou
« d'autres comme Magnin ou moi qui faisons ces bouts.
« La mort de Cuvier a causé beaucoup de sensation...
« Ampère fait un excellent cours dont vous avez pu
« lire le discours préliminaire ; ce sera imprimé par la
« suite. Hugo va se mettre à un drame le 1ᵉʳ juin, et
« je crois qu'il en donnera deux cet hiver. Tout le

« monde va bien chez lui. Mme de Saxe-Cobourg [1] est
« devenue tellement folle et furieuse qu'elle a fait
« faire et imprimer le portrait de son fils, en écrivant
« au dos qu'il avait été assassiné par suite d'un
« complot tramé entre le médecin et V. Hugo ; il y en
« a eu des exemplaires en vente. Hugo en a beaucoup
« ri.

« Nodier est revenu ; les *Souvenirs de jeunesse* ont
« paru... M. de Lamennais reste à Rome ; l'abbé
« Gerbet revient de Belgique. Lamartine parle plus
« que jamais de l'Orient, mais comme il se met sur
« les rangs à Mâcon pour être député, c'est preuve
« qu'il pourrait encore bien ne pas partir.

« Je travaille à mon roman [2] qui se poursuit avec
« lenteur comme tout ce que je fais [3] ; un volume de
« critique a paru et je me reproche de ne pas vous en
« avoir envoyé l'exemplaire dû à l'amitié.

[1] J'ai rencontré chez V. Hugo ce jeune Saxe-Cobourg ; intelligent, doux, de façons aristocratique, quoique sans morgue ni fierté, il avait été accueilli chez le poète avec beaucoup d'égards et d'empressement. Subitement frappé d'une fièvre maligne, il fit appeler le docteur R... (médecin de la famille Hugo), qui ne put le sauver. Affolée de douleur, sa pauvre mère s'imagina que V. Hugo, jaloux du génie de son fils, s'était entendu avec le docteur R... pour le faire disparaître de la scène du monde. J'ai vu ce portrait chez Hugo qui m'expliqua lui-même le fait dans tous ses tristes détails. Qu'était cette dame de Saxe-Cobourg ? Je ne sais.
[2] *Volupté*.
[3] Si on se reporte à la lettre de Hugo où il dit que son roman de *Notre-Dame* monte, monte sous sa plume, et qu'il atteindra bientôt la hauteur des tours, on voit la différence du genre de talent de ces deux écrivains. Chez le premier tout est élan, spontanéité, vol impétueux et ardent ; chez le second tout est analyse, étude réfléchie des passions et des faits ; l'un poète toujours, l'autre critique en tout

« Portez-vous bien ; travaillez à vous établir une
« de ces belles réputations antiques qui sont si enviées
« en province. Plaidez, devenez considérable et res-
« pecté, mais en ayant de la tenue et en vous con-
« tenant plutôt qu'en vous abandonnant. Pensez surtout
« à moi, écrivez-moi, aimez-moi. Tout à vous de cœur.

« SAINTE-BEUVE.

« Mes respects à votre père, mes amitiés à votre
« frère s'il n'est pas en Afrique. Mes souvenirs au bon
« M. Cosnier. »

Très peu de jours après cette lettre toute littéraire et fort amicale, Victor en recevait une de la
rue Jean-Goujon non moins affectueuse.

« Je vous réponds, mon cher Pavie, et je vous
« remercie du fond du cœur de votre douce et cordiale
« lettre. Nous avons été en effet bien épouvantés et
« inquiets, mais, avec l'aide de Dieu, nous avons sauvé
« ce pauvre Charles et maintenant nous sommes
« tranquilles, pensant comme vous que notre mauvais
« numéro est sorti.
« Nous allons du reste très bien et tous nos amis
« qui sont bien vôtres aussi. L'épidémie s'affaiblit et
« tous nous nous y endurcissons. Je crois que main-
« tenant nous y voilà acclimatés. Dieu ait pitié des
« pauvres pauvres !
« Nous conservons deux espérances : l'une que le
« choléra n'arrivera pas à Angers, l'autre que c'est nous
« qui irons, quelqu'un de ces automnes, causer et
« rêver avec vous ; et puis vous viendrez quelquefois à
« Paris, sans nul doute. Ne parlez donc pas, comme
« vous le faites, d'éternelle séparation.

« Adieu et au revoir ; prenez courageusement votre
« nouvelle carrière. Vous y brillerez comme dans tout
« ce que vous ferez, vous êtes un homme d'avenir.

« Je vous aime et vous embrasse tous les trois et
« vous savez que c'est du fond du cœur.

« Victor.

« Ma femme vous dit mille amitiés à tous ; elle a eu
« un grand courage.

« 29 avril. »

V. Hugo se montre ici franchement et simplement bon et affectueux ; sa tendresse de père a ressenti de vives alarmes ; le danger est passé et il l'exprime avec une véritable allégresse, heureux d'en faire part à un ami dévoué. Dans une lettre du 1er juin, il redevient poète, exclusivement poète. Il appelle Victor à Paris ; il lui manque un intime avec qui il puisse parler de ses travaux et de ses succès.

« Que devenez-vous donc, mon cher Pavie ? Nous
« n'entendons plus parler de vous, nous ne recevons
« plus de vos nouvelles et nous en sommes tout
« attristés. Est-ce que vous nous oubliez tout à fait ?
« Est-ce que vous n'aimez déjà plus vos vieux et fidèles
« amis de Paris ?

« J'espère, je suis sûr qu'il n'en est rien, mais
« écrivez-nous donc entre deux plaidoyers ; contez-
« nous ce que vous faites, ce que vous pensez et
« comment vous prenez le bonnet carré, ce que devient
« votre âme si pleine de pure et harmonieuse poésie
« au milieu des embarras du parquet. Dites-nous que

« nous vous manquons un peu ; dites-nous que vous
« n'êtes pas tout à fait malheureux pour que nous
« soyons contents, et dites-nous que vous n'êtes pas
« tout à fait heureux, pour que nous ne soyons pas
« fâchés.

« Les oreilles doivent vous tinter en Anjou ; nous
« parlons si souvent de vous, ma femme et moi, de ce
« lundi périodique que vous nous aviez fait si aimable,
« de votre cher et bon père, de votre frère, quand
« donc viendrez-vous tous les trois dîner avec nous ? —
« ... Écrivez-moi, parlez-moi de vous tous ; écrivez-
« moi une longue lettre de quatre pages et d'une
« écriture bien fine que ma femme me lira.

« Adieu, embrassez pour moi votre frère et votre
« père que j'aime autant que vous (et dans tous les
« sens de cette amphibologie) c'est-à-dire de tout mon
« cœur.

« Victor.

« 1er juin. »

On retrouve dans ces lignes les antithèses chères à V. Hugo ; on remarque aussi qu'il n'y est question ni de littérature, ni de politique. Il n'aime pas à parler de nouvelles littéraires, parce que ses œuvres sont l'unique chose qui l'occupe, ni de nouvelles politiques, parce qu'il n'a pas de conviction arrêtée. Il flotte en plein succès dans une sereine atmosphère où il plane à la façon de l'aigle.

II

Les lettres longues et remplies que David adresse fréquemment à Victor dans ses absences de Paris sont vraiment belles ; aucune trace de personnalité. S'il parle de ses œuvres, c'est à la fin, en quelques mots. Ce qui se produit dans le monde littéraire et dans le monde politique l'intéresse trop pour qu'il le passe sous silence. Voici un fragment d'une lettre du 27 juin 1831 :

« Mon cher Victor,

« Ta lettre m'a fait un bien vif plaisir ; je suis si
« inquiet de tout ce qui se passe dans notre ville, que
« quelques lignes seront toujours bien précieuses pour
« moi ; aussi, cher ami, prends courage et écris-moi
« le plus souvent qu'il te sera possible... J'ai été voir
« Châteaubriand dans sa prison ; je l'ai trouvé toujours
« le même, calme et résolu à tout. Un homme de ce
« caractère ne conspire pas ; il a imprimé son opinion ;
« c'est une guerre d'honnête homme.

« As-tu lu l'ouvrage de De Vigny, *Stello* ? Selon moi
« on y trouve toujours le génie d'un poète, mais trop
« souvent le grand seigneur vexé contre la pauvre
« espèce humaine, qui a eu le trop grand tort de ne
» pas accueillir ses drames avec tout le respect dû à
« sa seigneurie.

« Hugo nous prépare un drame ; il a déjà fait les
« deux premiers actes [1]. Il y a longtemps que je ne
« l'ai vu, on dit que ses yeux vont mieux... L'Institut
« vient de nommer Blondel !!! et nous étions dix pour
« Delaroche. Schnetz n'a eu que trois voix ; quelle
« honte ! »

[1] C'était *le Roi s'amuse*.

Citons encore *in extenso* cette lettre du 15 avril :

« Combien je te suis reconnaissant de ton souvenir,
« mon cher Victor ; tu sais à quel point quelques
« lignes tracées par une personne qui nous intéresse,
« font du bien dans ce monde de déceptions !... Je
« suis bien aise que la médaille de Werner t'ait causé
« quelque plaisir. Pauvre Werner ! quand je le voyais
« presque tous les jours à Rome [1], je ne savais pas que
« j'étais en présence d'un si grand homme et aussi
« intéressant. Les dames qui lui louaient sa petite
« chambre ne parlaient de lui qu'avec l'intérêt qu'on
« éprouve pour un homme bon, mais qui a besoin
« d'être traité comme un enfant. C'est bien cela ! On
« ne juge que la superficie, et c'est ce qui fait que notre
« époque soigne tant sa superficie. J'ai fait la médaille
« d'après un portrait admirable de naïveté ; et quoi-
« que ne me rendant pas bien compte de mes impres-
« sions à l'égard de ce grand homme, quand j'étais
« près de lui, cependant il y avait quelque chose en
« lui qui a laissé dans mon souvenir une impression
« qui ne s'effacera jamais. Toi tu as une âme faite
« pour comprendre la sienne ; tu seras un jour notre
« gloire et l'orgueil de ton père qui t'aime tant.

« Pour Dieu, cher ami, ne te décourage pas ; tu
« serais bien ingrat envers la nature qui a mis en toi
« tout ce qu'il faut pour faire un grand poète. Écris,
« écris, confie au papier tout ce que tu sens. Ne crois
« pas que les motifs de poésie ne se trouvent qu'à
« Paris. La nature en est pétrie ; je ne fais pas un pas
« sans rencontrer des sujets touchants qui, passant

---

[1] Il abjura le protestantisme vers ce même temps et
entra dans les ordres à Vienne où il prêcha avec un grand
succès.

« par ton âme, arracheraient des larmes... Ce qui
« trompe beaucoup de jeunes gens c'est de croire qu'il
« faut beaucoup se tourmenter pour faire du gran-
« diose. Quand la nature crée, elle se sert de moyens
« si simples !.. Les hommes qui nous paraissent quel-
« quefois insipides, peuvent être utiles à l'observateur...
« Avec ton âme brûlante, tu remueras quelques jeunes
« âmes angevines ; qui sait si tu ne réveilleras pas quel-
« que grand génie qui aurait été étouffé par le *benedetto*
« *far niente ?* Werner travaillait nuit et jour ; il écrivait
« beaucoup. Tous les hommes remarquables ont tra-
« vaillé immensément. La profession d'avocat, si
« noble, si généreuse, te mettra à même de sonder les
« replis les plus profonds du cœur humain. Rappelle-
« toi que Gœthe disait que la science ne tuait pas le
« génie, bien au contraire, elle le soutenait. »

Le travail, la persévérance, l'observation, voilà
ce que David recommanda toujours à ses élèves et
à ses amis. Parti de bien bas et arrivé très haut,
il donnait aux autres les encouragements qu'il avait
reçus et dont il avait si bien profité. Au fils de
celui qui lui avait dit : « Tu seras un grand sculpteur ! » il répétait : « Tu seras notre gloire ! » Mais
ni ces paroles, ni les sollicitations de ses amis du
Cénacle ne purent triompher de la défaillance qui
s'emparait de Victor à cette époque de sa vie. En
vain Mme Hugo prenant la place de son mari toujours souffrant des yeux, lui adresse les plus pres-
santes invitations. Elle lui dit par exemple :

« Vous avez, monsieur, un père excellent entre tous
« les pères, il nous a fait passer la demi-journée qu'il

« a bien voulu nous accorder d'une manière extrême-
« ment agréable... Victor compte sur vous pour sa
« pièce *le Roi s'amuse* ; il n'y aurait pas de bonne pre-
« mière représentation sans vous... »

...Il y a encore d'autres lettres de Hugo lui-même
ou dictées par lui ; mais rien ne peut décider Victor
à se fixer à Paris d'où il n'aurait dû jamais s'éloigner. Dans l'automne de cette même année (1832),
il fit avec notre père un rapide voyage dans le
midi. Oh! il fut rapide, ce voyage, car il n'allait
jamais autrement qu'au galop, toujours pressé, et
cette manière de voir le pays lui valut de la part
du peintre Dagnan, une lettre spirituellement
gaie dont voici quelques extraits :

« Avignon, 14 octobre 1832.

« Eh bien, mon cher Victor, avez-vous poussé jus-
« qu'au bout votre gageure en faveur des maîtres de
« poste ? Sigalon[1] m'a dit vous avoir entrevu à Nismes
« sans être certain que vous y êtes venu. C'est pour lui
« un vague souvenir d'un rapide passage, une sorte de
« météore. Il m'a demandé très sérieusement si vous
« appelez cela voyager !... Dites-moi, vous êtes-vous
« assis en passant à Nismes et à Montpellier ? Sigalon
« m'a soutenu le contraire ; vous descendiez de voiture
« et vous couriez retenir vos places pour le soir, quand
« il vous a aperçu... Montpellier ! oh ! c'est bien la ville
« la plus anti-pittoresque, la plus anti-artiste, la plus

[1] Sigalon, le peintre de la *Courtisane*, de la *Locuste*, de
l'*Athalie* et de la belle copie du *Jugement dernier* de Michel-
Ange était de Nismes et s'y trouvait alors.

« *démonante*, la plus inhabitable... ni eaux, ni monu-
« ments, ni ruines, ni fonds, ni premiers plans, ni
« souvenirs d'aucun genre, non, rien ! 30 mille habi-
« tants, dit-on ; là-dessus 40 mille marchands de vins
« de Saint-Georges et de Frontignan.

« Je suis donc retourné à mon cher Avignon, au
« galop, à la *Pavie*... Là j'ai fait (à la demande *générale*
« du pays) un dessin-portrait du site de la fontaine de
« Vaucluse. Ils n'avaient là-dessus que de mauvais
« rêves. Je leur ai fait leur fontaine chérie qui ressem-
« ble à une fontaine comme Casimir Delavigne à lord
« Byron... Et à propos, le pont du Gard, l'avez-vous vu ?
« Êtes-vous passé par là, Messieurs ? Était-ce votre
« chemin ? Avez-vous pu donner un quart d'heure au
« pont du Gard ? Au nom du ciel, s'il vous plaît, quel-
« ques minutes pour le pont du Gard !

« Je vous écris à Angers où Sigalon m'a dit que vous
« attendiez ma prochaine lettre. Parbleu ! la recom-
« mandation était bien inutile. Je devais être huit ou
« dix jours à Vaucluse ; à coup sûr, en arrivant à
« Nismes, je devais vous savoir arrivés, installés, casés,
« habitués dans la rue Saint-Laud et depuis longtemps
« au train dont vous couriez... »

A part l'exagération de l'artiste né lui-même
sous le soleil du midi, c'est bien ainsi que Victor a
toujours voyagé ; mais je m'étonne que notre père
s'accommodât de cette promenade au galop à travers les pays dont les chauds aspects l'attiraient,
comme le souvenir d'une première patrie et qu'il
devait souhaiter de contempler sans fatigue.

CHAPITRE XI

Les années inquiètes

I

Nous avons vu ce que Victor était pour ses grands amis de Paris et qu'il avait réellement une place dans leur cœur. Ils se plaisaient à le tenir au courant de leurs œuvres, des succès qu'ils obtenaient et des nouvelles qui touchaient de près ou de loin à la littérature. En dehors des noms illustres que nous avons signalés, il s'en trouvait encore un bon nombre qui eurent leur célébrité: poètes et artistes, journalistes, écrivains en tous genres; tels que Boulay-Paty, homme au cœur chaud et sympathique, auteur de sonnets et d'odes fort remarqués en leur temps; Ch. Letellier, qui publia le *Cabinet de lecture* et la *Chronique de Paris* et un joli petit livre sur le Mont Saint-Michel; I. Dagnan, peintre d'une verve intarissable dont nous avons cité quelques lignes et d'un talent moindre que son esprit; Sigalon, artiste d'un mérite éminent, trop oublié même de son vivant. Puis viennent des amis non écrivains, attachés aux ministères, qu'un tiers lui avait fait connaître et qui ne le quittèrent plus. Parmi ces derniers, inconnus du public et disparus de ce monde, il s'en est trouvé dont les longues lettres seraient dignes de voir le jour, les unes à cause de leur allure fantaisiste, d'une verve singulière, les autres à cause de la hauteur des vues, de la réflexion profonde et des belles pensées qui s'y révèlent [1]. Chose singulière : tous ceux qui entretenaient une correspondance avec lui se sentaient en verve dès qu'ils prenaient la plume, et quelques-uns même que l'on aurait cru incapables d'exprimer proprement leurs idées, devenaient, sans doute par sympathie, de bons *épistoliers*. La seule pensée que l'on s'adressait à lui, faisait qu'on se gardait de la banalité dont il avait horreur.

Cependant, il était avocat du barreau d'Angers. Cette carrière qui semblait lui convenir était-elle de son goût ? Je n'en sais rien ; absent moi-même à ce moment, je ne pouvais connaître exactement ce qu'il en pensait. A peine étais-je parti pour l'Amérique du Sud, qu'il entreprenait avec notre père ce rapide voyage dont le peintre Dagnan se *gausse* si gaiement ; l'année suivante, il allait, toujours avec notre père, faire une excursion en Suisse pendant les vacances, il est vrai, mais s'il

---

[1] C'est de Léon Le Prévost, que je veux parler en dernier lieu. Je trouve, datée du 1ᵉʳ décembre 1832, une lettre admirable dans laquelle on le voit poussé par les conseils de Victor, s'acheminer vers le catholicisme pratique et entrer dans la voie de la piété qu'il poursuivra jusqu'à l'héroïsme. Il fut le fondateur des Frères de Saint-Vincent-de-Paul. (Voir l'appendice.)

avait sérieusement songé à se créer un cabinet, il se fût montré plus attaché au chef-lieu de la Cour. Non, il subissait une crise dont on voit le reflet dans les lettres de ses amis et c'était pour le distraire que notre père lui suggérait l'idée de ces voyages. Il lui avait même offert d'aller visiter l'Espagne, peu connue encore et que V. Hugo mettait à la mode dans ses conversations intimes encore plus que dans ses poésies : il l'avait vue bien jeune encore à la suite de son père le général Léopold Hugo qui fut gouverneur de Léon. Mais Victor avait de la répugnance à voyager seul et cette offre ne fut point acceptée.

Ceci nous fournit l'occasion d'insister sur la sociabilité extrême de Victor. Nous l'avons dit au commencement de ce travail ; tout enfant, il lui fallait un compagnon qui le suivît dans ses promenades, avec lequel il partageât ses impressions. Lorsque, en 1829, notre père, d'accord avec la grand'mère, qu'il consultait toujours, me permit de partir pour l'Amérique, Victor en ressentit un véritable chagrin. Je n'avais que dix-sept ans ; mais je devais trouver dans la Haute-Louisiane un cousin de notre père, qui avait été apprenti typographe à Angers au temps du Directoire. Après s'être embarqué à bord des corsaires et avoir subi plusieurs fois la captivité sur les pontons anglais, il s'était décidé à rejoindre en Amérique ses grands oncles, dont un prêtre, qui y avaient émigré. A force de travail, de persévérance, et sa bonne humeur aidant, il fit fortune, et riche planteur, revint en France, à la fin de 1818, avec sa femme. Comme ils n'avaient pas d'enfants, ils témoignèrent le désir de m'emmener ; mais notre père ne consentit point à se séparer de son jeune fils. Ce qu'ils racontaient des forêts de la Louisiane et de la vie qu'on y menait, produisit sur moi une telle impression, que je songeais toujours à voir de mes yeux ces belles choses. La vue de la mer me causait un désir ardent de connaître ce qu'il y avait au delà. Il en résulta une mélancolie profonde qui peu à peu se changea en une sorte de nostalgie de ces régions inconnues qui étaient devenues la patrie de mes rêves.

Dans de pareilles conditions un voyage, si lointain qu'il fût, n'effrayait pas notre père qui d'ailleurs ne me laissait pas partir sans m'avoir donné les plus sages et les plus tendres conseils ; il m'avait même remis une lettre, belle comme il les savait faire quand il s'adressait à ses enfants, et que je ne devais décacheter qu'en vue de la côte d'Amérique. Il n'avait donc point sur les lèvres en me voyant m'éloigner de lui ces paroles attristées que Campenon met dans la bouche du père de l'enfant prodigue :

Tu peux partir, je ne te maudis pas!

C'est égal ; Victor ne pouvait se faire à la pensée

7.

de cette séparation. Il en fut tellement contristé qu'il m'écrivait de Paris : « A cette fatale nouvelle j'ai couru me jeter à genoux dans une église et j'ai pleuré ! » Son frère allait vivre d'une autre vie que la sienne, s'engager dans une voie nouvelle où lui, l'aîné, ne serait plus le guide, le chef de file. Il ne serait plus à ses côtés, le jeune frère, pour prêter l'oreille aux accents de son imagination exaltée et partager ses illusions ! S'il allait devenir comme tout le monde, réfléchi, positif ! C'était plus qu'une désertion à ses yeux, c'était une trahison ! Et voilà pourquoi il en ressentait au fond du cœur une douleur amère, que je ne pouvais m'expliquer alors et qui troublait singulièrement la joie secrète que j'éprouvais de me lancer sur la mer, indépendant, libre de voir et de sentir à ma manière.

Quand notre père vint me conduire au Havre, il prit en passant Victor, alors étudiant en droit ; nos excellents amis Henri de Nerbonne et Léon Cosnier voulurent bien se joindre à nous. Le 15 avril 1829, à la marée de midi, le paquebot mit à la voile et en m'éloignant, poussé par une forte brise, je vis debout, sur le rivage, à côté de notre père, qui, les bras tendus vers moi, semblait me dire : A Dieu je te confie ! Victor immobile qui me regardait dans une morne stupeur : son frère lui échappait !

Pauvre cher Victor ! Combien de douloureuses

émotions devaient, dans le cours d'une longue carrière, assaillir son âme de sensitive ! Son chagrin était sincère. Ses premières lettres furent embarrassées ; peu à peu il se remit et prit de nouveau son rôle d'initiateur ; il m'adressa des conseils, des avis, comme pour me maintenir dans la voie littéraire où il essayait de me faire marcher, puis enfin, lorsqu'après quinze mois d'absence, mon retour fut décidé, il m'écrivit : « Reviens-nous, enfant fait homme » ; alors je connus que j'avais mon pardon.

Cette longue digression où le jeune frère tient trop de place, était peut-être nécessaire pour montrer, par un exemple frappant, ce qu'il y avait de sensibilité, de délicatesse dans l'âme de Victor. Il était si prompt à s'inquiéter, à se donner du chagrin, si ingénieux à se tourmenter ! Un rien obscurcissait son ciel si naturellement pur et lumineux. Ce n'est pas lui qui aurait pu vivre avec une conscience troublée ! Notre père aimait que l'on fût gai ; la tristesse autour de lui avait pour effet de ramener à la surface le souvenir ineffaçable de la mort de notre mère toujours vivante au fond de son cœur. Il s'efforçait de nous apprendre à réprimer nos murmures, à montrer toujours une humeur égale et à profiter des compensations que la Providence apporte aux misères de la vie humaine : c'est en cela qu'il était optimiste. Il possédait une expérience consommée parce qu'il avait réfléchi. Sa tendresse toujours en éveil, s'ingéniait à soutenir Victor dans ses heures de défaillance; il l'encourageait en lui représentant combien la nature l'avait comblé de ses dons et ce qu'il avait fait lui-même pour le bonheur de ses enfants en se consacrant à eux.

Mais modifier le caractère de Victor était chose impossible; autant valait essayer de faire retourner un fleuve vers sa source. Il avait un défaut bien rare et qui était encore une qualité: celui de s'exagérer ses devoirs. Avocat à Paris, il se trouvait éloigné de notre père, séparé de lui; il crut de son devoir de revenir à Angers et d'y prendre sa place au barreau. Se voyant trop peu occupé, en face de notre père toujours assidu aux travaux de sa profession, il eut honte de son inaction. Cette imprimerie héréditaire dans la famille, notre père s'était plu à espérer qu'elle s'y perpétuerait. Victor prenant une autre carrière, elle devait revenir au jeune fils; mais celui-ci avait des goûts vagabonds qui l'entraînaient bien loin de la rue Saint-Laud. Déjà il méditait un second voyage, une excursion dans l'Amérique méridionale, plus longue, plus aventureuse que la première. Le père ne s'opposa point à ses désirs, bien qu'ils contrariassent tous ses plans. S'il en fut chagrin, il n'en fit rien paraître; sa devise était: Le bonheur de mes enfants avant tout!

Au mois de septembre 1832, ce jeune fils partit,

et bientôt Victor, cédant aux suggestions de sa conscience promptement alarmée, se décida à prendre l'établissement paternel. Il courut à Paris dans la maison de Jules Didot, s'initier aux détails matériels et techniques de l'imprimerie, et en mai 1834, lorsque le frère revint, il y était encore. Ainsi, je fus la cause indirecte de cette résolution qui étonna ses amis de Paris et d'Angers, et moi plus que personne. Ne l'accusons pas d'avoir obéi aux caprices d'une humeur changeante. Il allait là où il lui semblait que son devoir l'appelait. C'était Dieu qui le ramenait tout doucement dans sa ville natale, pour le tenir à l'abri des distractions trop nombreuses que la vie de Paris lui offrait et lui permettre de suivre, dans un cercle plus restreint et moins brillant, sa vraie vocation, à savoir donner l'impulsion aux cœurs généreux qui comme le sien, se dévoueraient au bien de l'Eglise et au soulagement de toutes les misères.

II

Mais n'allons pas si vite et donnons-nous le plaisir de feuilleter les lettres qui venaient le trouver à Angers, pendant qu'il était inscrit au tableau des avocats. Commençons par Sainte-Beuve ; on y suit le mouvement qui se faisait alors dans les idées. C'est une lanterne magique dont la lunette fait voir les contemporains qui défilent avec leurs œuvres, représentés en bien et en mal, en beau et en caricature, selon le point de vue auquel se place le critique et aussi selon son humeur du moment.

« Le 23 août 1832.

« Mon cher Pavie,

« L'arrivée de votre frère [1] me rappelle si vivement
« mes torts, non d'oubli mais de négligence et de si-
« lence à votre égard, que j'ai hâte de me rappeler à
« votre amitié si vive et si éprouvée... Hugo a lu l'autre
« soir aux Français sa pièce en 5 actes et en vers,
« *le Roi s'amuse*. Il en a une autre en 3 actes et en
« prose qu'il dissimule et qu'il ne démasquera qu'après
« la représentation de la première, mais elle est éga-
« lement achevée. Je ne vous parlerai que du *Roi*
« *s'amuse*, que j'ai entendu. C'est François Ier et Tri-
« boulet. Celui-ci a une fille charmante que le roi dé-
« bauche sans savoir qui elle est ; il en résulte une
« douleur et un désespoir de ce pauvre fou, analogue
« à ce que vous avez vu dans la recluse de *Notre-Dame*;
« Triboulet, c'est la recluse en homme. Le 5e acte, qui
« se passe entre lui et le cadavre de sa fille, pour tous
« personnages, est d'un tel effet que Ligier (qui doit
« faire Triboulet) a pleuré durant tout cet acte. J'ai
« bien quelques petites opinions personnelles sur ce
« genre de drame et sur son degré de vérité humaine,
« mais je n'ai aucun doute sur l'impression qui sera
« produite et sur l'immense talent déployé dans cette
« œuvre radieuse de beaux vers...

« Je travaille capricieusement ; à mon roman,

---

[1] En route pour le Havre, où il allait s'embarquer.

« peu, — quelquefois à des vers... Je me laisse vivre,
« ne comptant pas les jours et n'en sentant pas trop
« le poids... Tout ce qu'il y a de Lamennais est dis-
« persé. M. de Lamennais rejoint la Belgique par l'Al-
« lemagne et Munich où il verra Baader. M. Gerbet
« est à Bruxelles ; M. Lacordaire est revenu de la cam-
« pagne ici : j'espère qu'ils se rallieront cet hiver.

« Boulanger est sombre, quoique faisant de char-
« mantes choses. Antony (Deschamps) fou avec raison-
« nement; De Vigny toujours aigrelet et amoureux ;
« Dumas en voyage en Savoie avec son amie ; Brizeux,
« revenu d'Italie, est allé en Bretagne... »

Oui, les Lamennais, comme il le dit très bien, se réuniront l'hiver, se retrouveront, mais pour se séparer encore ; lui, il ira à gauche, de plus en plus, jusqu'au bout ; les autres, ils iront à droite, jusqu'au bout aussi, montrant aux chrétiens la route qu'ils doivent suivre.

IV

Ici se place un événement bien triste pour notre famille ; en juin 1833 mourut la pieuse aïeule qui nous avait vus grandir à ses côtés, et qui s'éteignit sans que je pusse recevoir sa bénédiction, étant alors en pleines Pampas. Victor en fit part à tous ses amis, *at home and at large*, dans des lettres émues qui lui valurent des réponses sympathiques et touchantes. La première était de Mme Hugo qui lui disait :

« Je savais, monsieur, votre malheur avant l'arrivée

« de votre lettre... Que vous dirais-je qui puisse vous
« consoler ? La raison a peu d'influence sur des mal-
« heurs véritables. Le présent et mieux l'avenir sera
« pour vous et votre père bien amer pendant long-
« temps, et le vide bien grand ! Plus tard vous trou-
« verez quelque douceur à penser que l'aïeule que vous
« pleurez jouit d'un bonheur sans mélange. C'est une
« consolation bien banale pour la plupart des âmes ;
« mais vous êtes de celles dont on peut adoucir la
« souffrance en leur adressant de telles paroles avec
« foi.

« Je ne connaissais point votre grand'mère ; mais je
« vous connais et votre père aussi, et vous ne faites
« tellement qu'un dans notre cœur que nous pleurons
« comme faisant partie de vous-même. J'irai, monsieur,
« à la messe le 18 juin, mais je suis tellement indigne
« de faire parvenir votre pensée à cette âme par ma
« voix, que c'est moi qui vous prie, monsieur, de faire
« arriver la mienne par la vôtre. Vous en êtes tellement
« digne que j'ai la foi que ce que je demande par
« votre intercession me sera accordé...

« Adieu, monsieur, dites à votre père que je pense
« à lui et pleure avec lui.

« Adèle Hugo.

« Victor vous aime et vous plaint. »

Pauvre dame Hugo ! Elle était belle, bonne, affectueuse, naïve avec ses vrais amis. Voir Victor assis à sa table entre elle et son mari, en compagnie de leurs quatre enfants, lui causait une joie réelle, parce qu'elle le tenait pour le type du parfait chrétien, cultivant la poésie avec enthousiasme et pratiquant la vertu avec simplicité.

La réponse de Sainte-Beuve est sérieuse, réfléchie ; il emprunte pour l'écrire des sentiments tout chrétiens qui doivent aller droit au cœur de celui auquel il s'adresse :

« Mon cher Pavie,

« J'avais appris par M. Le Prévost le malheur qui
« vous est arrivé ; j'ai depuis reçu votre lettre et appris
« d'autres détails tels que vous les savez donner avec
« votre cœur si filial et si capable de douleur. C'est
« effectivement, comme vous le dites, mon cher Pavie,
« une perte selon l'ordre des temps et de la nature. Ce
« sont là de ces malheurs par lesquels il faut que toute
« âme passe, comme on a passé par le baptême,
« comme les mères passent par l'enfantement. Perdre
« son père et sa mère et son aïeule, ce sont des afflic-
« tions profondes et naturelles, qui sont nécessaires. Il
« faut se le dire chrétiennement pour nous faire
« hommes, pour que notre âme soit trempée et éprou-
« vée, pour que nous sachions goûter le goût de la vie,
« même la plus pleine et la plus bénie. Il faut se dire
« cela, mon cher Pavie, et ensuite ne pas vous épargner
« cette douleur, y abandonner votre cœur, y décharger
« vos sanglots et vos larmes ; c'en est le tribut comme
« c'en est le remède. Il y a tant d'autres douleurs où
« l'on ne pleure pas !

« Je le sais ; c'est en votre père surtout et en sa dou-
« leur que vous pleurez votre aïeule ; vous la pleurez
« doublement, mais cet exemple même de votre père
« et ces soins mutuels de vous à lui et de lui à vous,
« vous montrent combien ces épreuves sont fécondes
« et déjà salutaires : toutes le sont quand on sait bien
« les recevoir, même les plus âpres et les plus contre le

« cours des choses, mais celles par où vous passez en
« ce moment sont salutaires, plus aisément, si j'ose
« le dire, plus naturellement ; ce sont les flots amassés
« de vos pleurs qui débordent par un dégorgement
« ménagé de longue main par les voies de Dieu et qui
« ensemencent, engraissent saintement votre avenir.

« Recevez, mon cher Pavie, la certitude de la part
« intime et véritablement chrétienne que j'ose prendre,
« indigne que je suis, d'un aussi vénérable deuil, et
« présentez à votre père mon profond et douloureux
« respect.

« SAINTE-BEUVE.

« Ce 10 juin. »

Chère Mme Hugo, cher Sainte-Beuve, se déclarer indigne de prier, c'est beaucoup d'humilité ; ne vaudrait-il pas mieux s'efforcer d'être digne de parler à Dieu, en ouvrant son âme à l'inspiration chrétienne ? Mais écoutons le critique, rentré dans son rôle, raconter ce qui se fait autour de lui, ce qui se passe en lui, entre deux articles de la *Revue des Deux-Mondes*.

« Ce vendredi (15 juillet 1833).

« Mon cher Pavie,

« J'ai bien tardé à répondre à votre bonne lettre,
« parce que j'ai jour par jour quelqu'une de ces occu-
« pations misérables qui, comme des mendiantes
« acharnées, emportent le peu de votre vie... M. L. Le
« Prévost, que je viens de rencontrer, me donne de
« vos nouvelles, et m'a grondé d'avoir parlé de Casa-
« nova en conscience. Je n'ai pas tant de scrupules, ce

« qui me prouve combien je suis loin d'avoir la foi !
« Non, je crains de n'en être jamais capable. J'en
« approche, je la sens, je la respire, j'en ai l'atmo-
« sphère, mais sur le rocher ; aussi le vent qui passe
« balaie trop tout cela. J'ai mené hier David chez le
« bonhomme Senancourt [1], dont il va faire la médaille.
« Je n'ai pas vu Hugo depuis deux mois en vérité ou
« plus ; on a peine à le découvrir, même ceux qui vont
« chez lui. J'ai été chez Fouinet marié, sa femme est la
« bourgeoise artiste ; albums, romances, peintures,
« tout cela ensemble, dans de petites chambres, sur
« des lits ; belle parleuse et très gâtée par ses maîtres
« de musique et de dessin, de sorte que le pauvre
« Fouinet est fort mené par le nez. Lacordaire a eu
« peu de succès réellement à Saint-Roch, quoique la
« première partie du sermon m'ait paru belle, mais il
« a manqué la dernière moitié ; il était mal à l'aise.
« Le sujet était l'*Invention de la vraie croix*, et Lerminier
« était dans les auditeurs. Il paraît, d'après ce que m'a
« dit M. Le Prévost, qu'il a pris une éclatante revanche
« au collège Stanislas en prêchant sur l'Église. —
« Planche a failli avoir un duel avec Dumas au sujet de
« M. D... ; cela a été ridicule et un peu scandaleux, au
« désavantage apparent de Planche, quoique les torts
« réels fussent du côté de Dumas. — Huet [2] vous dit
« mille choses ainsi que Boulanger. — Latouche [3] vient
« de publier un volume mêlé de prose et de vers, bien
« embrouillé ; il y a douze élégies parmi lesquelles
« deux ou trois charmantes. Je vous recommande aussi

---

[1] L'auteur d'*Obermann*, ouvrage alors fort à la mode.
[2] Le paysagiste, peintre d'un vrai et solide talent, qui fut toute sa vie l'ami de Victor et de la famille.
[3] H. de Latouche a publié avec Ch. Robert les œuvres d'André Chénier.

« le morceau sur André Chénier... J'ai peu avancé mon
« roman, ayant été bien distrait et tiraillé ; je repren-
« drai vent un de ces jours. J'ai fait une ou deux petites
« élégies et je serais assez en train, si j'avais le loisir.

« Mon cher Pavie, il faut travailler, vous, suivre
« votre carrière sans regret, si votre père le désire et
« si vous n'y avez pas trop de répugnance. Tout ce qui
« vous donnerait plus de loisir d'esprit et de temps
« pour la pieuse et libre méditation serait meilleur et
« je vous le souhaiterais. Hors de là, ce que vous ferez
« sera bien, puisque ce sera une œuvre de conscience
« et de vertu pour vous, et j'en suis sûr, d'exemples
« pour les autres.

« Adieu, aimez-moi toujours et pensez à moi.

« Sainte-Beuve.

« *P.-S.* — L'abbé Gerbet est ici pour deux ou trois
« mois. Il va continuer d'exposer ses conférences.
« M. de Lamennais va bien. »

Voilà le vrai Sainte-Beuve tel qu'il se montrait
à nous dans l'intimité, troublé dans sa conscience,
homme de lettres avant tout, fin, spirituel et profond, s'intéressant à tout ce qui relève de l'art et
de la philosophie. Comme il tourne sans cesse son
regard vers le groupe de Lamennais, suivant les
conférences de l'abbé Gerbet, écoutant les sermons
de Lacordaire, ému, entraîné, fasciné par le talent
de ces prêtres énergiques et éloquents, et l'œil
fixé sur le Maître dont il pressent les révoltes sans
le faire paraître ! Quand Lamennais sera tombé, il
le suivra dans sa chute et s'enfoncera dans les

ténèbres, et n'aura plus pour les anciens disciples du prêtre apostat que des admirations purement littéraires et encore !... Et ces idées qui le tourmentent, c'est à Victor qu'il les confie, comme au seul homme à qui il puisse montrer toute son âme sans crainte, sans se compromettre vis-à-vis les adeptes de la libre-pensée. C'est à ce cœur pur, candide, qu'il sait épris de la charité chrétienne, que s'adressent ses réflexions tombant de sa plume sans qu'il cherche à les arrêter. Telle est l'action qu'exerça Victor sur ses amis ; il fut, dans ce monde un peu brouillon de rêveurs, de poètes, de romanciers, d'artistes, le type qui manque trop souvent dans les réunions mondaines, celui du chrétien ferme dans sa foi et que les passions mauvaises n'ont jamais entamé.

C'est pourquoi nous nous plaisons à reproduire le plus possible de ces dialogues entre Sainte-Beuve et lui, dialogues où l'un des deux interlocuteurs garde le silence, mais où l'on devine par la réponse de l'autre ce que l'un a dû dire. Il se rencontre bien aussi sous la plume du critique de ces petites nouvelles, de ces petites médisances que Victor ne lui demandait pas et qui l'impatientaient. En décembre 1833, il écrivait :

« Mon cher Pavie,

« Merci de votre bon et fidèle souvenir. J'ai bien
« tardé à y répondre, entrepris que je suis par toutes

« les chétives affaires et importunités d'ici, et aussi
« occupé de ce roman dont vous désespérez et qui
« pourtant s'achèvera, car il y a tout le premier volume,
« voire même la préface, d'imprimés, et je suis après
« le deuxième. Ce sera fait sans mentir et ça paraîtra
« en mars, je crois pouvoir en répondre.

« J'ai dîné l'autre jour chez M. Janvier [1] avec MM. La-
« mennais et Gerbet, c'est vous dire qu'ils sont ici. Les
« persécutions et les tracasseries, qu'il (M. de Lamen-
« nais) ressent peut-être trop vivement, l'ont amené
« ici pour un an. Il va y achever son grand ouvrage.
« J'ai vu Mme Janvier enfin, il y a un mois environ,
« pour la première fois.

« Mme Dudevant (Sand) et de Musset s'aiment tou-
« jours réellement, et j'espère que cela durera... Avez-
« vous lu *Metella*, qui vaut bien mieux qu'*Aldo*, sur
« lequel je suis de votre avis ? Elle m'a envoyé à lire
« un manuscrit de roman nouveau qui est achevé...
« La pièce de Hugo a réussi avec un orage dû à J..., à
« Dumas, à Bocage, à toutes les intrigues du drame et
« des coulisses... Un article dans les *Débats*, d'un ami
« de Hugo, contre Dumas, a irrité celui-ci contre Hugo
« et les voilà brouillés à jamais, et qui pis est avec
« scandale : ce qui déconsidère toujours la poésie.

« Je suis toujours heureux et sans beaucoup de
« plaisir ni de divertissement. Je n'ai pas un seul mot
« depuis deux mois au *National*. Et vous, cher Pavie,
« travaillez-vous ? votre voyage en Suisse vous servira-
« t-il à fixer quelque pensée ?

[1] M. Janvier était fixé à Paris où l'appelait son grand
talent d'avocat. C'était surtout dans les hautes questions
d'ordre social que sa parole atteignait toute son éloquence.
Homme au cœur généreux, ardent, toujours prêt à défendre les nobles causes, il parla pour le journal l'*Avenir* ;
de là ses liaisons avec Lamennais.

« Le livre de Quinet va paraître ; il y a d'admirables
« choses d'amour dantesque à la Béatrix. Je suis de votre
« avis sur le *synchrétisme*. Vous avez si bien trouvé pour
« la ressemblance avec l'*Orgue*, que Musset, dans des
« vers badins où il fait figurer tous les rédacteurs de la
« *Revue* et qu'il a écrits en compagnie avec sa belle, a
« dit presque la même chose que vous, par une de ces
« rencontres qui n'ont lieu que pour la vérité. Il sup-
« pose Buloz en rêve, en cauchemar, voyant toute sa
« *Revue* en déroute, l'imprimerie bouleversée, le papier
« qui boit, les *b* qui manquent dans le caractère, puis
« les rédacteurs perdus ou échappés.

>Loeve [1] a fait héritage
>De quatre millions,
>Dumas meurt en voyage
>Faute d'*impressions*,
>Chez les filles de joie
>Musset s'est abruti,
>Ampère en bas de soie
>Pour l'Afrique est parti.
>
>Brizeux est à la morgue,
>Sainte-Beuve au lutrin,
>Quinet est joueur d'orgue
>A Quimper-Corentin.
>
>. . . . .
>
>Georges Sand est abbesse
>En un pays lointain ;
>Fontaney sert la messe
>A Saint-Thomas-d'Aquin.

[1] Loeve-Veimar qui écrivait sur les affaires étrangères, souvent sans signer.

Magnin aux inodores
Présente le papier,
Et quatre métaphores
Ont étouffé Barbier.

« Adieu, cher Pavie, présentez mes respects à
« M. votre père et aimez-moi.

« Sainte-Beuve. »

On a dit, et avec toute raison : le style, c'est l'homme. En tout Sainte-Beuve est le critique ; il observe, définit et découpe en fines phrases ce qu'il dit. V. Hugo est toujours le poète qui procède largement par images, et multiplie les épithètes comme le peintre qui veut renforcer les tons de son tableau. C'est ce qui donne à ses lettres cette allure flottante, qui fait penser à l'oiseau de haut vol, léger et qui se meut avec aisance dans l'espace ouvert devant lui. Il y a plus de mouvement dans son style en prose, mais moins d'idées que dans Sainte-Beuve et moins de préoccupation des choses extérieures. Ce que nous disons ici de la différence entre les deux écrivains ressort visiblement d'une lettre de Sainte-Beuve citée plus haut, comparée avec celle de V. Hugo que voici :

« Il y a des siècles que je veux vous écrire, mon
« ami ; j'ai souvent avec ceux que j'aime le mieux,
« l'apparence d'un homme oublieux, négligent, dis-
« trait, absorbé dans sa propre chose et je vous assure
« pourtant que rien n'est moins vrai. J'ai toujours pour
« les vrais amis que je me sais, et vous êtes des meil-

« leurs et des plus chers, j'ai toujours un souvenir
« profond, continuel, doux et triste dont je me remplis
« le cœur dans mes heures de loisir et de rêverie. Pen-
« ser à un ami absent, c'est une des joies les plus
« graves et les plus calmantes de la vie. J'écris peu
« parce que je suis paresseux et presque aveugle, et
« puis, voyez-vous, Pavie, en amitié comme en art,
« comme en tout, il arrive souvent que d'écrire gâte
« la pensée.

« Vous dont la vie n'est point emportée, arrachée
« à toutes ses ancres par un continuel tourbillon, vous qui
« êtes à Angers et non à Paris, qui n'avez pas une
« existence publique qui coudoie et qui rudoie à tout
« moment votre existence privée, vous devriez m'écrire
« souvent, mon ami, et me faire en de longues lettres,
« l'histoire attentive de votre pensée et de votre âme.
« Ce serait bien à vous ; je me reposerais les yeux sur
« votre paix et sur votre bonheur. Dites-moi ; il y avait
« l'autre jour dans votre Feuilleton d'Angers, un article
« bien remarquable quoique beaucoup trop bon pour
« moi, signé C. R. [1]. Connaissez-vous l'auteur de cet
« article ? Remerciez-le pour moi ; si je savais où lui
« écrire, j'aurais plaisir à le faire moi-même.

« Ecrivez-moi longuement, mon cher Pavie, parlez-
« moi de vous, de votre excellent père, de votre frère ;
« donnez-moi de vos nouvelles ; dites-moi d'où vous en
« êtes de la vie.

[1] L'article dont il est ici question intitulé l'*Empereur et le Poète* avait paru dans le numéro du 17 mars 1833. Les initiales C. R. feraient supposer qu'il est de Charles Riobé ; mais je n'oserais l'assurer. Quel qu'en soit l'auteur, on peut affirmer que c'est un des morceaux littéraires les plus remarquables, par la hauteur des pensées et la vigueur du style, qui aient jamais été publiés à Angers, et en aucune autre ville de province.

« Quand donc viendrez-vous à Paris ? Je vous aime
« et vous embrasse.

« Victor Hugo.

« 31 mars 1833, Paris. »

IV

Ecoutons maintenant la voix de David qui, du
fond de son atelier où s'élaborent les statues, les bas-
reliefs, les bustes, les médaillons, cause doucement
avec Victor et lui fait part de toutes les impressions qui l'agitent. Où pourrait-il trouver quelqu'un
plus en état de le comprendre ? Rien de banal dans
les lettres du grand artiste. Dans tout ce qu'il dit
il y a une pensée noble, élevée, fine souvent et
parfois un éclair de gaîté, mais rarement, parce
que presque toujours il est sombre, affligé de voir
en ce monde les plus belles choses se flétrir et les
espérances aboutir à des déceptions.

« 20 janvier 1833.

« Mon cher Victor,

« Voilà encore le salon retardé, ce qui sera cause
« probablement que ton voyage à Paris le sera aussi.
« Il y a bien longtemps que je n'ai eu de tes nouvelles ;
« je ne vois aucun Angevin (ceux que je pourrais voir
« étant des juste-milieu furieux) ! Je suis à l'égard
« d'Angers comme si j'en étais à six cents lieues. A
« propos d'éloignement, ton frère t'a-t-il écrit ? Il y a
« si longtemps qu'il est parti !.. Je pense bien souvent

« à lui et tu me feras grand plaisir de me donner de
« ses nouvelles quand tu en auras reçu. Hugo va
« donner une nouvelle pièce; ce sujet est Lucrèce
« Borgia; on dit qu'il l'a faite en quinze jours; on dit
« qu'il a encore amplifié l'histoire qui est déjà assez
« scandaleuse et abominable. Cela m'a fait bien du
« mal à apprendre; comment se fait-il que ce génie
« colossal accepte ce que l'art doit repousser ?

« Je viens de faire la connaissance de J. Barbier.
« Tu ne l'aimes pas; je trouve cependant que cet
« homme a un génie puissant. Il m'a remué fortement,
« mais tu sais que j'aime aussi ce qui est noble et
« beau. Peut-être que ses opinions politiques ont
« remué mes passions; cela pourrait bien être; c'est
« ce qui prouve qu'il est bien difficile de juger ses
« contemporains... »

« 6 juillet 1833.

« ... Combien je voudrais te savoir heureux comme
« tu mérites de l'être ! Mais il y a une grande diffé-
« rence entre ton âme et celle du *petit nuage d'or* [1].
« Quand je le rencontre dans la rue, je jouis de son
« bonheur. Il est si béat, si heureux de la vie ! Werner
« et Schiller ne l'étaient pas autant; mais la postérité
« les en récompensera. C'est une compensation qui
« vaut la souffrance d'avoir pleuré son cœur toute sa
« vie, comme dit Châteaubriand.

« Je vois quelquefois notre ami... Mais rarement, il est
« si difficile de le trouver chez lui !.. Pauvre Madame !...
« On dit qu'il va prendre la direction du théâtre de
« l'Odéon. N'est-ce pas une de ces idées qui ne viennent
« à un homme comme lui que quand il est poussé par

---

[1] Un écrivain qu'il n'aimait pas et qu'il est mieux de ne pas nommer.

« son mauvais génie ? Comme une liaison avec une
« femme perverse peut changer l'*or en plomb !* Mais
« j'espère qu'un jour son âme noble comprendra qu'il
« ne doit pas tomber si bas, et alors nous aurons des
« pages brûlantes d'amertume contre le genre humain,
« quand sa plume se plongera dans le fiel. Il était si
« naïf, si plein de candeur quand nous l'avons connu,
« avec son âme ardente et sa tête pleine d'action ! Sa
« gloire ne lui suffisait pas ; il lui fallait entrer dans la
« vie et il y est enlacé comme Laocoon. Malheureuse-
« ment il voit un côté bien vil de l'espèce humaine.

« Je n'ai pas pu faire encore la médaille de M. de
« Senancourt, ni celle de Mme Sand... Le Senancourt
« est bien l'être le plus curieux que j'aie jamais vu. En
« lisant ses ouvrages, je me le figurais dans le genre de
« J.-J. Rousseau, au physique, mais, mon Dieu, c'est
« un homme qui a les bras si courts qu'il doit lui être
« impossible de mettre les mains dans ses poches et
« puis il marche comme sur des charbons ardents. Cela
« m'étonne moins ; il connaît si profondément le
« monde ! Sainte-Beuve me l'avait si bien décrit que
« je l'ai reconnu dans la rue.

« Envoie-moi donc la liste des médaillons que tu as,
« que je complète ta collection.

« A toi de tout cœur.   D<small>AVID</small>. »

David n'était rien moins qu'un lettré ; sa phrase
est quelquefois incorrecte, mais comme il juge de
haut et quel respect il professe pour l'art ! Ses
jugements sur les hommes sont en général em-
preints d'un sentiment équitable ; il a de l'admiration pour le génie ; le simple talent l'attire. Il est
à la piste de tous les écrivains de mérite pour

faire leurs médailles, et va dénicher dans tous les coins de Paris les timides qui se cachent. Jamais il n'oublie qu'on l'a déniché, lui aussi, qu'on l'a mis en lumière, quand le feu de son génie ne brillait encore que dans ses yeux.

V

On voudrait voir les lettres qu'écrivait Victor et qui provoquaient des réponses si empressées, si littéraires et si artistiques, de la part de V. Hugo, de Sainte-Beuve et de David. Sa correspondance était sa grande affaire. Ecrire c'était pour lui épancher son âme toute entière dans des pages pleines d'émotion et travaillées avec le plus grand soin; il ne laissait point sa plume courir sur le papier, par respect d'abord pour les amis auxquels il s'adressait et aussi par respect pour soi-même. Le moindre billet sorti de sa main contenait des idées originales, imprévues, d'un style pittoresque et brillant; et jamais je n'en ai reçu un seul, insignifiant quant au sujet, que j'aie pu me décider à jeter au feu.

Mais parmi celles dont la perte est particulièrement regrettable, il faut compter celles écrites à cette époque, durant ces années inquiètes où son âme attristée, en proie à d'intimes douleurs, s'élève vers l'idéal qu'il poursuit et s'affine par la souffrance. Pour confident de son chagrin, Victor avait choisi Léon Le Prévost, qui, dans ses longues réponses, touche aux choses les plus délicates avec le tact et la suavité qui caractérisaient le plus discret et plus sincère des amis.

Ce fut en 1833, à la fin de l'été, qu'il fit avec notre père, comme nous l'avons dit, un voyage en Suisse. Voir ce pays si renommé par ses aspects pittoresques, avait été pour notre père le rêve de toute sa vie. Il ne connaissait encore rien des pays étrangers et sa vive imagination lui faisait désirer ardemment de contempler de ses yeux les scènes grandioses qu'il avait si souvent admirées dans les œuvres des peintres et dans les livres des voyageurs. Qu'il nous soit permis, à ce propos, de raconter un petit incident qui prouve à quel point notre vénéré père, au milieu de ses enthousiasmes de touriste, devenait maître de lui-même et conservait dans son cœur aimant des trésors de sollicitude pour son autre fils absent. Arrivé à l'hospice du Saint-Bernard, notre père s'adressant au supérieur du couvent lui dit : « Mon révérend père, j'ai un jeune fils qui voyage dans l'Amérique méridionale ; il traverse les Pampas et doit franchir les Andes à pied, en plein hiver, pour passer au Chili. Quelque chose me dit qu'il est plus haut que nous dans la région des neiges, et peut-être en péril. Veuillez offrir, ce matin, à son intention, le saint sacrifice de la messe ». Voilà le père et le fils aîné agenouillés au pied de l'autel et priant pour l'absent. Au retour, quand on compara les dates, on reconnut que ce jour-là le jeune fils était, sinon en péril, du moins dans la plus grande détresse au sommet des Andes, sur un pic sombre qui seul se dessinait au milieu d'un océan de glaciers. Voilà ce qui s'était révélé au cœur anxieux d'un père.

À son retour de Suisse, Victor partit pour Paris, non pour plaider, — il avait jeté de côté sa robe et sa toque, — mais comme fils d'imprimeur, allant se préparer chez J. Didot à prendre l'établissement paternel. Son intention était de se marier, et il croyait que la situation d'un avocat débutant était moins faite pour hâter ses desseins que la succession de notre père. Avait-il raison ? je ne le pense pas ; la rue Saint-Laud offrait peu d'attraits à ceux qui n'y étaient pas nés et les préjugés bourgeois n'étaient point favorables à un commerce avec boutique. En attendant, il s'occupa sérieusement de son art, et passa à Paris plus d'une année qui paraît l'avoir distrait un peu de ses idées sombres. N'y retrouvait-il pas tout ce qui avait fait le charme de sa jeunesse ? Et quand il revint à Angers, il réunit autour de lui, comme l'avait fait notre père en 1815, quelques amis dont les goûts littéraires se rapprochaient des siens, et avec leur concours, il publia la *Gerbe* qui, ainsi qu'il le dit dans la préface, tire son nom *de la divergence des épis et de l'unité du lien* [1].

[1] Cette publication qui était annuelle se renouvela trois fois.

CHAPITRE XII

Les derniers mois d'ennui.

I

Nous voici arrivés à l'année 1835 qui apaisa les troubles de son cœur. Les dix premiers mois, on voit par les lettres de ses amis que la crise est devenue intense. Commençons par une réponse de Mme Janvier du 21 février. Les grandes causes défendues et gagnées par M. Janvier ont étendu sa réputation; son salon est fréquenté par des écrivains, des penseurs et des hommes politiques, et Mme Janvier, par sa grâce, son affabilité et son talent poétique, n'a pas tardé à y attirer les gens de lettres. Elle a passé trente ans ; elle a du tact, du cœur et de l'expérience ; on le verra tout de suite par sa réponse à Victor :

« Mon pauvre Monsieur Victor, votre lettre me peine
« si vivement que j'ai besoin de vous écrire tout de
« suite, comme si ma lettre était un baume. Mon
« Dieu ! je n'espère pas tant, mais peut-être vous ferai-
« je un peu de bien, parce que je le désire beaucoup.
« Ah ! si j'étais là, j'aurais de meilleures paroles, parce
« que j'en saurais davantage, je fouillerais dans votre
« cœur qui paraît si brisé, et moi qui sais le monde,
« la vie et par là un peu de l'avenir, je pourrais dé-
« tourner vos regards de la plaie présente et les repor-
« ter sur quelque chose de bon.

« Et puis ce qui ajoute à votre tristesse c'est votre
« existence à Angers. Vous noble et pauvre créature,
« qui allez vous frapper le front contre le monde,
« comme un aveugle contre un mur, vous qu'on croit
« *singulier* — et encore je suis bien polie, — parce que,
« voyez-vous, toute intelligence est tenue avec les petits
« esprits de s'habiller grossièrement avec du rouge ou
« du bleu pour qu'on la remarque; sans cela elle est
« incomprise et bafouée.

« Votre scène du catholicisme [1] m'a irritée. Mais j'ai
« tort, cela devait être, et moi profane malgré mes
« trois *Pater* et mes trois *Ave* du soir, j'eusse été bien
« là, et mieux que vous qui êtes croyant, j'eusse prêché,
« j'aurais mis en relief le catholicisme et je les aurais
« forcés de s'avouer des *forts*, espèce que je dédaigne.
« Maintenant, et cela est beau, il n'y a que les simples
« de cœur et les hautes capacités qui soient catho-
« liques... Je suis entourée ici d'une foule de vos amis,
« c'est ici que vous seriez bien. Dimanche, après que la
« grande foule fut passée et quand il ne restait plus au
« salon qu'une douzaine de braves gens, nous avons
« relu *l'Organiste Boyer*; cela est charmant, c'est votre
« pièce la plus claire, on a été enchanté... Sainte-Beuve
« me vient de temps à autre; il est sauvage et triste,
« il a, par l'imagination, défloré toutes choses et
« cependant il se laisse rêveusement enflammer par
« elles. C'est une eau qui tremble, qui ondule sans
« cesse et qui se brouille souvent. C'est un poète, une
« âme en peine qui connaît tous les coins de sa prison,
« et qui répète toujours : Je sais cela. Ses rêves l'ont
« vieilli, brisé; il n'est même plus tenté de goûter au

---

[1] Sans doute une discussion orageuse sur le Catholicisme dans laquelle les adversaires s'étaient montrés intolérants et agressifs.

« fruit ; il le voit trop mûr et peu à peu aussi son âme
« s'est détendue...

« Je vous donnerai pour la *Gerbe*. Je suis Angevine,
« j'aime l'Anjou matériel, mais, sauf quelques-uns, ses
« habitants ne me vont guères.

« Je serai bien contente de vous voir à Paris. Il me
« semble que vous respirerez ici. A Angers, vous êtes
« comme un chien ahuri. Je vous servirai de tru-
« chement, je vous expliquerai le monde et vous expli-
« querai au monde. Je vous remercie bien de me
« regretter et je me fâcherais contre vous si vous ne
« me traitiez pas comme une de vos meilleures amies
« qui saura bien ramasser goutte à goutte vos pensées.
« Ne craignez pas de m'importuner, il y a deux femmes
« en moi ; et la femme mondaine s'est toujours inclinée
« devant la femme de cœur... Dans ma prochaine
« lettre, je vous parlerai de Lacordaire et de Lamen-
« nais.

« Adieu, je vous suis bien dévouée.

« Votre amie,

« Adèle Janvier. »

Nous sommes loin de l'époque où l'auteur des *Poésies d'une femme* adressait à Victor des lettres timides en lui recommandant son petit livre. Le séjour de Paris a donné de l'aplomb à Mme E. J. Elle a vu de près les littérateurs à la mode et le monde politique. C'est elle qui désormais en possession de son talent et entourée de gens de lettres, encourage Victor et l'invite à revenir là d'où il n'aurait jamais dû s'éloigner. Dans cette lettre très fine, qui est empreinte d'une bonhomie apparente, on voit qu'il y a toujours à Angers des préventions contre Victor, au point de vue littéraire. Oui, il existait des préventions ; on le trouvait au moins *singulier* et on s'arrêtait à ce premier jugement sans se donner la peine de savoir ce qu'il valait. Aussi Victor, blessé d'être si mal connu, se prit-il à redouter le contact des *gens d'esprit*, des *finots*, des avisés qui ne comprenaient pas sa nature poétique et son enthousiasme. Ces gens d'esprit étaient ce dont il avait le plus de peur et il les évitait tant qu'il le pouvait ; j'entends par là ceux qui n'ont que de l'esprit et pas de cœur.

II

Avec moins d'art, avec un simple accent d'une amitié ancienne, Mme Hugo en réponse à une lettre écrite pour sa fête, disait à Victor, en date du 14 décembre 1833 :

« Vous devez trouver, Monsieur, que c'est bien mal
« à moi d'avoir été si longtemps sans répondre à votre
« aimable lettre. J'ai été si occupée que je n'ai pas eu
« le loisir de le faire, mais croyez que j'en ai toujours
« assez pour penser à vous et à la sincère amitié que
« je vous ai vouée, ainsi qu'à votre excellent père.

« Mon mari a toujours ses pauvres yeux malades et
« pourtant il s'occupe activement d'un drame qui doit
« être joué aux Français et son volume de Poésies s'en
« trouve retardé, mais nous n'en perdrons rien. Le
« volume de vers paraîtra dans deux ou trois mois.

« Ma petite Didine (Léopoldine) vient d'avoir un mal

« à l'œil bien grave, qui a duré longtemps... Charles
« est toujours bon et beau garçon, mais un peu
« dissipé ; nous avons besoin de le pousser à l'étude.
« Toto (François-Victor), votre bon ami, louche toujours
« un peu, et nous le poussons en sens contraire de
« son frère pour l'empêcher de trop travailler. Dédé
« (Adèle) est toujours bien jolie. Vous voyez que je ne
« me gêne pas pour faire l'éloge de mes enfants, mais
« vous êtes si indulgent pour nous, que j'en use
« comme avec quelqu'un de la famille.

« Après vous avoir ainsi parlé de nous, Monsieur,
« que je vous dise que c'est mal à vous de ne pas
« vous trouver heureux dans votre position qui est
« pourtant plutôt enviable qu'autrement, vos amis vous
« apprécient si bien et vous sont si dévoués ! Ce sont
« de bien grandes compensations aux peines que vous
« pouvez éprouver et que nous avons tous ressenties.
« Pardonnez, Monsieur, le droit que je me donne de
« vous parler ainsi, mais je voudrais tant vous voir
« heureux, que je désirerais que vous vissiez tout ce
« qui vous fait souffrir sous un autre aspect, car si
« quelqu'un mérite le bonheur ici-bas par la satis-
« faction de soi-même, c'est vous, Monsieur.

« Je ne vous parle pas du plaisir que nous aurions
« d'aller vous voir, vous n'en pouvez douter ! Victor
« vous embrasse et moi, je vous prie de croire aux
« sentiments de votre toute dévouée,

« Adèle Hugo. »

Bonne et naïve lettre d'une mère de famille, heureuse de ses enfants dont elle ne peut prévoir le sort fatal. Souvent je me reporte aux années de bonheur et de gloire, au temps où V. Hugo habitait ce bel appartement de la place Royale, toute remplie de souvenirs historiques, où nous passions de si douces soirées. Le *cénacle* s'était en partie dissous ; de nouveaux visages remplaçaient les anciens ; Th. Gautier, caché sous le pseudonyme d'Albertus, Petrus Borel, Jehan Duseigneur, le sculpteur qui se fit catholique plus tard et se nomma tout simplement Jean, etc. Après le dîner, durant les beaux jours, on ouvrait la fenêtre à deux battants et le poète, dans tout l'éclat de sa renommée, portant haut sa belle tête que David allait couronner de lauriers, paraissait sur le balcon. Il y avait toujours sur la place un certain nombre de curieux, provinciaux, parisiens et étrangers qui guettaient ce moment et tournaient à la fois leurs regards vers Hugo, qu'entourait un cortège d'amis. Je me retirais alors au second plan, pour que ce public en quête de célébrités, n'égarât pas ses regards sur un inconnu. Et quand je pense à ces belles soirées, je me sens saisi de douleur à la pensée que tout cela s'est évanoui ; la mort a fauché le père, la mère, trois de leurs enfants enlevés avant l'âge, et la jolie Dédé, qui compte maintenant cinquante-six printemps, en est aujourd'hui réduite à végéter dans une maison de santé, délaissée par son mari (officier anglais), et assistée seulement par une négresse dans sa traversée de la Jamaïque en France.

III

Dans l'entre-temps, Sainte-Beuve, oubliant les ennuis et les tristesses de Victor qu'il avait essayé de consoler, lui adressa cette lettre qui nous le montre lui-même toujours lié avec les Saint-Simoniens du *Globe*, gêné dans ses rapports forcés avec Hugo, et soupirant après la poésie dont d'autres occupations le tiennent éloigné.

« Mon cher Pavie,

« Pardon de mon retard, c'est que je suis plus que
« jamais occupé, embroché à l'érudition, aux livres et
« recherches de tout genre ; mais le cœur est libre et
« à vous. J'ai vu M. Jourdain [1] qui m'a fort plu et
« nous avons causé une couple de fois. Leroux était
« présent à sa dernière visite et le christianisme a été
« mis en jeu. M. Jourdain a bien de l'instruction et du
« bon esprit. Je les ai mis aux prises, Leroux et lui,
« et il s'en est tiré à merveille... Je suis heureux de
« votre Du Bellay qui préfère toujours la *Loire* au Tibre
« et à l'air marin *la douceur angevine*. Si j'étais de
« quelque loisir, je vous demanderais à faire la
« notice, mais vous, cher ami, vous réussirez mieux
« que personne [2].

[1] Notre compatriote Eloi Jourdain, l'auteur des *Heures sérieuses d'un jeune homme*, etc.
[2] Il s'agit de la belle édition du poète angevin que Victor publiait. Sainte-Beuve fit cette notice qui servit de préface et parut peu après dans la *Revue de Paris*. David dessina tout exprès pour son ami le beau portrait de Joachim Du Bellay qu'on voit en tête.

« Je suis d'une commission d'art et de lettres dont
« Hugo est membre aussi. Nous nous y sommes revus
« et donné la main. Il fait un drame demandé par la
« Comédie-Française sur la cour d'Espagne de Phi-
« lippe V, pendant Louis XIV... Je vois d'après ce que
« vous me dites, que vous avez la seconde édition des
« *Consolations*. Ce volume a été donné en propriété à
« *Dédé* ma filleule. Le père a accepté mes étrennes.
« Ceci a précédé notre poignée de main de la com-
« mission qui a été assez cordiale, comme vous pouvez
« croire d'après ces préliminaires.

« Je pousse *Port-Royal*, mais me voilà distrait par
« ce travail de commission avec ces manuscrits qu'il
« faut que j'apprenne à lire.

« Poésie, adieu ! au revoir ! à travers cela ; mais que
« je t'aimerai quand je pourrai te ressaisir ! Seulement
« alors, viendras-tu au-devant de moi, vieux et chauve,
« aux doigts rouillés pour la lyre, à la voix cassée pour
« le chant, à l'œil qui n'aura plus l'éclair de l'amour ?

« Saluez respectueusement pour moi votre bon père,
« mes amitiés à Th.

« Mille tendres amitiés et songez à moi amicalement
« quelquefois, cher Pavie.

« SAINTE-BEUVE. »

Oh ! le malin, il se plaisait à voir Leroux, le *cardinal Saint-Simonien*, aux prises avec l'ultramontain Jourdain qui était un rude adversaire; mais il ne concluait pas, il attendait pour prendre un parti, et il attendit si longtemps que jamais il ne se décida. La commission dont il parle lui donna occasion d'échanger une poignée de main avec Hugo; il donna pour étrennes à sa filleule

Adèle une édition de ses *Consolations* ; tout est au mieux : voilà le poète et le critique reconciliés. Mais cela dura peu, la brouille recommença pour ne plus finir et j'eus l'occasion de voir ces deux hommes se rencontrer de nouveau dans une circonstance pénible où ils semblaient rager de se trouver si près l'un de l'autre.

Un des habitués du premier *cénacle* avait pris pour femme la fille d'une actrice connue par ses liaisons avec des hommes de lettres. Leur union n'avait point été bénie par l'église. La jeune femme mourut de phtisie après de longues souffrances ; un prêtre ayant été appelé à son lit de mort, le curé lui accorda la sépulture ecclésiastique, et avis fut donné aux amis intimes d'assister au convoi qui devait avoir lieu à Saint-Sulpice. C'était un dimanche, la grand'messe finissait et la foule s'écoulait, quand arriva sous le porche un modeste corbillard. Par une porte entra Hugo, par l'autre Sainte-Beuve ; en attendant l'absoute, le premier se promenait dans l'église du côté de l'Évangile, le second se dissimulait dans la travée opposée, du côté de l'Épître, ils ne se voyaient pas, mais se devinaient : la haine a son flair comme l'amitié. Quand il s'agit d'accompagner le corps au cimetière, les quelques voitures présentes se trouvèrent pleines ; il fallut que le poète et le critique montassent l'un devant l'autre. L'un levait les yeux et les tournait du côté de la portière, l'autre les tenait baissés sur ses genoux. Jamais plus lugubre convoi ne suivit le chemin des morts ! C'était une amitié morte qui escortait le corps de la pauvre jeune femme enlevée à l'affection de celui qu'elle appelait son mari, c'était deux cœurs ulcérés qui ne songeaient point à se réconcilier en face du spectacle du néant de cette vie.

CHAPITRE XIII

Le mariage

I

Victor entrait dans sa vingt-septième année. Toujours un peu dépaysé dans sa ville natale, bien qu'il comptât de nombreux amis, il cherchait à s'y marier. Imprimeur-libraire dans la rue Saint-Laud, les devoirs de sa profession qu'il accomplissait avec conscience, sinon avec une ardeur mercantile, ne suffisaient point à calmer les secrets ennuis qui l'agitaient depuis quelques années. Sans doute, il regrettait la vie de Paris qui avait charmé sa première jeunesse et lui avait imprimé un pli ineffaçable, mais désormais il lui fallait une existence plus sérieuse. Aussi vers le mois de juin 1835, des lettres de lui firent connaître aux amis de Paris qu'il allait se marier. Les réponses ne se firent pas attendre et elles sont si amicales, si sympathiques, que nous en citerons quelques-unes. Chacun, à Paris comme à Angers, connaissait sa belle jeunesse, chrétienne et pure, et ce fut une occasion pour toutes ses connaissances de lui adresser des félicitations bien senties. Mme Hugo, qui lui témoignait en toute occasion une affection particulière, lui écrivait à la date du 25 juin :

« Cher M. Pavie, je suis bie heureuse et nous
« sommes bien heureux de votre joie. Félicitez votre
« fiancée, car s'il y a du bonheur en ce monde, ce doit
« être près de vous et dans votre famille. Le mariage,
« cher monsieur, est la plus belle, la plus douce et la
« plus noble des choses qui soit, lorsque l'on s'aime
« et que les époux ont vécu dans les croyances chré-
« tiennes. Au point où j'en suis, Monsieur, je suis con-
« vaincue qu'il n'y a point de sûreté sans cette foi.
« C'est parce que je connais votre âme que je vous en
« fais mon compliment bien sincère, je l'adresse aussi
« à votre père à qui vous devez votre avenir.

« Croyez que je serais bien joyeuse d'assister à vos
« noces. Je ne vous dis ni oui ni non ; mon cœur dit
« *oui*, soyez en sûr, et surtout, cher monsieur, que
« votre pensée, dans tous les cas, soit que le jour de
« votre mariage nul être au monde n'assiste plus que
« moi à ce grand sacrement et ne prie Dieu, plus que
« votre vieille amie, pour qu'il répande sur vous toutes
« ses bénédictions.

« Adieu, monsieur, vous savez que j'ai pris part à
« vos douleurs [1], pensez à m'écrire le moment où je

[1] La mort de la grand'mère qu'il avait si vivement ressentie.

« pourrai être près de vous de corps et d'âme, quand
« ces douleurs pourront être partagées par une femme
« que j'aime déjà, puisqu'elle vous est une douce
« pensée.

« Adieu encore, monsieur, croyez que dans le cha-
« grin que je puis avoir, l'idée de votre joie m'est une
« bien douce compensation.

« Victor vous serre la main bien tendrement.

« Votre vieille amie,

« ADÈLE HUGO. »

Dans cette lettre sincèrement affectueuse, il y a un fond de tristesse. Au foyer glorieux du poète, la foi n'a pas eu sa place, on l'avoue, on le regrette ! Il manque quelque chose au bonheur de cette mère de famille dont le mari occupe le premier rang parmi les poètes de son temps, et ce bonheur elle ne doute pas qu'il ne se doive trouver dans l'union chrétienne de ce jeune ami auquel elle fait discrètement l'aveu de ses ennuis. Parmi les intimes de la maison, à quel autre Mme Hugo aurait-elle écrit des lignes comme celles-ci ?

Une lettre de Sainte-Beuve suivit de près. Elle est sérieuse aussi ; ce *mouton* qui a déchiré sa toison à tous les buissons de la route, sait ce qu'est le mariage chrétien, et c'est dans ce sens qu'il adresse ses félicitations à Victor.

« Mon cher Pavie,

« J'ai reçu votre bonne et aimable lettre qui me fait
« part du grand événement. J'en suis heureux, et de

« tous les côtés il me revient, par vos amis d'ici et
« d'Angers, que la personne est digne de vous et de
« votre âme si ardente et si ingénue. En avez-vous fait
« part à Mme Hugo? Est-ce pour bientôt la célébration?
« Ne viendrez-vous pas à Paris après les premiers
« jours? Ne vous verrons-nous pas tout à l'entrée de
« cette nouvelle phase de votre destinée? Car le ma-
« riage, qui n'est pour la plupart des mondains qu'un
« arrangement, important toujours, mais non acte
« solennel, unique et profond, sera pour vous une
« transformation tout entière, une ère de renouvelle-
« ment. Je voudrais bien aller vous voir un de ces
« mois-ci; mais si je ne quitte pas Paris par un coup
« de tête, je ne le quitterai pas du tout. Aujourd'hui,
« par exemple, je serais en train d'aller, de passer
« quinze jours aux champs, à la course... J'étudie
« assez, mais ne compose pas pour le moment, et suis
« par conséquent médiocrement content de moi-même.
« Le plus grand plaisir pour quiconque est un peu
« artiste, c'est la fertilité et la fréquence de la création,
« le moment où la mère délivrée prend dans ses bras
« l'enfant et le baise et le trouve beau.

« L'état de mon âme, sans être malheureux, est fort
« vague, — loin du rocher, à la merci de chaque flot,
« selon le rayon ou la pluie qui se succèdent, éternelle
« et fatale mobilité qui se perpétue sous l'âge déjà
« mûr, qui se joue en oscillant (comme ces reflets
« dérisoires que les enfants jettent aux passants) sur
« un front déjà chauve. Hugo achève son volume de
« vers, mais je ne sais quand il paraîtra. Lamennais
« écrit sa brochure politique à La Chesnaye, et Mme du
« Dev... son roman dans je ne sais quel châlet. Quand
« ils étaient réunis, il y a eu de piquants contrastes,
« et le bon sens et le tact n'en a sauvé aucun; chacun

« a commis toutes fautes à l'étourdi, et Janin n'au-
« rait pas composé un article fantastique plus piquant
« sur les rencontres d'une soirée de Paris en 1835, que
« ce qui a eu lieu réellement.

« Adieu, cher Pavie, gardez-moi un peu de votre
« amitié tendre et vive au milieu des affections nou-
« velles qui vont vous envahir. Mille respects affectueux
« à votre bon père et amitiés à votre frère qui est bien
« dédaigneux des petits voyages, puisqu'il ne veut pas
« faire une enjambée jusqu'ici.

« A vous du fond du cœur,

« SAINTE-BEUVE. »

Toujours même manière de disposer les diverses parties d'une lettre, en cinq actes : le bonjour ; les compliments sur le *grand événement* (qu'on indique sans l'appeler par son nom) ; les dispositions plus ou moins dissipées de son âme qui flotte à tous les vents ; les fines nouvelles littéraires, celles que le grand public ignore ; et enfin le salut d'adieu avec ses affectueuses formules. Sainte-Beuve était prompt à adopter un moule dont il s'écartait peu ; aussi son discours de réception à l'Académie française n'était, comme il le disait lui-même, rien autre chose qu'un article de la *Revue des Deux-Mondes*, pour l'arrangement des parties et la longueur mesurée de l'ensemble. Cette fois cependant, la lettre du critique se dégage un peu de ses liens et prend l'allure plus vive que réclamait la circonstance.

9.

II

Ce fut notre père qui écrivit à David pour lui annoncer la grande nouvelle; il n'était pas homme à oublier ses devoirs envers une amitié si éprouvée. Le 26 juin, il recevait la réponse que voici :

« Mon cher ami,

« Nous sommes de retour depuis hier [1], et nous
« avons trouvé ta lettre qui nous procure une bien
« vive satisfaction. Enfin voilà un acte qui va décider
« de l'avenir de notre bon et cher Victor; ce que je
« désire de toute mon âme, c'est que la femme à
« laquelle il va lier sa vie, le comprenne bien, et alors
« ils seront tous les deux aussi heureux qu'on peut
« l'être dans cette vie toute de tribulations et de dé-
« ceptions. Certes, nos vœux les plus ardents à Émilie
« (Mme David) et à moi, seront toujours pour leur plus
« grand bonheur possible. Nous désirons beaucoup
« nous trouver à la cérémonie du mariage; rien ne
« pourra nous en empêcher, hors l'obligation où je
« suis de rester tout le mois d'août à Paris, étant pro-
« fesseur à l'Académie tout le mois... J'espère que
« notre bonne étoile fera que la cérémonie aura lieu
« avant ou après le mois d'août.

« J'ai bien besoin d'être quelques jours au milieu de
« vous, chers amis; il y a si longtemps que nous
« n'avons passé de ces bonnes et heureuses soirées qui
« me font tant de bien! Et puis je suis dans un vague,
« qui me fait beaucoup de mal, sur ce que fait Th...
« Il y a pourtant de l'avenir dans ce jeune homme!

---

[1] D'un beau voyage en Allemagne en compagnie de Mme David qui parlait la langue du pays.

« Ce que je désire, c'est qu'il en soit bien persuadé,
« afin qu'il ne dévore pas son âme dans l'inaction.

« Adieu, mille sentiments d'amitié et de cœur.

« DAVID. »

En ouvrant la lettre de notre père, le grand artiste qui nous voulut tant de bien, s'est dit très certainement : Voilà Victor qui se marie, qui épouse une provinciale ! Le comprendra-t-elle ? sera-t-il heureux ? Oh ! que n'est-il resté à Paris !... Et voilà son frère qui va perdre son temps à Angers... Ah ! *benedetto farniente !* Mais il garde pour lui ses pensées attristantes. Il n'a que de tendres paroles pour le père de son ami, pour le cher et bon Victor, et pour l'autre qui ne restera point, soyez-en sûr, à arpenter les boulevards d'Angers.

Tous les amis prévenus par les lettres de Victor de son prochain mariage, lui adressent des félicitations ; ils se réjouissent pour lui et avec lui du changement qui va s'opérer dans son existence inquiète et tourmentée. Mme Janvier, qui connaît si bien le cœur humain, écrit d'Issy, le 29 juin :

« Je savais bien, mon bon Pavie, que votre vie n'était
« pas finie et que les chagrins, quand ils sont passés,
« deviennent un enseignement qui fait mieux con-
« naître le prix du bien que l'on a. Dieu est bon, et
« jusque dans la douleur qu'il nous envoie, il y a un
« bienfait. Plus je vais et plus j'adore la Providence,
« non que je fasse de grands progrès dans la pratique

« du catholicisme. Je n'ai ni assez de foi, ni assez de
« volonté. Je ne sais point me plier ; je ne sais point
« soigner mon âme et avoir les yeux sur elle pour la
« diriger.

« J'ai commencé ma lettre pour parler de vous, et
« voici que je ne m'occupe que de moi. C'est que, mon
« ami, on ferait un volume pour consoler et on n'a
« rien à dire aux heureux... Vous allez commencer
« une vie toute nouvelle, voir les choses sous un nou-
« veau jour, vous modifier et vivre moitié en ce jeune
« être qui vous aimera. Vous êtes au plus beau moment
« de la vie ; jouissez-en pleinement ; je n'y toucherai
« pas...

« Adieu, mon ami, je vous remercie d'avoir pensé à
« moi ; vous avez eu raison. Mon affection est vraie et
« vous la méritez, car vous êtes un de ces êtres rares
« que le monde n'a point entamés et qui conservez
« toujours un cœur transparent et bon.

« Votre amie,

« Adèle Janvier. »

Il y a dans ces lignes charmantes du cœur et de
l'esprit, l'accent d'une sympathie sincère basée sur
l'estime et exprimée tout naturellement, sans effort
ni apprêt. Ame généreuse comme il s'en trouvait
beaucoup alors, qui regrettaient de n'avoir pas
assez de foi et ne peuvent écrire à Victor sans qu'il
leur échappe quelques plaintes sur ce sujet !

III

C'est l'occasion, croyons-nous, de faire connaître
au moins par des fragments de leurs lettres, les

intimes, les fidèles de Paris qui avaient compris Victor et ne cessaient de lui donner des témoignages de la plus vive affection. Ch. A. Gavard [1], employé au ministère des finances, élève de l'École normale, très instruit, doué de l'imagination la plus vagabonde qui fut jamais, écrivait des lettres si longues, sans date ni signature, véritables chapitres d'un roman à la Sterne, si finement tracées, qu'il les gardait dans sa poche et oubliait de les envoyer, à force de s'absorber dans le souvenir de celui à qui elles étaient destinées. Cette fois, il a un sujet à traiter et restreint un peu son vol d'hirondelle :

« Cher Pavie, je suis autant que vous content, sans
« trouble, sans inquiétude. Ce que vous m'annoncez
« est bien ; selon la Providence, vous serez heureux
« comme votre père fut bon et sage. Déjà vous l'êtes,
« et infiniment. Je le sens à la gaieté inusitée qui res-
« pire en votre lettre. Cependant, comme toute chose
« qui me pénètre, la nouvelle de votre mariage me
« rend d'une joie douce et mêlée de tristesse. Je pense
« à vous, à vous deux. Je vois vos riantes prairies ; je
« compte avec plaisir vos âges. Je m'arrête au bord de
« vos pensées qui de longtemps ne seront plus qu'à
« vous deux. Tout cela m'apparaît aux conditions d'un
« calme et long bonheur. J'en remercie Dieu et je vois
« bien que vous avez suivi sa loi. Vous avez raison de
« dire que « votre tête est toute baignée de lumière et

---

[1] Frère de M. Ch. Gavard, inventeur du pantographe et éditeur du *Musée de Versailles*.

« que vous ne voyez plus vos pieds... » Adieu ! ce mot
« me survient toujours comme expression de la plus
« intime sympathie. Vous parlez de nous voir à Angers
« vous le désirez, dites-vous ? Il faut que je me hâte,
« car je présage longue éclipse de nos droits sur vous.
« Fixez le jour exact. Je voudrais arriver, j'espère que
« j'arriverai ; j'aimerais que ce fût un peu à l'avance
« pour voir ce couple blanc-noir, ou rose-brun, et sou-
« riant, car de vous désormais voilà tout ce qu'on
« verra ; les sources vives couleront invisibles sous des
« ponts de verdure...

« Voilà donc, cher ami, la récompense de votre sage
« et belle jeunesse, récompense bien acquise, bien mé-
« ritée ; une longue vie colorée et abondante en sen-
« timents, vous est réservée. Mille choses pour vous
« vont s'éclairer, se préciser, pures, simples. Vous ne
« serez pas ambitieux ; aucune passion sociale ne vous
« troublera ; l'ardeur aux affaires ne sera chez vous
« qu'en une juste mesure. En vérité, plus je conjecture
« votre avenir, plus je le trouve fort et ferme et d'un
« genre patriarchal. Plus tard, bien plus tard, sans
« doute vous écrirez, vous choisirez aussi une philoso-
« phie. Mais pourquoi ? Votre vie étant nette et régu-
« lière, à quoi bon la triste recherche ! Vous resterez
« pieux dans la tranquillité. Enfin, je ne vis jamais
« existence plus précisément conforme à toutes les
« vues de sagesse, de devoir et de satisfaction... »

A travers ce style un peu touffu, on découvre un
esprit habitué à penser, à rêver, un Parisien qui
devine l'existence placide du provincial bien appa-
renté et à l'aise. Il semble qu'à force de songer à
son ami, il l'a évoqué devant lui dans un cadre

moitié ville et moitié campagne qui est bien celui de la vie de province.

Le suave et excellent Léon Le Prévost, vint apporter aussi à ce concert de félicitations sa note douce et pieuse. C'est par Gavard que Victor l'avait connu ; leurs deux noms étaient inséparables, bien qu'ils fussent absolument différents d'esprit et de conviction. Il y a dans le style de Le Prévost une certaine recherche qui ne déplaît pas et ressemble à une exquise urbanité dans les manières.

« Il ne me reste plus, cher ami, qu'à vous féliciter,
« puisque la grande chose dont vous m'avez dit le
« projet, touche à sa réalisation. C'est une pleine joie
« pour moi de voir votre vie si bien commencée, se
« rester fidèle à elle même et s'ouvrir un large passage
« dans l'avenir. Mes vœux vous ont suivi dès longtemps ;
« ils vous accompagneront surtout aux jours solennels
« qui se préparent pour vous. Peu d'heures se passe-
« ront sans qu'une prière, un souvenir, un muet regard
« vers Dieu, n'appellent sur vous sa bénédiction, et
« vous ne courez guère risque de mécompte, si à
« tout instant, heureux ou grave pour vous, vous vous
« dites : Et lui aussi, là-bas, il pense à nous, il prie
« pour nous.

« N'oubliez pas de me dire bientôt le jour et
« ensuite l'heure, afin que j'y sois présent par l'âme
« et que vous-même me sentiez près de vous.

« Je crois, cher ami, que Dieu vous accordera pour
« don de noces, de serrer encore la main de notre
« Edouard [1].... Mais c'est assez parler souffrances et

[1] Edouard Guépin, l'un des amis d'enfance ; il était très

« mort à qui sent devant soi tant de force et de vie.
« Les parts sont bien inégales en ce monde ; faites,
« ami, que la vôtre soit la meilleure, quoique la plus
« douce. Offrez votre bonheur à Dieu pour qu'il l'épure
« et n'en soit point jaloux. Comparez votre sort à celui
« d'Édouard... Ou plutôt, oh ! non, ami, éloignez tout
« ceci ; aimez, aimez d'une âme ardente ; vivez en plé-
« nitude, mais toujours, toujours, bénissez Dieu.

« Votre frère et ami,

« Le Prévost. »

Cette fois, c'est un chrétien, un apôtre qui parle, une âme brûlante de charité, qui devait quitter le monde pour entrer dans les frères de Saint-Vincent-de-Paul. Il oublie l'imagination poétique de son ami, ses aspirations littéraires, pour lui adresser des paroles d'un croyant et le nommer son frère en celui qui bénit les âmes fidèles.

IV

Ces lettres ont fait passer sous nos yeux la gamme à peu près complète des amis qui s'intéressaient au sort de Victor. Sont-ils nombreux ceux qui ont reçu à leur mariage de telles marques de sympathie ? Quelle que soit la main qui les écrit, toutes sont empreintes d'une touchante cordialité,

souffrant d'une maladie de poitrine qui l'enleva l'année suivante. Le Prévost déjà dévoué au soulagement des malades, suivait pas à pas et faisait avancer son retour à Dieu qui fut complet.

toutes laissent percer les sentiments d'affection et de respect que Victor leur inspire. Non, il n'était point pour ceux qui le connaissaient un homme comme un autre ; on voyait en lui un catholique doué d'une rare intelligence, convaincu, qui avait choisi de son plein gré la voie que les exemples de sa famille et les enseignements de son père lui avaient tracée et y marchait en souriant, le front haut, le cœur plein de foi et l'âme remplie d'une harmonieuse poésie, comme le lui disait V. Hugo.

Au jour fixé, arrivèrent de Paris les convives attendus. Aucun ne manqua, bien que le voyage fût long et pénible ; on ne connaissait point alors les chemins de fer. Hugo retenu à Paris par un volume de poésies prêt à paraître, et par un drame en répétition, adressa à Victor, le billet suivant :

« Soyez heureux, Pavie, je voudrais aller vous em-
« brasser, en ce moment, plus que jamais. J'envoie
« vers votre jeune femme ce que j'ai de plus doux, de
« meilleur, ma femme et ma fille, mes deux anges.
« Vous voyez que je vous aime. Je vous serre la
« main ; je me mets aux pieds de votre Louise.
« Soyez heureux,

« V. H. »

Il avait rapporté d'Espagne cette humble formule, *à los pies de su Luisa*. Madame Hugo vint en effet, conduite par son respectable et excellent père, M. Foucher et accompagnée de sa fille Léopoldine, âgée de dix ans. Oh ! la charmante enfant ! Elle était ravissante ; des traits fins et délicats, un profil d'une rare élégance. David et Mme David s'empressèrent de répondre à l'appel de notre père : ils étaient trop de la famille pour ne pas prendre leur part de toutes ses joies. Sainte-Beuve parut à son tour, en habit de fête et portant sur son front sillonné de rides précoces quelque trace encore de sa jeunesse si vite envolée. Quelques amis de Paris et d'Angers qu'il connaissait déjà ne l'effarouchaient pas ; il retrouvait avec David, dont il admirait le talent, Mme Hugo qu'il était heureux de revoir. C'était plus qu'il n'en fallait pour lui rendre sa verve de poète.

Le mois de juillet tirait à sa fin. Les coteaux de la Loire offraient un coup d'œil magnifique ; le fleuve serpentait mollement à travers les grèves aussi dorées que les moissons pressées sur ses rives. Il y avait quelque chose de méridional sur la terre et sur les eaux ; le soleil étincelait ; ce jour-là le village de Saint-Melaine, d'ordinaire peu animé, s'éveilla au roulement des voitures qui amenaient des hôtes de distinction. La maison de campagne, où s'assemblait la noce, n'était point un château, mais il y a des circonstances dans lesquelles tout se transforme et s'agrandit.

Tous nous étions réunis dans le salon ; la cloche de l'église se fit entendre et il y eut comme un tressaillement parmi les conviés. Les conversations cessèrent et il s'établit un grand silence. Je vis notre père pâlir quand Victor offrit son bras à notre aïeule maternelle ; le souvenir de notre mère se réveillait plus vivant que jamais dans son cœur et lui causa une poignante douleur. Cela ne dura qu'un instant ; il fit un effort sur lui-même et levant les yeux au ciel, il se dit tout bas : Sois plus heureux que ton père, mon fils ! Et le cortège se mit en marche vers l'église de campagne, toute petite, où ne résonnait point la voix de l'orgue, mais cette simplicité convenait aux cœurs humbles du couple chrétien qui venait y recevoir le sacrement.

Chacun des assistants regardait d'un œil ému les deux jeunes époux qui priaient en se courbant sous la bénédiction du prêtre. Quand la messe fut finie, Victor se relevant de toute sa hauteur prit en souriant la main de celle que Dieu lui donnait pour femme et dont les beaux yeux modestement baissés, mais rayonnant d'une pure joie, montraient qu'elle comprenait tout ce que valait son époux.

Le dîner en plein air, dans un jardin chargé de beaux fruits, fut charmant. Les nouveaux parents de Victor comblaient de délicates prévenances les invités de Paris, qui s'étonnaient de se voir accueillir avec tant d'égards et s'abandonnaient gaiement au plaisir d'être si bien traités. Le cœur de notre père se dilatait ; il avait l'assurance que son fils serait heureux dans sa nouvelle famille qui le chérissait déjà, et que lui-même il avait trouvé une fille selon ses désirs. Pendant le repas, les aimables entretiens de la courtoisie provinciale se mêlaient aux propos plus vifs de la poésie et de l'art. Le grand sculpteur était plein d'entrain ; il aimait à se retrouver dans son pays natal et à se rappeler ses premières années ; Mme David se montrait spirituelle et affable. Sainte-Beuve pétillait d'esprit, semait la conversation de mots heureux, d'éclairs de poésie, et peu s'en fallait que Victor, emporté par son imagination, et oubliant qu'il était le héros de la fête, ne redevînt le jeune habitué du *Cénacle*. Belle encore avec ses traits distingués et ses épais cheveux noirs, Mme Hugo se pâmait d'aise à chaque fruit chaud de soleil qu'une main discrète décrochait de l'arbre pour le lui présenter, et avec de grands éclats de rire elle en exprimait sa joie reconnaissante. Sa fille Léopoldine courait gracieusement avec de gentilles cousines de la nouvelle épouse et égayait la fête par sa gaîté épanouie.

Mais la poésie ne pouvait être absente de cette solennité. Un jeune ami de Victor, Adrien Maillard, se leva et lut, aux applaudissements de l'assemblée, des vers riches de rimes, d'une facture hardie, dignes de celui qui les inspirait et de ceux qui les écoutaient.

O vous qui m'avez pris tout enfant dans vos bras,
Au sentier de la vie escorté pas à pas,

Qui n'avez point rougi de ma faiblesse étrange,
Ami plus consolant que ne serait un ange !
O vous qui consumez vos pensers et vos nuits [nuis,
A rêver pour nous tous moins d'ombre et moins d'en-
De la place où de loin mon œil vous suit sans cesse,
Souffrez que de mon âme un souffle vous caresse ;
Qu'avec vos cœurs bénis, et marchant derrière eux,
Je dise aussi bien haut : ami, soyez heureux !
Soyez heureux, vivez longtemps, à pleines voiles !
Que votre ciel longtemps allume ses étoiles,
Que vos secrets d'amour, vos entretiens si doux,
Flots de lacs inconnus, longtemps viennent à nous !
Consacrez-nous longtemps vos heures de génie,
Semez votre tendresse et vos chants d'harmonie !
Autour de nous longtemps et longtemps, ô Victor !
De vos riches vertus répandez sur nous l'or.
Et vous, ô jeune fille, et vous qu'il a chérie,
Vous après Dieu son culte et sa blanche patrie,
Vous qu'il saura bercer dans un hamac de fleurs,
Vous dont il calmera l'angoisse avec ses pleurs,
Soyez heureuse, et puis, oh ! rendez à cette âme
Les parfums qu'elle-même a donnés et réclame ;
Elle vous apprendra ce qui se passe aux cieux
Et plus tard, quand la nuit d'un vol silencieux,
Jettera sur vous, femme, une atmosphère brune,
L'âme de votre époux, vivant rayon de lune,
Glissera dans la vôtre et lui dira : Tiens, vois,
Dieu nous regarde encore, encor comme autrefois.

Un jeune homme de vingt ans qui faisait de pareils vers devait en composer bien d'autres et pouvait espérer trouver place parmi les poètes, s'il ne se fût enfermé dans son étude d'avoué.

Sainte-Beuve prêta une oreille attentive à cette charmante pièce et ne lut qu'au retour de noces, aux Rangeardières, chez notre père, celle qu'il avait faite pour la circonstance et qu'il inséra dans ses poésies. Chacun peut l'y chercher, c'est pourquoi nous ne la reproduisons pas ici, malgré le désir que nous aurions de mettre sous les yeux du lecteur ces stances très soignées, très travaillées, cet épithalame affectueux et hautement poétique : d'ailleurs il y manquerait l'accent ému avec lequel l'auteur le débita sous les tilleuls ombreux, au milieu des fleurs qui ornaient la campagne préférée de notre père.

DEUXIÈME PARTIE

CHAPITRE PREMIER

Les premières années de ménage

I

Victor Pavie n'était pas de ceux dont on dit : Il a fait une fin, il s'est marié ! Pour cette âme pure le mariage fut un renouvellement, un redoublement de jeunesse et d'élan poétique. Il avait à peine 27 ans et sa femme 19 ; le bel âge pour s'aimer ! Six semaines après les fêtes de famille les voilà qui partent pour Paris, lui impatient de retrouver ses amis, elle un peu inquiète de se trouver au milieu d'une société si différente de celle qu'on fréquente en province, poètes et artistes, musiciens et théâtres. *Les Italiens* si brillants alors avaient toutes ses sympathies : ce qu'il préférait après cette musique si fraîche et si vivante, c'était le drame interprété par Frédéric Lemaître, le grand acteur, aux gestes hardis, expressifs, né pour jouer Shakespeare et que V. Hugo plaçait au-dessus de tous les artistes de son temps. Emporté par son besoin d'admiration, Victor voulait tout voir, sans s'arrêter, toujours allant et courant. C'était sa manière à lui d'employer ses loisirs; il ne se permettait pas un instant de repos et n'en accordait pas davantage à celui ou à celle qui l'accompagnait.

A son retour à Angers, il recevait de Sainte-Beuve la lettre suivante qui était comme l'écho des conversations qu'ils avaient eues ensemble.

« Le 26 septembre.

« Cher Pavie, vous voilà donc de retour de votre
« voyage du premier mois ; vous voilà dans votre petit
« logement de la rue Saint-Laud dont j'ai vu choisir
« les franges et les parures ; le calme de la vie domes-
« tique et nuptiale a commencé pour vous. Moi j'ai
« repris depuis longtemps mon collier habituel, mon
« cercle d'occupations et d'études ; mais l'impression
« des heureuses et fraîches journées que j'ai passées
« ou à Angers ou à Saint-Melaine, ou aux Rangear-
« dières, ou ailleurs le long de votre Loire si large et
« si calmante, m'a soutenu et continue de me soutenir.
« J'ai fait plus de vers dans ces deux derniers mois,
« j'en ai plus imaginé et projeté que cela ne m'était
« arrivé depuis bien des saisons ; c'est le seul vrai
« printemps, voyez-vous, que j'ai connu depuis
« cinq années. Un mémoire sur la littérature du
« XIIIe siècle pour M. Guizot m'occupe d'ici à janvier,
« mais mon imagination s'échappe à travers et re-
« tourne vers vous et vers vos prairies. »

On voit que la *douceur angevine* chantée par Du Bellay avait fait impression sur l'esprit de Sainte-Beuve et qu'il en avait ressenti le charme ; il y revenait souvent dans ses conversations, et en conserva toujours le souvenir. Fidèle à ses habitudes de critique, il reprend le cours de ses nouvelles littéraires et autres, qu'il expose en les commentant avec une franchise mordante.

« J'ai vu peu de monde depuis mon retour... Madame Hugo est aux Roches, chez M. Bertin, avec son mari et ses enfants ; son volume à lui (de vers) s'imprime... Vous avez bien raison d'être affecté comme vous l'êtes, de cet amalgame des beaux *Everard*, avec les Liszt, les Puzzi [1] et le *grand Lamennais*. C'est insensé et il faut qu'on soit si blasé qu'on l'est sur le drôle et l'extraordinaire, pour ne pas rire et railler ; mais tout passe, tout s'accepte et pourvu qu'il y ait quelque talent, n'importe à quel mélange, on admire. Ils sont l'un et l'autre, Lelia [2] et Lamennais (il faut bien les marier), les dieux à la mode, les rois de la popularité ; un beau jour le public, les loges, le parterre, tout ce qu'il y a de belles dames et de brutes énergiques, se mettront à crier au beau milieu du drame qui se joue et dont nous ferons tous partie, au beau milieu de cette tragico-comico-farce sociale qui est *Robert Macaire* en grand, et les deux grands acteurs à la mode se présenteront par la main avec de profonds saluts, elle en cheveux couronnés d'élégantes fleurs de

---

[1] Le futur père Hermann, non encore converti.
[2] Mme Sand, du nom d'un de ses romans les plus hardis.

« bruyère écloses sous l'aiguille de Geneviève [1], lui en
« redingote grise, seul débris de sa défroque de curé,
« et ils salueront, la main sur le cœur, cette foule
« hurlante et délirante qui leur criera *bis, ter* et : *allez*
« *de plus en plus fort !* Ils doivent pourtant être un peu
« tristes pour le quart d'heure, surtout lui ; les succès
« du grand agitateur O'Connell doivent l'empêcher de
« dormir et troubler ces ombrages de sa Chesnaye
« que la paix de Dieu habiterait s'il était resté fidèle à
« la pensée intérieure. Oh ! que je hais ces rôles *d'agi-*
« *tateur*, de tragédien, de gladiateur, comme vous
« voudrez les appeler ! Elle du moins, elle est *cantatrice*
« et elle chante, c'est bien ; mais vous prêtre, mais
« vous sage, qu'êtes-vous devenu ? C'est que vous
« n'étiez au fond ni prêtre, ni sage ! C'est que vous
« n'étiez qu'un artiste admirable, mais ambulant
« aussi ; c'est que si vous avez l'avantage, comme
« talent, de ne pas vieillir, vous avez l'inconvénient,
« comme esprit, de ne pas mûrir.

« Adieu, cher Pavie, à vous de cœur.

« SAINTE-BEUVE. »

A l'époque où l'esprit de révolte commençait à troubler son âme, M. de Lamennais était prêtre encore, et Sainte-Beuve l'admirait ; dans ses lettres à Victor il exprimait hautement ses sympathies pour l'abbé et l'encourageait dans sa lutte contre Rome. Mais quand il le vit flottant au hasard de ses colères, donner la main aux apôtres du socialisme et de la démagogie, il se détourna de lui avec dégoût. Il voulait qu'en toute chose on obser-

---

[1] L'une de ses héroïnes.

vât les convenances, et comprenait que le ridicule tue infailliblement même l'homme de génie qui ne sait pas l'éviter. Tant il est vrai que le défroqué, le transfuge, ne trouve souvent que le mépris dans le camp opposé qui l'encourage aux premiers jours de son apostasie ; on aime la trahison, mais on a bientôt horreur du traître.

II

Imprimeur dans la rue Saint-Laud, dans cet *ouvroir* où il avait vu le jour, et sérieusement occupé des devoirs de sa profession qui lui plaisait, Victor trouvait le temps d'entretenir, comme par le passé, une correspondance active avec les amis de sa première jeunesse ; il se permettait aussi de fréquentes excursions en Bretagne avec sa femme et des herborisations en compagnie des botanistes de la ville d'Angers et des environs : il lui fallait dans sa vie de ces journées où l'âme reprend sa liberté, s'ouvre à l'enthousiasme, chante et gazouille comme l'oiseau et fleurit comme la plante. Toujours imprudent, et ignorant du danger, il s'élançait au milieu des rochers de la Bretagne, sur de petites barques, malgré le vent et la pluie, sans prévoir les embûches que pouvaient lui tendre les courants, les marées et les vents contraires. Combien de transes éprouvait sa femme dans ses promenades trop hardies ? Elle seule pourrait le dire, mais elle avait confiance et suivait quand même son mari que rien ne pouvait arrêter. Il exerçait sur elle cette fascination qui entraînait sur ses pas, dans la première jeunesse, celui qu'il cherchait à initier à toutes ses pensées.

La vie était pour lui douce, facile et variée. Sa nouvelle famille l'acceptait avec ses enthousiasmes, ses distractions et son perpétuel besoin d'agir; ses amis lui demeuraient fidèles; tout lui souriait, mais par malheur il ignorait l'art d'être heureux, c'est-à-dire de goûter les biens que l'on a et de modérer ses désirs. En février 1837, quelqu'un qui le touchait d'assez près et lui était assez dévoué pour parler en toute franchise, lui écrivait :

« Je te le répéterai encore, cher Victor; dans toute
« ta vie je ne crois pas que tu aies eu une heure calme,
« pour jouir des biens dont Dieu t'a comblé, ou tout au
« moins un instant où tu aies su dominer les ennuis
« qu'il a pu t'envoyer pour t'éprouver. Toujours hale-
« tant, exalté, comme quelqu'un qui poursuit au
« galop je ne sais quelle chimère, ta voix fatiguée res-
« semble aux lamentations du vent dans les cordages:
« quels orages te formes-tu à plaisir au-dessus de
« ta tête? Cesse, cesse de voir dans la vie autre chose
« qu'un passage bien court et bien morne qui s'achève
« lorsque toutes les illusions, même permises, se son
« évanouies; on ne vit heureux qu'à ce prix !... Non,
« mon ami, tu n'as pas en Dieu cette confiance absolue,
« résignée; c'est mal de murmurer contre des jours de
« pluie, des saisons ennuyeuses... Tu ne sais pas
« *modérer les désirs du cœur,* comme nous le conseille

« l'auteur de l'*Imitation*... Tu t'environnes de trop de
« soins, de trop de soucis sur les autres, sur ceux qui
« te délaissent ou t'approchent ; toutes ces impatiences
« plaintives qui remplissent tes lettres sont choses
« vaines et stériles. »

Oh ! l'idéal, cette chimère des esprits emportés par l'imagination, comme on se fatigue à le poursuivre jour et nuit et comme on perd à le chercher le calme et le repos ! C'est la maladie des âmes d'élite dont Victor était atteint, qui le tourmentait sans cesse. David, à l'apogée de sa gloire, en ressentait également les effets et son esprit chagrin s'épanchait dans le cœur de son ami. Il lui écrivait le 3 février 1837 :

« Je suis en retard, mon cher Victor, pour répondre
« à toutes tes bonnes et aimables lettres. En vérité je
« suis débordé par tant de sensations et d'occupations
« différentes qui me prennent trop de temps et m'em-
« pêchent de mieux employer mes heures à traiter
« avec toi de ces sujets qui nous ont fait passer
« ensemble des instants si heureux et m'ont laissé des
« souvenirs ineffaçables. Je le regrette bien, surtout
« quand je pense à l'insuffisance de ma maudite plume
« qui traduit en plomb ce que ma pensée avait rêvé
« en or. Combien j'ai à me plaindre du sort qui ne
« m'a pas mis à même d'étudier l'instrument qui obéit
« à la pensée, car, vois-tu, la sculpture est un art trop
« lent ; le corps est obligé de s'user pour rendre une
« pensée ; et la poésie des objets qui nous entourent
« est si puissante et si abondante que je me sens
« toujours malheureux de ne pouvoir leur donner une

« forme par des moyens plus prompts que ceux de
« mon art... Voilà pourquoi je t'envoie des croquis
« *écrits*, dont un est joint à cette lettre. J'en ai bien
« d'autres qui t'arriveront successivement, s'il ne me
« vient pas dans l'idée que cela pourrait t'être fasti-
« dieux. Une chose m'a beaucoup arrêté : c'est la
« crainte de te choquer sur quelques points de tes
« croyances...

« J'ai enfin commencé le buste de notre Hugo ; je
« vais faire tout ce qui dépendra de moi pour tâcher
« de faire une œuvre digne de l'admiration que j'ai
« pour son génie. Il est temps d'entreprendre ce travail,
« car la partie sensuelle de son visage commence à
« lutter vigoureusement avec la partie intelligente,
« c'est-à-dire que le bas du visage est presque aussi
« large que le front...

« Tu sais que j'ai fait le buste de Gérard, peu de
« jours avant sa mort. Il était aveugle, et oublié de la
« génération nouvelle, quand je lui proposai d'exécuter
« son buste. Il me prit les deux mains et me dit :
« Merci mille fois ! on me jette dans la boue et vous
« me relevez !

« Je ne cesse de penser à toi ; je te souhaite ainsi
« qu'à Mme Pavie, santé, bonheur et prospérité.

« Ton dévoué ami.

« DAVID. »

Comme tous les grands artistes, David était un penseur ; son esprit sans cesse en travail concevait mille projets qu'il esquissait au crayon ou modelait en terre ; d'autres fois il se laissait aller à sa rêverie et c'était au papier qu'il confiait le résultat de ses réflexions ; puis, esquisses, maquettes, pensées philosophiques, études sur l'art, il adressait tout cela à Victor pour qu'il lui donnât son avis. Il en causait avec lui dans ses longues lettres et quand Victor venait à Paris il se plaisait à lui exposer ses plans et ses pensées dans des entretiens intimes. Il le prenait pour confident, parce qu'il savait tout ce qu'il y avait de justesse d'esprit et de passion pour l'art dans cet ami dévoué.

Oui, pour tous ceux qui le connaissaient, Victor était l'ami de cœur, celui à qui on s'adressait dans les circonstances solennelles et qu'on désirait avoir près de soi dans le chagrin plus encore que dans la joie. Le 6 septembre 1837, Mme Hugo lui adressait ces paroles touchantes.

« Fourqueux, près Saint-Germain.

« Monsieur et bien cher ami,

« Vous ne supposez pas que la première communion
« de ma bien-aimée *Didine* se passe sans que je vous
« en fasse part, sans que je vous demande de joindre
« à nos prières celles d'une aussi belle âme que la
« vôtre et celles d'un être aussi pur que votre femme.
« C'est après-demain, 8 septembre, que mon petit
« ange reçoit le plus beau des sacrements ; que Dieu
« veuille qu'elle soit heureuse et qu'elle vive dans la
« vertu, seule source du bonheur ! Nous serons tous en
« famille et c'est ici, à la campagne, que s'accomplira
« cette pieuse cérémonie. Il y manquera votre présence
« et celle d'un ou deux autres amis ; mais quoique loin
« je désire qu'ils s'associent aux prières que nous
« ferons pour notre chère enfant ; et que je ferai, moi,

« Monsieur, ainsi que ma *Didine*, pour que vous ayez
« le bonheur de m'écrire dans douze ans une lettre à
« l'occasion d'une semblable circonstance? Si cela était,
« j'en aurais une bien grande joie pour vous.

« Adieu, Monsieur, embrassez votre femme pour
« moi, et rappelez moi et les miens au souvenir de
« votre famille.

« Adèle Hugo. »

C'était surtout à l'occasion des fêtes chrétiennes que ses amis se tournaient vers lui. N'était-il pas parmi eux le représentant de la foi et de la pratique religieuse ?

III

Solitaire et attristé, Sainte-Beuve adressait à Victor, du fond de sa petite chambre du Passage du Commerce, ses chroniques littéraires finement écrites, dans lesquelles il se complaisait et qui avaient un grand charme pour celui qui les recevait. En voici une plus longue que de coutume et qui parle de tous les membres du premier *cénacle*.

« Mon cher Pavie, j'ai toujours attendu pour vous
« répondre que votre père partît [1]. Il y a bien long-

---

[1] J'étais alors à Paris ; absorbé dans l'étude des langues orientales, l'excès de travail avait altéré ma santé, je n'y prenais pas garde, mais David s'en apercevait et dans sa sollicitude pour le fils de son ami, il en avertit mon père, qui vint me voir aussitôt et me procura pendant quelques semaines, avec les distractions dont j'avais besoin, le très vif plaisir de sa présence.

« temps que je ne me suis entretenu avec vous et que
« je n'ai répondu à tant de bonnes marques de sou-
« venir. Ma vie, depuis que je ne vous ai vu, a repris
« sa monotonie habituelle. C'est un nuage qui, après
« une éclaircie de quelques jours, s'est reformé assez
« lourdement. J'écris, je suis des cours, je corrige des
« épreuves, je rime peu, je lis plus de livres que je ne
« fais d'art et que je n'en vois. On va publier deux
« gros volumes des *Portraits*; c'est là mon plus net
« travail depuis *Volupté*, à part quelques élégies mys-
« térieuses.

« Port-Royal est plus avancé de recherches et d'idées
« que d'exécution; je répète tous les jours que je vais
« m'y abattre et *incumbere* comme on dit; cela ne
« peut plus tarder cependant.

« Le monde d'ici est plus dispersé et plus au hasard
» que jamais, chacun dans son coin, la main sur son
« foie et la plume sur son livre, essayant de le con-
« tinuer. De Vigny projette un drame pour cet hiver
« et fait son second volume du *Docteur Noir*. Hugo
« prépare, je le crois bien, des drames, tout en se
« plaignant amèrement des *Français* où De Lavigne
« triomphe; De Lavigne, un vrai Corneille de l'époque
« dont MM. Passy, Sauzet et Pelet [1] sont les Richelieu.
« Dumas par son *Don Juan* s'est pompeusement coulé
« à toutes voiles; je ne crois pas qu'il en revienne.
« Balzac et Georges Sand ont chacun leurs procès
« civils et correctionnels qui interrompent le cours de
« leurs rancunes, mais pour un temps seulement.
« Lamartine toujours supérieur et serein, projette un
« nouveau poème à la Jocelyn dont cette fois la scène
« sera le Liban, à ce qu'il dit; facilité sublime!

[1] Les ministres d'alors.

« Ce que vous dites de lui est bien vrai, mais pour
« avoir droit de le morigéner, il faudrait être soi-
« même appuyé au roc. Ce n'est pas à la barque bal-
« lottée par les flots qu'il sied d'accuser le noble
« vaisseau qui a chassé sur ses ancres. Au reste d'autres
« le lui ont dit, et à merveille : le *Semeur* [1] dans un
« deuxième article sur Jocelyn, très beau et destiné à
« tous les chrétiens, sans exception de communion ;
« l'abbé Gerbet dans un article signé A. du quatrième
« numéro de *l'Université catholique*. Le succès de
« Jocelyn d'ailleurs a été grand, vrai et religieux rela-
« tivement au siècle.

« Que fait M. de La Mennais à la Chesnaye ? Je
« l'ignore ; je crois qu'il s'est mis à traduire le *Paradis*
« *Perdu* en concurrence avec Châteaubriand. Si le fait
« est exact, ce sera une lutte curieuse, deux vrais
« athlètes en style !

« O style ! seule religion à laquelle ils n'aient jamais
« failli, et qui devient de plus en plus la couronne de
« leurs cheveux gris, que vous en semble ?

« Liszt est à Genève où il reste toujours... Thalberg
« commence à le remplacer et a déjà le *grido*, comme
« il est dit chez Dante à propos de tous les peintres
« qui se détrônent : la gloire humaine est comme
« l'herbe, comme le son que la distance efface !

« Planche est remplumé, il écrit et dîne, mais il
« dîne mieux qu'il n'écrit, car il se laisse aller à plus
« de médisances et de dénigrements que jamais...

« Hugo s'est réconcilié, à ce qu'il paraît, avec Dumas.
« Pour nous, je le regrette, nous sommes sérieusement
« fâchés et cela durera, du moins je ne vois pas qu'il
« y ait raccommodement possible. Il y a des *articles*

---

[1] Journal protestant fort bien rédigé.

« entre nous, articles qu'il est impossible d'annuler ou
« de retrancher. — Le Salon a été assez médiocre ;
« Boulanger y a mis un noble et grave tableau, son
« *Pétrarque* [1], mais le succès n'en a été que d'estime
« près des connaisseurs ; quant à la *Fille de Jephté*,
« c'est affecté et, comme on l'a dit, d'ivoire et non de
« chair, ni vivant. Quant au *Dante*, c'est mieux, mais
« attendons. Guttinger, marié, est à Saint-Germain, où
« il a acheté une maison, dévot, pratiquant et pourtant
« malade encore. — Vous aurez dans deux ou trois
« mois la visite de Didron, ami de Hugo, le mien et
« celui de beaucoup d'autres, qui voyage pour les
« monuments d'art, excellent homme, enthousiaste du
« moyen âge à un haut degré, sympathique avec
« ferveur et par conséquent systématique un peu ;
« mais instruit et de la religion, enfin un de ces pèlerins
« des bons et des vrais arts. Je vous le recommande,
« il vous plaira et vous serez son guide dans vos
« vieilles nefs et vos maisons de la Renaissance.

« Gardez-moi ce bon souvenir qui est un refuge à
« ma pensée dans mes ennuis, qui est un sanctuaire,
« où je rentre toutes les fois que je suis violemment
« tenté au bien ; je dis que j'y rentre, non que je sois
« jamais bien loin de ce cher souvenir, croyez-le. Mes
« amitiés à Cosnier et autres.

« A vous de cœur.   « SAINTE-BEUVE. »

C'était donc un soulagement à son esprit agité
que trouvait Sainte-Beuve, qu'il recherchait dans
ses entretiens avec Victor, dont le souvenir est le
sanctuaire où il rentrait toutes les fois qu'il était violemment tenté au bien. Quel éloge plus délicat et

---

[1] Le triomphe de Pétrarque.

mieux senti peut-on faire d'un ami qu'on estime et dont on envie la vertu ? Dans une lettre de septembre de la même année 1836, il se reporte vers son excursion à Angers et exhale ainsi sa tristesse, ses ennuis, ses tourments intérieurs.

« Cher Pavie, je ne veux pas laisser partir M. Bru-
« neau [1] sans vous envoyer un mot d'amitié en réponse
« à tous ceux que vous m'avez adressés. Il y a un
« an je revenais de chez vous, j'étais plein du bonheur
« que j'y avais vu et de celui que j'y avais pris moi-
« même. Cette année pour moi est moins belle ; je
« suis triste et sans plus de douceur intérieure, sans
« jeunesse vive en un mot ; cela est passé et ne
« reviendra plus... Je travaille, je suis à la campagne,
« près Chantilly, j'y suis libre, je vais à Paris de
« quinzaine en quinzaine et je tâcherai de continuer
« ainsi jusqu'à la fin de septembre ; j'y ai fait quelques
« vers que vous pourrez lire dans le *Magasin pittoresque*
« du 2 de ce mois. J'en ai d'autres dans l'esprit, un
« poème d'environ 500 vers que je vais composer et
« exécuter dans cette quinzaine. Si l'œuvre sourit elle
« sera plus riante que moi [2] ; c'est ce qui arrive aux
« jeunes fruits des rameaux déjà noueux. Aimez-moi
« toujours, cher Pavie, dites mes tendresses à Théodore
« qui doit travailler admirablement, il est organisé
« pour cela et pour les voyages ; il faut qu'il accom-
« plisse sa double mission... Planche, après bien des
« courses errantes et peu chevaleresques, rentre à la
« *Revue*. De Vigny doit être en Angleterre et Hugo de

---

[1] Jules Bruneau dont il sera question plus loin.
[2] L'œuvre ne sourit pas et l'auteur lui-même avoue dans un de ses articles que ces poèmes n'eurent aucun succès.

« retour de la Bretagne. On répète son opéra de *Notre-
« Dame* [1] ; c'est tout ce que je sais.

« Que dites-vous de sainte Élisabeth, de Monta-
« lembert? M. de Lamennais prépare, dit-on, un livre
« des *Plaies de l'Église* ; mais je ne le vois pas ; il m'a
« planté là et je m'en suis consolé ; l'amitié est une
« grande chose, mais quand elle manque pour si peu,
« la liberté où l'on rentre a son prix, et je l'éprouve à
« son égard [2].

« Présentez tous mes respects et mes amitiés à votre
« excellent père et à Mme Pavie que je n'ose qu'à
« peine nommer de peur de la distinguer de vous. —
« Mes amitiés à Cosnier, Maillard.

« Adieu, cher Pavie ; toute la famille Hugo est à
« Fourqueux où votre frère les a vus. Cette campagne
« est bonne pour les enfants qui poussent, et pour
» leur mère qui se repose. M. Foucher [3] est avec elle
« et j'ai ouï dire que sa principale ambition désormais
« serait d'être marguillier à Fourqueux, du moins c'est
« Paul qui dit cela.

« A vous, « SAINTE-BEUVE. »

[1] Musique de Mlle Bertin ; l'ouvrage réussit très peu.
[2] Il y a du dépit dans ce passage ; quoiqu'il en dise, Sainte-Beuve ne prit point si facilement son parti de la froideur que lui témoigna Lamennais après une liaison aussi intime. C'était lui que ce dernier avait chargé de faire imprimer les *Paroles d'un croyant*, triste besogne dont il ne dit rien dans ses lettres à Victor.
[3] M. Foucher, père de Mme Hugo, avait été dans les intendances, je crois ; il habitait au Conseil de guerre de la rue du Cherche-Midi. Devenu très pieux depuis quelques années, il nous chantait à Saint-Melaine un *Magnificat* de sa composition. Quand il mourut, il voulut par humilité qu'on n'envoyât point de faire-part à personne. C'est de cette dévotion peut-être tardive, mais bien sincère, que son fils Paul se raille doucement.

Blotti dans sa petite chambre d'hôtel, — où il allumait du feu le matin, en toute saison, avec du bois que la servante de sa mère lui apportait dans un panier, — et ne sortant guère, Sainte-Beuve n'ignorait rien de ce que ses confrères en littérature préparaient ou projetaient, rien non plus de ce qu'ils faisaient en dehors de ces travaux qui intéressaient le public. Il les étudiait pour parler d'eux quand le moment en serait venu, et poursuivait ainsi son métier de critique ; il avait pourtant bien des œuvres à mener de front ; *Port-Royal* à achever, des poèmes, un volume de vers, les *Pensées d'août* à publier, des *Portraits* à éditer, et de plus il n'avait pas le travail facile ; mais il s'acharnait à la besogne, et sa vieille mère désolée de le voir trop rarement, disait un jour à la maîtresse de l'hôtel qui la complimentait sur les grands travaux de son fils : « Ah ! madame, ne m'en parlez pas ! mon fils est comme perdu pour moi ; j'aimerais mieux avoir mis au monde un maçon ! » Elle n'était pas commode, Mme Sainte-Beuve ; son fils lui ressemblait beaucoup de visage et de caractère. Il y avait en lui, à certains moments, de la vieille femme revêche.

CHAPITRE II

Le petit Cénacle de la rue Saint-Laud

I

Ce que notre père, *ami des lettres et des fines causeries*, avait essayé de faire en 1814, Victor le tenta à son tour dans des circonstances plus favorables. Fixé pour toujours à Angers, il s'entoura d'un certain nombre de jeunes lettrés auxquels il communiqua son ardeur pour la littérature, et de ce petit *cénacle* sortit la *Gerbe*. Un instant il eut la pensée de transformer ce recueil annuel en une publication mensuelle, d'en faire une *Revue d'Anjou* qui eût été certainement plus littéraire que ne l'est celle d'aujourd'hui ; mais l'inertie provinciale trompa son attente. Hors de Paris, tout écrivain est un amateur qui ne travaille qu'à ses heures, lorsque la saison des bains de mer, des villégiatures et celle de la chasse lui laissent des loisirs. Et puis on n'avait point alors la facilité des voyages qui renouvellent les idées et exaltent l'imagination. Il manquait aussi, ce qui ne fait plus défaut désormais, la hardiesse de tenir une plume et de se produire en public. Une certaine timidité comprimait les esprits et arrêtait l'essor des jeunes gens les mieux doués. Ceux qui ne savaient pas écrire trouvaient mauvais que l'on osât se faire imprimer, et ne se gênaient pas pour tourner en ridicule quiconque aspirait à devenir homme de lettres.

Il y avait pourtant alors, parmi les habitants de notre ville, — sédentaires ou de passage, — un groupe de jeunes hommes instruits, voués à l'étude, à la littérature, à la poésie et capables de produire des œuvres dignes de voir le jour. Victor les appela et ils accoururent à sa voix. Personne plus que lui n'avait la faculté d'enflammer ceux qui partageaient ses goûts ; son enthousiasme était communicatif, parce que son cœur chaud et sympathique transformait bientôt en amis sincères ceux qu'il attirait par son brillant esprit. Nommerai-je ces jeunes gens d'alors ? Ils sont morts presque tous ; qui se souvient d'eux aujourd'hui ? Quelques-uns sont encore debout, avec un demi-siècle de plus sur la tête. Eh bien, oui, je les nommerai, ce sera exposer les portraits de ceux qui ont disparu et rajeunir ceux qui restent.

Commençons par le doyen de ce petit *cénacle*, l'abbé Jules Morel, jadis aumônier des prisons et qui eut plus d'une fois le triste devoir d'accompagner des condamnés sur l'échafaud, au pied duquel il tombait évanoui quand la tête roulait dans le fatal panier. Peu apprécié par le haut clergé, ce jeune prêtre, à la parole ardente, à la conversation spirituelle et nourrie à la fois, que les salons les plus distingués de la ville accueillaient avec empressement, se décida à partir pour Paris, où il se fit bientôt un nom dans la presse catholique par la fermeté de sa doctrine et la pureté de son style. Un séjour assez prolongé dans la capitale du monde chrétien l'avait préparé aux luttes de la polémique et initié à l'étude des questions dogmatiques. Ses écrits, fort remarqués à Rome, lui ont valu d'être nommé conseiller de la Sacrée Congrégation de l'Index, membre correspondant de l'Académie catholique de Rome, de l'Académie pontificale Tibérine et de l'Académie de Palerme.

Il avait connu chez M. de Lamennais, les deux Boré, Montalembert, Lacordaire, tous ces jeunes catholiques pleins de zèle, qui se séparèrent à regret du maître qu'ils aimaient et qui trahissait la cause de l'Église. Après un séjour de quarante années à Paris, l'abbé Morel fatigué par d'incessants travaux, vient de rentrer à Angers, à Saint-Martin-de-la Forêt, toujours jeune d'esprit, malgré ses 80 ans, et captivant ceux qu'il visite par le charme et la vivacité de ses entretiens [1].

Éloi Jourdain, — celui que Sainte-Beuve avait mis aux prises avec le Saint-Simonien Leroux [1], — se distinguait par une profonde érudition. Il avait habité l'Allemagne qu'il connaissait à fond, — et

---

[1] Voir l'appendice.
[2] Voir la lettre de Sainte-Beuve, page 146.

dont il parlait couramment la langue difficile, — parcouru la Pologne, l'Angleterre et l'Italie. Catholique zélé, il faisait alors l'éducation d'un jeune seigneur polonais avec lequel il visitait une bonne partie de l'Europe. On peut lire dans le Dictionnaire de M. C. Port, sa biographie complète et le titre des ouvrages sérieux, instructifs, qu'il publia sous le pseudonyme de Charles Sainte-Foi. Il y avait plaisir et profit à l'entendre parler dans des réunions intimes de ses relations avec les grands écrivains de l'Allemagne qu'il avait tous connus et de ses rapports avec M. de Metternich, auquel, par patriotisme, il refusa de s'attacher.

Notre cher ami d'enfance, le sympathique Henry de Nerbonne, qui cultiva de bonne heure la peinture et fut poète à ses heures, apportait dans ces réunions son esprit fin, un peu timide, qui ne s'élevait pas toujours par l'expression à la hauteur de sa pensée ardente. Il mourut à 44 ans, dans les bras de Victor, de qui il avait appris depuis longtemps déjà à goûter les douceurs de la foi catholique. C'était un cœur noble, généreux, un de ces hommes rares, de ces amis précieux que l'on regrette toute la vie.

Entre deux voyages en Russie, dans les pays Slaves, en Allemagne, en Italie, en Hongrie, en Bohême, apparaissait Cyprien Robert, fils d'un cultivateur de Saint-Léonard, élève du collège de Beaupréau, âpre au travail, infatigable à la marche, et très peu fortuné. C'était à pied qu'il arpentait l'Europe entière, à travers mille aventures qu'il négligea de raconter autrement que dans ses entretiens d'amis, malgré les sollicitations du directeur de la *Revue des Deux-Mondes*, qui eût préféré ces récits attachants à ses articles très nourris sur le panslavisme qui était sa marotte. Cyprien Robert offrait le type du *bohême* dans la meilleure acception du mot. Quand il s'égarait dans les forêts des Carpathes, il passait la nuit sur un arbre — pour éviter l'attaque des loups et des ours, — attaché aux branches, de crainte de tomber en dormant. Revenu au foyer de la civilisation, il traduisait les journaux allemands pour les journaux de Paris et gagnait ainsi quelque argent. Ne connaissant rien aux douceurs de la vie et les méprisant, il se contentait d'une jatte de lait et d'un petit pain pour sa nourriture de tout un jour. Il changeait de logement tous les deux ou trois mois, et c'était dans la plus étroite mansarde d'un hôtel du quartier latin qu'il habitait, ayant pour tout meuble une malle où il serrait ses manuscrits ou plutôt ses *volumina*, écrits sur d'étroites bandes de papier qu'il roulait, pour éviter la dispersion des feuilles volantes.

Quand on parvenait à découvrir sa demeure, on le trouvait couché dans un sac de fourrures, à la Russe, comme un *moujick*, l'hiver sans feu, tout entier à ses rouleaux, et si l'on s'étonnait de le voir encore au lit, il répondait : « C'est que je prends une leçon de polonais à minuit. »

Le poète polonais Mickiewicz s'étant retiré du Collège de France, Robert fut choisi pour le remplacer dans la chaire de slave. Quand je lui annonçai cette nouvelle, il ne témoigna pas une grande joie; qu'importaient les appointements à ce Diogène? Mais il fit du panslavisme à outrance et s'imagina que l'ambassade d'Autriche alarmée de cette propagande qu'on pouvait croire encouragée par la Russie, envoyait à son cours de grands aides de camp chargés de recueillir ses paroles [1]. Ce sage fit une folie pourtant; il se maria, sans m'en faire part, bien entendu. Puis son esprit s'exalta; il perdit peu à peu les croyances catholiques dans lesquelles il avait vécu jusqu'alors et rêva je ne sais quel schisme vers lequel sa passion pour le panslavisme le poussait. Quelques semaines avant l'ouverture des cours, il prévint l'appariteur du Collège de France de porter son traitement à Saint-Mandé, où demeurait sa femme; celle-ci n'a plus entendu parler de lui, et personne ne sait où il a passé, en Amérique, croit-on, dans le pays des utopies et de la liberté sans contrôle. Et pourtant ses excentricités ne l'empêchaient pas d'avoir le goût des arts qu'il avait étudiés à Rome. Il nous lisait souvent des études sur les travaux

---

[1] Voir l'appendice.

de Raphaël et de Michel-Ange qui témoignaient d'une observation approfondie des lois de l'esthétique, mais ne brillaient pas par l'élégance du style.

Et Léon Guépin ! Comment expliquer à ceux qui ne l'ont pas connu, ce caractère plein de contrastes, tour à tour doux et provocant, affectueux et violent ? Jouant une partie d'échecs chez M. Chevreul, son parent, il s'emporta contre son partner, savant illustre, et renversa la table sur lui. Victor est le seul ami avec lequel il ne se brouilla pas, parce que les colères de cet enfant mutin s'arrêtaient devant le sourire souverainement aimable de notre poète. Et ne croyez pas que Guépin fût méchant ; il se raccommodait le plus souvent et au plus vite avec ceux qu'il avait offensés et s'avouait coupable ; il éprouvait le besoin de l'amitié. Doué d'une intelligence remarquable et d'une facilité singulière pour apprendre, il remporta un premier prix au grand concours, et passa tous ses examens de droit d'une façon très brillante. Mais sa carrière de magistrat fut troublée par des démêlés avec ses supérieurs et ses collègues, et il dut quitter le ressort de la cour d'Angers. De plus en plus irascible, aigri, souffrant, il se retira dans une maison de santé, d'où il sortait de temps à autre pour louer des partitions de musique qu'il lisait à livre ouvert. Un peu calmé, il allait fréquemment chez M. Chevreul, où il était reçu à toute heure ;

Mᵐᵉ Chevreul, bonne, prévenante, lui témoignait une sincère affection dont il se montrait fort reconnaissant. Malgré l'état de son esprit, sa vie devenait douce et tranquille, quand éclata la Révolution de 1848. Léon Guépin, très attaché au régime de juillet, en fut si ébranlé qu'il mourut peu de temps après, regretté de tous ses amis qui rejetaient sur son tempérament maladif les inégalités parfois insupportables de son caractère. Il écrivait fort bien ; ses lettres à Victor qu'il aimait plus que tout autre, sont charmantes, spirituelles et cordiales. Dans la conversation avec les dames, il se montrait instruit, plein d'entrain et cherchait à plaire par son aménité. Il était âgé de 36 ans quand il disparut de ce monde, sans avoir pu arriver au rang qu'il aurait dû occuper dans la magistrature et dans la société par ses capacités naturelles et ses connaissances acquises.

Comme contraste à ce pauvre ami dont l'esprit cultivé et le cœur excellent ne purent faire excuser les colères, nommons Jules Bruneau, de Saumur, âme d'élite, qu'une surdité précoce et un tempérament maladif rendaient plus délicat encore. Éloigné de toute carrière par son infirmité, Bruneau rêvait dans les gracieuses campagnes des environs de Montsoreau, un livre à la main, à la façon d'un philosophe ; c'est de là que sont datées tant de belles lettres à Victor, écrites avec soin, très étudiées et bien touchantes par le ton de mélancolie

un peu triste qui en est la note dominante. Nos relations avaient commencé au collège où déjà ses instincts littéraires lui valaient le surnom de poète. Cependant il n'a point laissé de vers, que je sache. Dans une courte notice sur lui, M. C. Port dit :
« Il est un de ces jeunes *romantiques* dont le carac-
« tère réservé et la vie rapide ont eu à peine souci
« d'un souvenir. Des nombreux fragments échap-
« pés à sa plume, l'amitié a trouvé le moyen de
« choisir, de former un recueil posthume, sous ce
« simple titre : *Hommage à la mémoire de Jules*
« *Bruneau.* » Il n'avait que 27 ans quand il mourut de la maladie de poitrine dont il était atteint. Ses écrits se distinguent par un style châtié, par la profondeur des pensées et le choix des sujets toujours élevés. Cet *hommage à sa mémoire* était dû à Victor qui appréciait beaucoup sa nature essentiellement fine et sa manière originale de voir les choses et de les exprimer. Bruneau était croyant ; à mesure qu'il voyait la mort approcher, il se préparait avec plus de soin à paraître devant Dieu.

Nous en trouvons la preuve dans cette lettre à Victor, écrite un mois avant sa mort et qui fait penser à une pâle lumière prête à s'éteindre.

« Saumur, 22 mars 1837.

« J'ai mille grâces à te rendre, mon ami, de m'avoir
« mis à même de serrer ta main ; dans l'absence de

« ceux qui s'intéressent à moi, objet tout au plus d'une
« oisive pitié de la part de ceux qui passent et repassent,
« j'étais seul, tout seul ! Merci à toi, à l'excellent Ner-
« bonne, à Louvet encore qui m'a entouré et m'en-
« toure sans cesse d'une si active sollicitude ! Je regrette
« de n'avoir rien de nouveau à t'apprendre sur notre
« santé. Ma pauvre mère surtout souffre cruellement
« de la recrudescence du froid.

« J'ai un nouveau service à te demander, je désire-
« rais que tu me fisses l'achat d'un de ces très petits
« crucifix en métal, comme j'en ai vu chez toi... Voici
« un autre point très essentiel, je souhaiterais que ce
« crucifix fût béni, consacré selon l'usage ; je te saurai
« gré surtout de ce dernier soin.

« Adieu, si ce n'est plus le temps des longues
« lettres, c'est toujours celui d'une chaude amitié.

« Ton dévoué,

« J. BRUNEAU.[1] »

Ce petit livre imprimé par Victor en souvenir de Bruneau, fut remis par moi à Sainte-

---

[1] Qu'il nous soit permis de joindre à cette lettre défail-
lante, celle de V. Godard, son parent, en nous annonçant
sa mort.

« Saumur, 30 avril 1837.

« Mon cher Victor, mon cher Théodore,

« Ces cheveux noirs vous annoncent la perte que nous
« venons de faire : notre ami Bruneau qui peut mainte-
« nant s'appeler notre bon ange gardien, est décédé
« aujourd'hui à quatre heures du matin ; cette lettre est
« écrite au chevet de son lit, car dans des tristesses si
« grandes, il m'a été donné la consolation de le voir mou-
« rir, si c'est mourir toutefois que de vivre en Dieu... Oui,
« s'il y a une mort qui promette la vie, c'est assurément

Beuve. Il répondit, dans une lettre du 23 novembre 1838 :

« Merci du Bruneau et des pages manuscrites qui y
« sont jointes. Je voudrais bien en faire quelque chose
« et j'y aviserai. J'ai fait lire à Madame Récamier
« cette lettre imprévue et riante sortie d'un tombeau ;
« elle y a été sensible et ce pauvre Bruneau aurait été
« heureux de sa grâce reconnaissante... »

Un portrait de J. Bruneau par Alfred Ménard nous amène à parler de cet artiste incomplet qui après avoir étudié dans l'atelier de Gros où se conservaient les traditions de la grande peinture et du coloris, et copié avec talent des tableaux de diverses écoles pour ses amis, tomba dans le mysticisme par le découragement et dans l'impuissance à force de chercher la simplicité naïve des *préraphaélites*. Il a laissé quelques portraits parfaits d'exécution et de ressemblance. Peu à peu sa

« la sienne. Comme il pressait sur son cœur le crucifix
« avec amour, avec la tendresse que vous lui savez !... Je
« voyais son corps affaibli par tant de souffrances dispa-
« raître sous le travail de l'ensevelisseur, et dans quelle
« douce et pénible situation je me sentais en apercevant
« les coutures qui montaient, montaient toujours, me
« dérobant peu à peu quelque partie de lui-même... Déjà
« elles atteignaient la tête, quand il me vint en pensée de
« lui couper quelques mèches de cheveux, et la tête dispa-
« rut à tout jamais de ce monde. Je remarquai que, en
« ce moment, malgré la pluie et le vent, les petits oiseaux
« chantaient à ses croisées...

« Tout à vous,
                            « V. GODARD. »

raison s'altéra, et il mourut dans l'asile de Sainte-Gemmes, sans avoir pu franchir le pas de soixante ans, comme Louis Boulanger dont il rappelle les qualités parfois et trop souvent les faiblesses. Les secours que Henry de Nerbonne et Victor lui fournissaient discrètement l'avaient mis à même de séjourner à Rome et d'y étudier les maîtres. Il fut un de ceux que Victor choisit plus tard pour membres de la Société de Saint-Vincent-de-Paul, quand son exemple l'eut ramené dans la droite voie.

Parmi ceux qui s'adonnaient à des études spéciales, nous citerons en première ligne Victor Godard. Il préludait par des articles pleins de verve, insérés dans l'*Artiste*, aux travaux archéologiques qui lui valurent, avec une réputation solidement établie, la direction du musée St-Jean où il a su rassembler tant de précieux spécimens des arts, à leurs divers âges.

La poésie était représentée dans ce nouveau *cénacle* par Adrien Maillard que Victor avait lancé chez Hugo et introduit près de Sainte-Beuve, comme le meilleur représentant des rimeurs angevins. Avec lui vint aussi le plus jeune, le Benjamin du groupe, son ami Paul Belleuvre, qui fut fort bien accueilli des aînés et marqua sa place parmi les écrivains en vers et en prose dont notre ville s'honore.

II

La liste des membres de ces réunions où régnait la plus cordiale intimité serait incomplète si nous n'y inscrivions les noms de deux Polonais que l'insurrection de 1831 avait jetés dans notre ville : Léonard Rettel et Jérôme Kajciewisz. Le premier, natif de la petite Russie, avait servi dans l'infanterie avec un grade. Instruit, parlant bien l'allemand et le français, il exerçait sur la portion illettrée de ses compatriotes une influence singulière. Il leur adressait fréquemment des allocutions, et tout en entretenant chez eux l'ardeur du patriotisme, il leur prêchait la résignation aux douleurs de l'exil. A Laval il existait un dépôt de réfugiés Polonais, comme à Angers ; souvent il s'y rendait à pied, partant le soir et arrivant au lever du soleil, fumant toujours et humant force tasses de café le long du chemin. Bien vite il réunissait dans une lande ses soldats qui l'attendaient et leur débitait des discours entraînants auxquels ceux-ci répondaient par des *hurrahs*. Petit de corps, louche, coiffé de rares cheveux très blonds, il avait dans la physionomie le type slave que la franchise n'illumine pas toujours. Il collabora à la *Gerbe* et paraissait chez Victor à des intervalles irréguliers. Le monde et les bals ne l'attiraient guère, il étudiait beaucoup. Quand les *dépôts* se dispersèrent, il alla à Paris, où après avoir vécu quelque temps avec plusieurs de ses compatriotes sous la direction moitié militaire, moitié religieuse, d'un vieux colonel polonais, il revêtit la soutane et entra comme maître d'étude au collège Stanislas. Un jour qu'il se faisait, sur les bancs, un bruit dont sa lecture était troublée, Rettel oublia son costume ecclésiastique et se leva tout en colère, criant : « Mon sabre, où est mon sabre ? » Peu de temps après cette boutade guerrière, il quitta le collège, déposa la soutane et je ne sais ce qu'il est devenu. Je le rencontrais parfois dans les rues de Paris qu'il arpentait à pas pressés, et il détournait la tête pour ne pas me voir. Il ne pouvait rien avoir contre moi ; en se dérobant à mon bonjour il voulait me dire : « Je ne suis plus le Rettel d'autrefois ! »

Tout autre était l'ex-lancier Jérôme, dont le nom de famille, trop difficile à prononcer, restait presque inconnu à Angers. De haute taille, bien charpenté, la figure souriante et épanouie, malgré une large balafre à peine cicatrisée qui allait de l'œil au menton, il acceptait avec bonheur les invitations et valsait avec un entrain tout polonais, en frappant le parquet du talon de sa botte. Il entrait quelquefois à la cathédrale à l'heure des offices pour voir les belles dames et en être vu. Le monde l'attirait et peu à peu il oubliait ses devoirs de catholique. Doué d'un certain talent poétique il a donné à la *Gerbe* diverses pièces de vers, par lui traduites en français. Il fréquentait beaucoup Victor qui lui témoignait de la sympathie parce qu'il découvrait sous cette dissipation à laquelle il s'abandonnait un fond de droiture et de franchise. Le Polonais donnait au Français des leçons d'allemand et celui-ci à son tour lui apprenait la musique. Mais ni l'un ni l'autre ne firent de grands progrès ; Victor avait une imagination trop vive pour ne pas substituer sa pensée à celle de l'auteur étranger dont il voulait interpréter les œuvres, et Jérôme péchait par l'oreille. N'importe, ils passaient de longues heures ensemble et leur intimité allait croissant. En 1837, Jérôme vint à Paris ; il y portait des préoccupations bien différentes de celles qui hantaient son cerveau à son arrivée à Angers. Revenu des premières illusions de la jeunesse, il se prépara à entrer dans les ordres et revêtit la soutane qu'il ne devait pas quitter. Plus tard, il passa à Rome et écrivit à Victor des lettres pieuses, comme celles d'un néophyte à son père spirituel, et signées tantôt *Jérôme le publicain*, tantôt *votre frère en Jésus-Christ*. Ce fut à Rome qu'il mourut vingt ans après, en digne prêtre, en vrai Polonais, la foi dans l'âme et le patriotisme dans le cœur. Jérôme n'était pas le seul de sa nation qui s'en alla à Rome pour y chercher le meilleur refuge, l'asile suprême après une vie de sacrifices et de mortifications. On voit par ses lettres qu'un certain nombre de Polonais s'y étaient réunis en communauté et tous, là, ces soldats si braves sur le champ de bataille, suivaient des cours de théologie, se préparant ainsi à entrer dans les ordres et priant pour leur chère patrie qu'ils ne pouvaient plus défendre de leurs bras.

Dans un voyage qu'il fit en Italie, dans ce même temps, Sainte-Beuve visita cette petite communauté et il y revit avec plaisir ce même Jérôme Kajciewisz qu'il connaissait par nous. Il en parle dans une lettre à Victor du 5 juillet 1839.

« ... J'ai vu le petit couvent polonais ; j'y ai dîné
« dimanche entre Kajciewisz, le comte César Plater,
« l'abbé Gerbet et les autres ; votre nom n'y manquait
« pas. Avant le dîner nous étions allés en bande visiter
« Overbeck qui n'est visible que le dimanche et qui a
« bien voulu nous montrer et nous expliquer son
« tableau de l'*Influence de la religion sur l'art*. Je vous
« conterai cela une autre fois... »

De tous ces personnages en soutane qui traversaient les rues de Rome *en bande*, Sainte-Beuve ne devait pas être celui qui avait le moins l'air d'un abbé. Il était né pour porter la soutane, et je me rappelle qu'un jour il nous disait : « En d'autres temps j'aurais été dans les ordres et j'eusse aimé à devenir cardinal... » Il était un abbé dévoyé ; son âme tendre et son esprit tenace le disposaient à aimer et à croire. Les passions l'entraînèrent à la dérive et il se prit à aimer les créatures. Et pourtant il se plaisait à se trouver avec des croyants !

CHAPITRE III

L'ode à Riquet et les articles dans l'*Artiste*.

I

En 1838, à l'occasion de l'inauguration de la statue de Riquet, l'une des plus belles qui soit sortie des mains de notre grand sculpteur, la ville de Béziers avait mis au concours une pièce de vers en l'honneur de celui qui dota la France du canal des deux mers. Victor entra en lice, plus pour faire plaisir à David que par enthousiasme pour l'œuvre de Riquet; d'ailleurs la poésie de commande n'était pas son fait. Il fut bien inspiré cependant et obtint la branche de laurier qui était la récompense du second prix. Grande fut la joie de David qui s'empressa de lui écrire à la date du 8 mai.

« Mon cher Victor,

« J'ai lu et relu bien des fois ton admirable éloge de
« Riquet; c'est magnifique; jamais, je crois, tu ne
« t'étais élevé à une si grande hauteur. Clarté et subli-
« mité de pensées, voilà ce qui distingue ton œuvre.
« Combien de belle et noble poésie il y a dans ton
« âme! Quel avenir pour toi, mon ami! Suis énergi-
« quement le vœu de la nature; elle t'a fait poète; il
« faut lui obéir!... »

Revenant sur ce sujet, David écrit encore à la date du 18 août.

« Mon cher Victor,

« M. le président de la Société Archéologique de Béziers m'a demandé s'il ne serait pas mieux d'attendre mon premier voyage dans son pays pour me charger de la *branche de laurier* qui t'est destinée, je lui ai dit de me l'envoyer de suite, afin que tu n'éprouves pas de retard dans la réception d'un prix si noblement mérité. Je suis heureux que ce soit un des vieux amis de ton père qui se trouve chargé de te le remettre.

« On vient aussi de m'envoyer le volume contenant les pièces de vers qui ont concouru. Il est bien facile de voir que celui qui a obtenu le premier prix ne le doit qu'aux compliments qu'il a faits à la ville de Béziers... Voilà, cher ami, un point de départ admirable ; il aura une influence immense sur la noble carrière que tu dois parcourir, et je suis bien heureux de penser que l'amitié que tu me portes t'a dicté ce motif d'un premier succès. Courage, ami !

« Il faut décidément travailler désormais à la littérature. Jette avec passion toutes tes inspirations sur le papier, mais après occupe-toi sérieusement et patiemment à leur donner une forme saisissable pour tous ; ceci c'est l'art et les plus grands génies en ont fait l'étude la plus constante de leur vie.

« Adieu, ami ; mille remerciements aussi pour tes belles lignes à propos de mon cher souvenir en marbre qui est placé dans le chœur de notre Saint-Maurice [1].

« Tout à toi de cœur. « DAVID. »

---

[1] La Sainte-Cécile dont Victor avait annoncé l'arrivée par un article bien senti.

Il y avait dans la pièce de Victor quelque obscurité qui lui fit manquer le premier prix. David, qui semble d'abord attribuer ce fâcheux incident à une autre cause, signale la véritable à la fin de cette lettre, quand il recommande à son ami de *donner* à ses inspirations *une forme saisissable pour tous*. C'est égal, le sculpteur est très heureux du succès de Victor ; il l'encourage plus que jamais à faire des vers ; il l'y pousse de toutes ses forces. Un autre que notre poète aurait répondu à cet appel en se lançant à corps perdu dans la poésie ; il se fût senti animé d'un noble orgueil. Ce n'était pas l'effet que produisaient sur Victor les encouragements les plus sincères, les éloges les plus flatteurs. Il en rougissait d'abord, puis souriait avec un certain embarras et n'en parlait plus ; non qu'il y fût indifférent, mais il n'était point tourmenté par le désir ambitieux de réussir et le succès ne l'aveugla jamais. Pour suivre la carrière littéraire, il faut s'appartenir, se ménager des loisirs, se soustraire aux mille obligations qu'impose la province avec ses relations de famille, en un mot, il faut un peu d'égoïsme, et Victor n'en eut pas même l'ombre.

Loin de Paris, l'âme du poète se détend, quoi qu'on en dise ; c'est là qu'il faut être pour ressentir l'aiguillon de l'émulation. Mme Hugo avait raison quand elle écrivait cette même année, 5 janvier, à Victor :

« J'ai toujours l'espérance que vous viendrez habiter
« Paris avant peu, que vous entraînerez votre père,
« que vous croirez faire assez pour votre pays, en y
« passant l'été : voilà le rêve que je fais. La vie de
« l'intelligence est ici et doit vous y attirer inévitable-
« ment : la vie du cœur ne vous abandonnera pas, car
« vous l'avez trouvée dans votre femme... »

Oui, la vie littéraire n'est qu'à Paris. Mme Hugo nourrissait là un bien vain espoir. Victor aurait peut-être travaillé à Paris moins qu'à Angers ; son temps se fût passé à causer chez Hugo, à deviser avec Sainte-Beuve, à s'entretenir avec David dans son atelier ; il lui aurait toujours manqué le recueillement. D'ailleurs, il faut qu'il reste en province des hommes intelligents pour répandre autour d'eux les lumières, et des gens de bien pour faire aimer la vertu.

II

Victor ne réussissait jamais mieux que dans les sujets qui n'étaient pas de pure invention. Son imagination se trouvait maintenue dans des limites qui l'empêchaient de s'égarer, et, guidée dans sa marche vagabonde vers un but déterminé, sa poésie avait le vol plus assuré. Son travail sur le maréchal de Gié, son étude sur les Saint-Offange, sont des morceaux achevés ; il traitait de main de maître les récits historiques, et traçait les portraits de ses héros à la manière de Delacroix, avec hardiesse et avec un coloris étincelant. Dans les œuvres d'imagination il était moins heureux. Il avait une façon de voir les choses qui lui était toute personnelle et se laissait aller au hasard de ses rêveries. Des expressions bizarres lui échappaient parfois et en marge de ses manuscrits on lit une note de notre père ainsi conçue : « Cette comparaison est de mauvais goût ! » Le père, lui, avait un goût sûr et n'aimait pas les hardiesses. Il aurait fallu à Victor la discipline sévère, impitoyable que Buloz imposait aux écrivains de la *Revue des Deux-Mondes*, et à laquelle les plus fiers devaient se soumettre. Tout ce qu'il trouvait un tant soit peu obscur, étrange, il l'effaçait d'un trait de plume, sans se gêner; il voulait avant tout le succès de sa *Revue* et il sut la maintenir à la tête des recueils publiés en France. Aussi quand on écrivait pour lui devait-on se préoccuper constamment de ce qu'il dirait d'une phrase, d'une expression, d'une image, de ce qu'il penserait de l'ensemble de l'article et du rapport des diverses parties entre elles.

Cette gêne aurait été insupportable à Victor, qui était si indépendant par nature et si impétueux dans ses inspirations. Jamais il ne songeait à l'effet que produirait sur le public ce qu'il écrivait : l'inspiration lui venait et il prenait la plume. Tant mieux pour le lecteur s'il lui parlait sur un ton clair, retentissant, harmonieux ; tant pis pour lui si la note sortait sourde, criarde, ou lugubre ; l'auteur avait conçu son œuvre ainsi, il supposait que tout le monde l'acceptait. Cela tenait à sa distraction naturelle et à l'habitude, de bonne heure contractée, de ne pas regarder autour de soi, de ne jamais s'enquérir des moyens qu'employaient les autres pour se faire écouter et de ne pas lire les œuvres des maîtres avec l'intention d'y puiser des enseignements : effet dangereux de ce dilettantisme dans lequel il vécut toujours. Il n'aimait guère la critique, personne ne l'aime ; elle ne l'irritait pas, mais elle l'affligeait, et il vous regardait tristement, comme s'il voulait dire : « Je n'aurais pas cru cela de vous ! » Il en résulta qu'au lieu de lui rendre service en l'avertissant des imperfections qui déparaient quelquefois ses meilleures productions, ses amis et nous, ses proches, nous l'avons encouragé par notre silence à persévérer dans une voie périlleuse. Que voulez-vous ! Lui qui ne trouvait pas à publier ses écrits à mesure qu'il les produisait, il avait pour unique ressource de les lire dans une réunion d'intimes et il aurait été trop dur de l'interrompre par une observation qui l'eût attristé et dont il n'aurait pas profité d'ailleurs. C'est ainsi que toute sa vie on se montra pour lui trop bienveillant peut-être ; on le gâta à vrai dire. Après tout, je ne crois pas qu'il se fût corrigé ; il aurait renoncé à écrire plutôt que de se décider à modifier sa manière.

Il voyait, il sentait ainsi ; il préférait à l'expression nette et claire, le mouvement qu'il admirait dans les tableaux de Delacroix, l'image qui jaillit comme un jet de flamme ; le reflet lui plaisait mieux que la lumière directe, parce qu'il percevait de la sorte et que son esprit ne pouvait autrement concevoir la pensée.

Pour la critique d'art, comme le sujet était donné, il en allait différemment. Il connaissait bien les écoles de peinture et les jugeait à merveille. On pouvait lui reprocher un peu d'engouement pour certains peintres et un dédain trop absolu de certains autres — Philippe de Champagne, par exemple, qu'il abhorrait parce qu'il avait fait des portraits de jansénistes. Mais en général ses jugements étaient sains et il a de délicieuses pages sur les artistes du XIVe siècle, Giotto, Angelico de Fiesole, le Perugin et même sur Raphaël en qui il aperçoit le premier symptôme de décadence, non dans l'exécution, mais dans le choix des figures trop gracieuses et moins idéales par conséquent. Dans un voyage qu'il fit en Italie, en 1838, en compagnie de M. Vallée, son beau-père, il étudia avec enthousiasme les maîtres dont les œuvres peuplent les galeries et les églises ; il s'enivra du parfum qui s'exhale des sanctuaires de la ville éternelle. Les notes recueillies dans cette rapide excursion à travers l'Italie, sont vraiment belles et remplies d'un sentiment profond des arts qu'il aimait de passion. La peinture, la sculpture, l'architecture romane et gothique qui datent des siècles où la foi était vivante, excitaient son enthousiasme, et il savait comprendre cette triple expression de la pensée humaine, le langage mystérieux de ces trois sœurs se confondant en une harmonieuse unité pour élever les âmes vers Dieu.

Arsène Houssaye, alors directeur du journal l'*Artiste*, accueillit très volontiers les articles de Victor qui lui en adressa un bon nombre. Ils furent insérés sans retard, sans observation, et fort appréciés du public. C'était là un débouché assuré pour les travaux de ce genre qui remplissaient les cartons de Victor; mais un scrupule l'arrêta. L'*Artiste* publiait des gravures trop païennes pour un catholique comme lui ; il s'en expliqua dans une lettre au directeur et ne lui adressa plus rien ; ce fut un douloureux sacrifice qu'il s'imposa.

En fait d'art il était très difficile, et quand il s'agissait de la restauration d'un monument il se montrait peu traitable. Si une église gothique, une vieille tour du moyen âge, un château de la renaissance menaçaient ruine, il en témoignait une véritable douleur ; on eût dit qu'un malheur personnel l'avait atteint. Si on s'occupait à restaurer ces œuvres précieuses des siècles écoulés, il en témoignait une mauvaise humeur qui ne se pouvait comprendre. C'était pire qu'une destruction complète, c'était du vandalisme, de la profanation !!!

Il valait mieux laisser tomber le monument que de le dénaturer de la sorte ! — La plus intelligente restauration ne trouvait pas grâce devant ses yeux. La chute d'un arbre séculaire ne lui causait pas moins d'affliction ; il en gémissait tout un jour et il ne voulait plus passer là où gisait le tronc abattu. C'était une de ses manières de se tourmenter, de s'attrister. Il lui fallait de ces désolations qu'il pût exprimer en fort beaux termes, un peu exagérés, comme s'il se fût agi de la chute d'un empire. C'était la poésie qui, rencontrant un sujet, s'exhalait à flots pressés de cet esprit passionné, et faisait vibrer sur un mode douloureux cette harpe éolienne suspendue dans les nuages. Il ne put jamais se défaire de ces enfantillages qui prêtaient à rire. Si je lui disais pour le consoler : « Nous sommes bien vieux, nous n'aurons pas longtemps à souffrir de ces misères, » il me répondait : « Ce sont de ces choses dont je ne sais pas prendre mon parti ! Tu as de la philosophie, toi ! Moi, j'ai une larme pour tout ce qui tombe ! »

CHAPITRE IV

Les joies et les peines

I

La ruine d'un monument historique, la restauration maladroite d'une église, la disparition d'un arbre séculaire sont assurément des choses fort regrettables, mais quand on les ressent à ce point, c'est qu'on n'a pas été éprouvé par de véritables et poignants chagrins ; c'est qu'on a joui de toute la liberté du cœur, qui permet de s'éprendre d'une façon absolue de l'art et de la nature. Victor, tout entier à ses impressions de poète et d'artiste, avait vu la vie par son beau côté. Un jour vint où, après avoir goûté les joies les plus vives, il fut éprouvé par ces profondes douleurs auxquelles notre pauvre humanité est chaque jour exposée.

Après plus de trois années de mariage, il vit arriver le moment tant désiré où il allait être père. L'heureux événement n'était pas encore accompli, qu'il l'annonçait à ses amis de Paris. Le plus discret, le plus sage et le plus chrétien de tous, Le Prévost lui répondait avec sa douceur accoutumée :

« 18 novembre 1838.

« Mon bien cher Victor,

« Vous serez père, j'en bénis Dieu du plus profond
« de mon âme, car Dieu devait à sa divine bonté de

« ne point laisser votre bonheur imparfait ; il se devait
« d'ajouter cette dernière faveur à toutes celles qu'il
« vous a déjà faites, afin que vous ne puissiez dire que
« de tous les dons que sa main de père peut verser, il
« vous en avait manqué un seul : maison, foyer, famille,
« cercle nombreux d'amis, santé, riche aisance, dons
« d'esprit, dons de cœur et par-dessus tout dons de la
« foi, joie de connaître l'auteur de tant de biens, de
« l'aimer d'un cordial amour, de lui rapporter tout,
« de lui faire hommage de tout, oui de tout, de vous-
« même et plus que de vous-même, de votre bien-
« aimée femme et de l'enfant qu'elle a conçu, oh !
« oui, vous serez heureux, mon très cher Victor, et
« Dieu est immensément bon et je veux que vous et
« moi nous l'aimions à cause de cela encore davan-
« tage. Voyez aussi quelle grâce tout aimable il a
« mise en ces procédés envers vous ; il vous a laissé
« souhaiter pour un temps cette faveur pour qu'elle
« fût mieux appréciée, mieux demandée aussi par
« vous ; il vous a aussi procuré le bonheur de prier
« ensemble et avec larmes, d'obtenir enfin par des
« vœux, des pélerinages, des saintes promesses faites
« à vous deux, devant lui, votre père, devant la Vierge
« sainte votre mère, d'obtenir par tout cela ce que
» vous étiez venu à considérer comme le plus grand
« bien du monde... »

Non, elle n'est point forcée cette énumération de tous les biens, de tous les dons, de toutes les faveurs dont Victor avait été comblé et qu'on se plaisait à lui rappeler parce qu'il s'était trop habitué à en jouir pour en sentir le prix. A côté de cette lettre plaçons la réponse que lui adressait

Sainte-Beuve, ce célibataire obstiné, qui ne croyait pas et pourtant comprenait la foi des autres.

« J'avais déjà chanté l'*Hosannah*, cher Pavie, sitôt
« que Théodore était monté m'annoncer la joyeuse
« venue. Vous avez beau dire, vous êtes père et vous
« le sentez, vous êtes mère et cette joie de poésie qui
« coule dans toutes vos veines, et anime par vous
« chaque fibre de la nature, c'est votre lait à vous ;
« je vous le vois verser. Continuez ces heureux mois,
« et que les années, en les remplaçant, ne fassent que
« les étendre. Soyez heureux de tout le bonheur que
« vous méritez et que votre simple pensée donne
« à tous ceux qui sont dignes de la sentir ! —
« Rien ici que le *tous les jours*, de plus en plus triste
« et pâlissant. Le monde d'alentour intrigue, s'agite,
« remue et jette ses boues en politique, en cupidité
« de toutes sortes, j'y assiste et ma ride s'en augmente.
« La jeunesse enfuie n'est plus là pour offrir son beau
« fantôme consolateur et dire au reste : *Tu n'es pas !*
« Il faut donc bien reconnaître ce qui est, dût-on lui
« cracher au visage de dégoût et de mépris ; mais à la
« longue cela devient une vilaine grimace. J'en suis
« là ; jugez de quel bonheur m'est votre bon et vertueux
« sourire !

« Théodore travaille à force... L'autre jour, votre
« lettre en main, il m'a complété le *Bignon*[1] et ce
« pays mystérieux, landes, sorciers, aigles égarés[2] et
« ces beaux chataigniers qui tombent chaque jour
« avant les souvenirs. J'en souffre avec lui et avec vous.

[1] La petite maison de campagne de Feneu.
[2] Un aigle royal qui, fourvoyé dans les bois de Sautré, fut tué en 1818 par un braconnier et figura longtemps au Musée.

« Vous lisez sans doute dans les *Débats* et dans la
« *Presse* les odes de Lamartine. C'est aussi abondant
« et aussi riche que jamais. Mais le charme, pour moi
« n'est pas le même. Je frappe ma poitrine et je me
« dis : *J'ai donc changé !* On en annonce de prochaines
« de Hugo...

« J'imprime un quatrième et un cinquième volumes
« de *Critiques et Portraits* ; ce sera prêt avec le prin-
« temps. Mais ce sont là des pages plus nouvelles et
« parfois plus légères. *Port-Royal* n'en finit pas, mais
« je ne me presse pas d'une ligne au delà de mon
« train et je me dis *à quoi bon !* La poésie pure se res-
« serre, glisse sous terre de plus en plus ; j'adore à
« jamais sans bruit la nymphe cachée...

« Gardez, cher Pavie, ma place intacte dans ce
« cercle de famille, où je me suis assis une fois au
« jour solennel. Soyez sûr que mon cœur toujours y est
« présent. Offrez mes hommages émus à Mme Pavie, si
« heureuse, à votre excellent père, à tous, aux hiron-
« delles du toit de ville et du toit des champs.

« De cœur, cher Pavie,

« SAINTE-BEUVE. »

Pauvre Sainte-Beuve ! son talent ne lui rendait
pas la vie plus légère. Toujours doux à Victor
dont le *vertueux sourire* lui fait du bien, il est
amer au monde qui l'entoure, ennuyé, rebuté
jusqu'à la nausée de ce qu'il observe du haut de sa
tour d'ivoire, comme il l'a dit lui-même quelque part.
Il sait le remède à ses ennuis, mais il n'a pas le
courage de faire un pas pour saisir la main que la
vertu lui tend : *Sedet in umbra mortis !*

Mme Hugo ne fut pas la dernière à féliciter Victor

de la naissance d'un fils; elle gardait de lui un souvenir vivant et toujours désirait le voir à Paris, reprendre à son foyer cette place à part que nul autre n'avait occupée. Depuis longtemps déjà c'était elle qui prenait la plume; le poète trop occupé de ses poésies, de ses drames surtout, n'écrivait plus à l'*aiglon* dont il avait si fort encouragé le premier vol. Il ne l'oubliait pas; toujours affectueux pour nous tous, il accueillait notre père avec déférence et bonté et me témoignait beaucoup de cordialité. Mais quand les princes sont devenus rois, ils n'ont plus le temps de s'entretenir par correspondance avec les amis du premier âge; ils se doivent à leur entourage, à leurs affaires d'État, au soin de leur gloire, et les rois littéraires ont leur cour aussi, leurs ministres et leurs courtisans; ceux-ci, ce sont les journalistes qui rendant compte des volumes de poésie et des pièces de théâtre, doivent s'inspirer de la parole du souverain, pour emboucher le clairon de la louange et faire face à l'ennemi. A ce moment, l'ennemi c'était Planche qui publiait dans la *Revue des Deux-Mondes* des articles si violents que Buloz s'en effraya et que les gens honnêtes s'en indignèrent. « C'est horrible, Monsieur, me disait à ce propos Mme Hugo, c'est affreux; un homme qui s'est assis à votre table et qui a mangé votre pain !... »

Alors aussi se trouvait à Paris le jeune frère qui *travaillait à force*, comme le constatait Sainte-Beuve et se préparait à partir pour l'Inde. Dans sa joie d'être oncle, il écrivait à l'*infant* qui n'avait pas les yeux ouverts cette lettre d'un étudiant peu empressé de se marier.

« Paris, 7 janvier 1839

Qui habiture facit.

« Petit neveu chéri,

« Je partais pour la messe et je mettais la lettre de
« ton père dans ma poche pour ne la lire qu'à mon
« retour ; puis je me suis ravisé ; l'impatience, un
« instinct, que sais-je ? et j'ai vu ton arrivée, ton bon-
« jour, la joie de tous, et pendant la messe, j'ai eu
« grande envie de pleurer, car, vois-tu, ton papa est
« poète, il faut des impressions à son âme pleine
« d'harmonie, il a besoin d'aimer, mais ton pauvre
« oncle ! cette fibre est brisée en lui et dans la solitude
« de son cœur, il se demandait : Que vient-il faire
« parmi nous ? Puis la pensée de la volonté de Dieu a
« tout à coup éclairé son esprit ; il l'a remercié de ta
« venue et l'a prié de te bénir.

« Tu ne dois pas être beau, cher neveu, si tu as les
« grandes oreilles et la bouche de bon appétit dont les
« voisins du haut de la rue Saint-Laud faisaient la
« critique sur la personne de ton papa, quand Marie
« Dubois le portait sur ses bras. Ressemble-lui tout de
« même, sois poète comme lui, si toutefois les poètes
« existent encore de ton temps : ils s'en vont avec tout
« ce qu'il y a de beau et de bon. Sois cependant moins
« candide que ton père, moins désarmé pour ta
« propre défense et non pour l'agression ; prends le
« plus que tu pourras de la douceur de ta mère, et
« quand tu voudras un beau résumé de ces qualités,

« précieuses, tu l'iras chercher sous les tilleuls des
« Rangeardières, et tu les trouveras réunies dans le
« cœur chaud et si sensible de ton grand papa. Hâte-
« toi d'ouvrir les yeux et tu verras comme les géné-
« rations qui te précèdent se penchent sur toi avec
« sollicitude, et comme l'homme couve avec affection
« cette suite de lui-même qui doit lui survivre sur cette
« terre à laquelle il tient furieusement, quoi qu'on en
» dise. »

Celui qui aspire à partir pour un long voyage est mal disposé à goûter les joies d'un père cloué au foyer domestique par la naissance de son premier-né. C'est sans doute à cause de cela que cette lettre de l'oncle respire moins d'allégresse que de mélancolie, et qu'il n'entonne pont l'*hosannah*! Victor était trop confiant dans la vie, et lui ne l'était pas assez. Mais passons rapidement sur cette naissance joyeuse qui fut bientôt suivie de tant de larmes. Au bout de deux ans et demi, ce petit Joseph, si fort, si bien venant, déjà fougueux et exalté, fut emporté par un transport au cerveau.

Pour consoler Victor et la mère, David envoya un dessin fait de main de maître qui représente un ange aux grandes ailes prenant dans son berceau un petit enfant endormi pour l'emporter au ciel. Toute l'âme du noble artiste respire dans ce précieux croquis dessiné avec autant de vigueur que d'élégance. Il l'avait fait précéder d'une de ces lettres brûlantes d'affection dans lesquelles son cœur sympathique et généreux se montrait tout entier.

Parmi celles que lui adressèrent toutes ses connaissances de Paris et d'ailleurs, je ne puis m'empêcher de transcrire le billet de Sainte-Beuve où l'on trouve, avec l'accent de cordialité habituelle, la plume exercée de l'homme de lettres et de l'érudit :

« Mon cher Pavie, j'apprenais le coup affreux qui
« vous a frappé, au moment où vous m'en écriviez
« vous-même : j'y ai pris aussitôt la plus vive part ; si
« les natures comme la vôtre, appuyées sur la foi, ont
« les ressources les plus hautes, elles savent aussi
« ressentir, dans leur sensibilité intègre, les coups les
« plus profonds. Vous vous serez dit tout ce qui peut
« consoler un père qui croit à la vie prochaine. J'ai
« quelque part dans mes papiers de *Port-Royal* une
« lettre de M. Hamon, sur la mort du petit enfant d'un
« jardinier, qui est la chose la plus chantante et la plus
« fleurie ; mais il n'était que parrain ; il n'était pas
« père, il n'était pas mère surtout. L'Église a de bien
« beaux chants dans cette fête des Saints-Innocents.
« Ce pauvre poète Desmarets de Saint-Sorlin, en a
« traduit quelques couplets admirablement.

« Et vos petites mains de vos palmes se jouent !.. »

Toujours chrétien, *plume en main*, comme il le disait de Châteaubriand, et pour répondre à ceux qui l'étaient !

Joseph vivait encore quand Victor, en m'annonçant, — à l'île Bourbon où j'étais alors, — la venue prochaine d'un second enfant, m'écrivait ces mots : « Les venus vivront-ils ? les promis viendront-ils ? » Hélas ! ce second périt par accident, à l'âge de cinq ans, dans le bassin des Rangeardières où il tomba en essayant de tremper des fleurs qu'il voulait offrir à ses parents attendus pour le dîner. Cet affreux malheur mit toute la famille en larmes, et laissa au cœur des parents une blessure qui saigna longtemps. Le petit Maurice était si gentil, si vif, si intelligent et si gracieux de visage ! Enfin à la Noël, en 1841, une fille naquit, dont l'oncle fut le parrain ; on la nomma Elisabeth, sous l'impression du livre de Montalembert. Elle n'avait pas trois ans, lorsqu'une fièvre célébrale enleva cette jolie fillette qui croissait en gentillesse et en force. Ainsi disparurent en quelques années les trois premiers nés de cette union chrétienne que le malheur semblait poursuivre. Les douleurs surpassaient les joies, et Victor accoutumé à un bonheur facile, à qui tout avait souri jusqu'alors, lui si sensible aux chagrins des autres, les seuls qu'il eût encore ressentis, eut besoin de toute sa résignation pour accepter sans murmure ce calice qui lui était présenté ; sa femme fut comme lui admirable de courage et se courba humblement sous la main de Dieu. Le cœur du grand-père fut brisé, il avait bu à 32 ans et d'un seul trait la coupe amère des douleurs, et ses enfants avaient subi par trois fois la plus cruelle épreuve. C'est ainsi que passent sur les familles de ces années sombres dont le souvenir reste comme une menace pour tout le reste de la vie.

CHAPITRE IV

Sainte-Beuve à Lausanne et à Rome

I

Victor n'avait vu encore qu'un seul de ses trois petits anges s'envoler au ciel, quand son jeune frère revenu de l'Inde se maria. Ce fut pour lui l'occasion de montrer sa tendresse sous un aspect nouveau. Celle qui devenait la femme de son frère n'avait que 19 ans, — quatorze de moins que lui. — Je compris alors ce qu'il eût été pour une sœur, si nous en avions eu une. Il se montra envers celle qui lui était donnée tardivement, un grand frère prévenant, empressé, plein de condescendance, tendrement affectueux, et il s'établit entre nous quatre un lien fraternel qui semblait avoir toujours existé et qui combla de joie notre bon père. Tout fut commun entre nous, les rires et les larmes. La sœur aînée adopta la petite sœur et l'aima comme si elle eût été toujours à ses côtés. Peut-être la douceur et l'aménité de celle qui entrait dans la famille était-elle pour quelque chose dans l'accueil qu'elle y reçut. Toujours est-il que ce mariage, — dont l'abbé Morel avait été l'Eliézer, — loin d'apporter le trouble ou la gêne parmi nous, ne fit que resserrer les liens qui nous unissaient; nous nous pressâmes d'un commun élan dans les bras de notre père dont le cœur était assez large pour nous contenir tous, et comme il plut à Dieu de ne pas nous donner d'enfants, nous nous laissâmes, ma femme aussi bien que moi, entraîner dans le sillage de Victor, dans ce courant qu'exerçait son attraction sur tous ceux qui l'approchaient. Fixés à Paris, où m'appelaient des études opiniâtres, nous n'en étions pas moins en rapports constants avec lui, comme si nous eussions habité la même ville.

Comment en aurait-il pu être autrement? Ses amis de Paris nous parlaient sans cesse de lui : Viendra-t-il bientôt? que devient-il? Quel malheur qu'il se soit fixé en province! On l'appelait toujours Victor; c'était le nom que l'amitié lui donnait. Quelques années plus tard, quand il fut retiré des affaires, ses voyages à Paris devinrent plus fréquents; il y arrivait avec sa femme, tout empressé de revoir ses amis, et celle-ci incapable de le suivre dans ses courses désordonnées, restait souvent avec nous.

Ce qui l'occupait, sans qu'il y parût, c'était l'état moral de ses grands amis, de ceux dont la gloire ou la réputation avaient pris un accroissement considérable depuis son départ de Paris. Il y avait de Sainte-Beuve à lui une attraction très vive et bien réciproque. Le critique aimait la vertu chez les autres, et en parlait avec *désintéressement*, comme disait quelqu'un à propos de son discours à l'Académie sur les prix Monthyon. A l'époque de la naissance du second enfant de Victor il s'exprime ainsi :

« ... Félicitations d'abord au père, à l'époux, à la mère
« si bénis. Voilà des bonheurs que j'ai compris trop
« tard ; goûtez-les pour tous ceux qui les ont manqués et
« qui ne s'en sont pas faits dignes. Revenons à la litté-
« rature, cette seule stérile et ingrate paternité dont
« je dispose... »

Sainte-Beuve avait aussi à un haut degré le sentiment de la morale dans l'art, et il l'affirme d'une façon saisissante dans cette lettre qui suivit de près la représentation de *Ruy Blas* :

« ... Beaucoup de nouveau et qui se prépare. *Ruy*
« *Blas* me paraît un désastre, d'après ce qu'on m'en
« dit, car je ne l'ai pas vu ni ne le verrai : *Hernani*
« était une porte, elle pouvait être d'ivoire ou d'airain,
« vers le ciel ou vers les enfers. Hugo l'a faite infernale, il
« est entré sous terre depuis ce moment ; il creuse, il
« bâtit, il en est à sa dixième catacombe. Quand il nous
« ouvre brusquement cela avec la fierté d'un artiste,
« d'un cyclope ou d'un gnome, et nous ôte le couvercle
« de son souterrain, nous qui sommes bêtement accou-
« tumés à ce terre-à-terre de la surface et à cette
« lumière du jour, nous n'y voyons que des bizarreries

« et des obscurités trois fois caverneuses d'où sort un
« ricanement, c'est le sien, car il triomphe et s'applau-
« dit, croyant avoir fait œuvre de géant ; toujours le
« même, géant et nain, robuste et difforme, *Quasimodo*
« et *Han (d'Islande)*. Le pire de ceci est le triste reflet
« qui en frappe le passé, les parties jusque-là chastes
« et belles qui s'en salissent toujours un peu et nous
« révèlent des veines qu'autrement on ne découvrirait
« pas !... Tâchez de comprendre toutes mes métaphores.
« Cela est bien triste ; ces chutes sont les nôtres :
« Lamartine, Lamennais, Hugo ! Les plus sobres y
« perdent ; notre essor diminue et n'ose ; on est
« glacé. Et puis le meilleur de nos fonds était à bord
« de leurs renommées ; notre trésor le plus beau de
« jeunesse, d'enthousiasme, de présages, de sagacité
« prophétique, périt avec eux et nous restons demi-
« ruinés, appauvris. Je le sens et ne cesse de vivre sous
« cette idée, comme les Polonais avec celle de leur
« patrie perdue.

« Vivez, cher ami, sous votre treille des Rangear-
« dières, à l'ombre du mur de votre chaste maison de
« la rue Saint-Laud, dans le parterre de votre réséda
« domestique et l'adoration du Dieu des pères et des
« enfants : s'il y a vie ce n'est que là...[1] »

Il y a dans ce morceau littéraire, — car c'en
est un, — des finesses charmantes, exprimées en
termes excellents avec dépit, avec un sourire

---

[1] Et ailleurs : « Cher Pavie, la vie en avançant sans
« famille, sans l'illusion de jeunesse et la folie que se font
« plusieurs, vue comme elle est et séchement, devient
« bien triste et je le sens en plein. »
« Tous les plaisirs des jours sont en leur matinée » disait
ce triste Malherbe qui le savait très bien.

amer. Ceux qui n'avaient accepté que sous toutes réserves la nouvelle école, le romantisme, les hardiesses de la poésie et de la pensée, se frottaient les mains et pouvaient dire : Nous l'avions prévu ! voilà où aboutissent vos théories tant vantées ! Sainte-Beuve a perdu ses dernières illusions; il en souffre. Sa vie mal réglée ne lui a point non plus apporté le bonheur qu'il rêvait. N'y a-t-il pas aussi un hommage rendu en toute sincérité à celui qui a suivi une direction meilleure, dans la phrase finale, si douce, si affectueuse, où la plume essuyée n'a plus de fiel et trace un tableau un peu sentimental de l'existence conjugale selon l'ordre et la paix ?

II

On conçoit combien les entretiens de ces deux amis devaient être animés, malgré la différence de leur manière de vivre; Sainte-Beuve disait de Victor : « Il y a plus de pensées dans deux pages de Pavie que dans un volume que nous écrivons. » Oui, les pensées jaillissaient à flots de cette âme restée pure, et qui conservait à travers les épreuves de la vie toute sa vigueur et sa fécondité. L'imagination de Victor était une flamme ardente qui jamais ne s'éteignait; quand il trouvait à qui parler, sa conversation devenait étincelante, pleine de jets lumineux, d'éclairs soudains. Mais pour qu'il s'abandonnât à toute sa verve, il fallait qu'il fût à l'aise, qu'il eût en face de lui un visage sympathique, sans quoi la timidité, une certaine gêne lui enlevait tous ses moyens. Avec Sainte-Beuve il n'avait rien à craindre; celui-ci le lançait et l'écoutait.

Il y eut dans la vie du critique, un moment psychologique, comme on dit aujourd'hui, où las de se sentir ballotté par le flux et le reflux des passions, il eut la pensée de se ranger. Peu après la Révolution de Juillet, troublé dans son repos, il était allé en Belgique, à l'Université de Liège, faire un cours de littérature française. A la fin de 1837, il fut appelé par le Grand Conseil de Lausanne pour donner des leçons publiques et le sujet qu'il choisit fut l'histoire de *Port-Royal* qui l'occupait depuis si longtemps. Cette occasion de s'absenter de Paris ne lui déplaisait pas, pour des raisons qui se trahissent dans ses lettres.

Rendant compte à Victor de son séjour en Suisse, il écrivait :

« Lausanne, le 24 décembre 1837.

« Mon cher Pavie, j'ai reçu avec bien du plaisir votre
« bonne lettre qui m'était allé chercher à Paris, quand
« déjà je n'y étais plus. Voilà déjà plus de deux mois
« que je suis ici; mon séjour y devra être de sept.
« Ce sont cinq mois encore, je dirais d'exil, si j'avais
« plus lieu de regretter quelque chose là-bas et si je
« ne trouvais tant de bonté dans mes amis d'ici. Enfin
« je travaille beaucoup et cela comble le tout; je fais

« mon cours trois fois par semaine, une heure pleine
« chaque fois. J'improvise tant bien que mal, en pré-
« sence de mes pages tout entières écrites et qui me
« restent comme matériaux de mon livre. Si je m'en
« tire ainsi jusqu'au bout sans que la santé chavire, je
« rendrai grâce à Dieu, et j'aurai achevé un livre de
« plus qui me tenait à cœur : tristesse à part, je suis
« content.

« Je voudrais savoir que vous l'êtes, cher Pavie,
« donnez-moi donc de vos nouvelles...

« Je sais peu de chose de Paris, et c'est à vous que
« je suis tenté de demander des nouvelles littéraires.
« Vous avez lu dans la *Revue* mon discours d'ouverture, ne
« soyez pas trop étonné, ni choqué de mes *prenez-y*
« *garde* avec les protestants ; j'ai tant à me louer de
« ceux d'ici, de leur bienveillance et de leur intérêt
« sérieux que c'est bien le moins que j'aie évité et
« que j'évite en la moindre des choses tout ce qui
« pourrait les heurter ; et au nom de quoi les heur-
« terais-je ? Je ne voudrais pas, il est vrai, heurter nos
« catholiques, et par des raisons assez semblables et je
« tâche dans cette carrière de P. R[1]. d'être véridique.
« En toute modération, j'expose sans trancher et conci-
« liant le plus que je puis cet esprit véritablement
« fraternel duquel je ressens des aspirations heureuses.
« Pourquoi ne sont-ce que des aspirations ?

« La nature, malgré ses voiles fréquents, serait
« encore belle ici, si on avait le temps de lever la tête.
« Il y a des heures de magique clarté et des roses aux
« cimes neigeuses des monts ; mais j'ose à peine en
« parler de peur de mentir, n'y levant les yeux qu'a-
« près une journée faite et encore à travers les pages

[1] Port-Royal.

« épaisses de mes bouquins jansénistes. Que vous
« aimeriez ici certains hommes, véritablement naïfs,
« profonds et élevés, M. et Mᵐᵉ Olivier ! C'est vous, mon
« cher Pavie, vous, avec quelques fleurons catholiques
« de moins, mais avec tous les bons instincts poétiques,
« réduits au pied de la croix... »

On voit que Sainte-Beuve ne se déplaisait pas dans la société des chrétiens convaincus, catholiques ou protestants, pourvu qu'ils eussent de l'esprit et du cœur. Il aimait une société intime, le séjour au sein d'une famille qui le choyait et il avait de la paix et du repos chez le professeur Olivier, auquel manque pourtant le *fleuron catholique*, c'est-à-dire cette dilatation de l'âme que la Réforme a enlevée à ses adeptes en les arrachant au giron de l'Église universelle. Répondant à une lettre que Victor lui écrivait au commencement de 1833, il revient sur ses amis de la Suisse qui lui rendent la vie si agréable.

« Lausanne, 26 mai.

« Mon cher Pavie, votre lettre n'a pas *rebondi*
« comme vous sembliez le craindre, elle m'a trouvé ici
« et est demeurée en plein : j'en aurai encore pour un
« long mois, comme vous voyez. Enfin j'ai fini d'hier ;
« je redeviens libre et je ne suis plus *Monsieur le*
« *Professeur*, comme on me disait parfois avec une
« révérence allemande. J'ai donné 81 leçons ; je suis
« tout fier de ce chiffre, et il me semble que je suis
« monté quatre-vingt-une fois à la brèche, car c'est une
« vraie brèche qu'une chaire, à qui n'a pas le don

« d'improvisation... J'ai pourtant dissimulé de mon
« mieux mon impression de peur, et à force de savoir
« mon sujet, de l'avoir écrit en cent façons, creusé en
« tous sens, et exprimé par toutes les faces, je suis
« arrivé à paraître un professeur quasi-éloquent. Hélas!
« si on en avait entendu de véritablement éloquent, on
« saurait la différence. Ici, M. Vinet l'est pourtant,
« éloquent, d'un certain génie profond, senti, élevé,
« de ce que j'appelle des *flammes*. Pauvre digne cœur!
« Il vient d'être brisé par la mort d'une fille! Il est
« brisé par tout ce qu'il sent de trop vif en tout; sa
« santé est perdue et à peine a-t-il pu faire son cours
« depuis plusieurs mois. C'est à la fois quelque chose
« de grand et de rentré...

« La joie que j'éprouve de ma délivrance couvre
« toutes les autres tristesses qui ne perdent rien pour
« être repoussées, mais je vous avoue que je ne les
« sens pas à ce moment ; elles sont derrière l'horizon
« avec les prochaines ténèbres de la future nuit.

« J'en suis aux sonnets, douces amusettes de poëte,
« j'en ai fait quelques-uns à travers mes heures de
« cloître, et tandis que je me promenais un quart
« d'heure sur le préau. J'en veux faire un ou deux
« encore avant de partir ; peut-être le reflet du lac et
« des monts y sera ; ce serait ma gloire.

« Lisez-vous *Prométhée* et *l'Ange déchu*[1]? Je ne fais
« que les ouvrir et mes bons amis (quels amis et quels
« cœurs d'or, mon cher Pavie!), mes bons amis Olivier
« me les lisent haut. Le jugement de M. Vinet sur
« *Prométhée* est qu'il y a des *tendances intéressantes*;
« c'est bien cela, mais Quinet n'est pas poëte en vers
« ou du moins il ne l'est pas tant qu'en prose. Le vers

[1] *La chute d'un ange.*

« ne l'aide en rien et souvent le gêne ; il n'est pas né
« avec son coursier ; celui-ci est plus jeune que son
« maître : c'est un vigoureux poulain si l'on veut, mais
« dont le cavalier trop fort a les jambes trop longues ;
« et puis comme le dit Olivier, son prétendu poème
« n'est qu'une grande ode.

« On est sévère ici pour *l'Ange déchu* : M. Vinet en
« a souffert par le cœur et saigné, lui, d'une sensibilité
« morale si exquise. Pourtant, en commençant à le
« lire hier soir avec nos deux amis poètes (Olivier),
« nous avons été frappés d'abord de l'immense verve
« et du vrai poète qui est toujours là-dessous. Nous
« avons admiré, en riant toutefois à deux ou trois
« endroits ; je crois bien que l'œuvre est manquée et
« peut-être même monstrueuse vers la fin (on le dit),
« mais le poète subsiste. Olivier disait en riant à un
« de nos jeunes amis, métaphysicien et un peu pré-
« venu contre le poème, que cela paraîtrait superbe si
« on le lisait traduit du sanskrit en mauvais latin par
« un professeur de Berlin.

« Mais dans tous les cas, ce n'est plus là notre
« Lamartine ; sa gloire s'évase tellement, que ce ne
« peut plus être pour nous, dans l'orage, notre golfe
« sûr et chéri.

« Vous me dites, mon cher Pavie, de bien bonnes
« choses et des espérances trop belles sur l'effet mo-
« ral que vous attendez de ce cours sur moi. Hélas! il
« est trop certain que s'il ne me fait pas de bien, il
« me fera grand mal. On ne touche pas impunément
« aux autels, et en supposant que j'ai fait quelque
« bien autour de ma parole, on ne fait pas impu-
« nément du bien si l'on n'en reçoit au cœur soi-même.

« Aussi je vous parle peu de ce cœur toujours flottant,
« toujours repris, et qui ne se sent un peu plus heu-

« reux aujourd'hui que d'un plus libre rayon de prin-
« temps… »

III

Il a beau deviser de littérature, redire les mots spirituels ou profonds du professeur Vinet et de M. Olivier, composer des sonnets, *douces amusettes de poète*, le pauvre Sainte-Beuve est toujours triste au fond. Ce cœur *flottant, toujours repris*, toujours malade, éprouve une douleur qui ne lui laisse que de rares intervalles de repos… A son retour de Lausanne il se décida à faire ce voyage de Rome dont nous avons parlé plus haut. Un de nos amis à qui il faisait part de son projet, lui dit d'un air à demi sérieux : « Si vous allez à Naples, prenez garde à la Sirène. — Hein ! Hein ! répondit Sainte-Beuve sur le même ton, je connais, je connais la Sirène ! » Et nous partîmes d'un grand éclat de rire ; il était de ceux qui n'avaient pas eu besoin d'aller en Sicile pour trouver la Sirène ; on ne le voit que trop dans toutes ses lettres !

Les impressions que lui causa ce voyage d'Italie ne sont point telles qu'on se les imagine. L'âme détendue du critique n'était point point disposée à l'enthousiasme ; ce qu'il cherchait à Rome ce n'était pas la capitale du monde chrétien. On en pourra juger par la lettre que voici :

« Lausanne, le 5 juillet 1839.

« *Heureux qui comme Ulysse a fait un beau voyage.*

. . . .

« *Et mon petit Liré que le mont Palatin...*

. . . .

« Vous vous rappelez, cher Pavie, ce sonnet de votre
« Du Bellay à son retour de Rome. Je le relis, et cela
« sans aucune peine, me reporte à Angers et à vous.
« Je ne vous ai pas écrit de Rome, parce que je n'y ai
« eu, à la lettre, aucun instant de libre ; les courses
« immenses prenaient tout. Et puis que vous aurais-je
« dit? si peu de chose ! Il faut de la place et de la
« distance à ces grandes lignes pour se dégager. Rome
« certes a égalé toute mon attente, bien qu'à d'autres
« endroits que ceux que j'aurais d'avance indiqués ; au
« reste j'avais essayé de ne me rien figurer et je me
« suis laissé faire.

« C'est beau, c'est grand, mais à tout moment j'y
« mêlais des regrets. L'*Urbain VIII* a gâté bien des
« choses ! Et cet *Urbain VIII* remonte quelquefois
« très près de Michel-Ange. Il faut oublier le gothique
« et tout ce qui tient à nos chères notions d'art reli-
« gieux ; il faut consentir au Romain, au cintre,
« trop heureux quand on le trouve simple et antique, et
« quand le *Saint-Sulpice* ne masque pas tout cela.
« Pour vous exprimer plus vivement ma pensée, je
« vous dirai que je serais bien étonné que Hugo
« ne *décolérerait* pas ici. Franchement, Saint-Pierre
« (la place à part) est le sublime du mauvais goût,
« mais il y a un tel degré de richesse, de splendeur et
« de grandeur qu'on s'oublie à la fin et qu'on avoue
« que c'est sublime. Je l'*avoue* donc, mais aucune
« âme d'artiste ne le *criera*. Quant au Vatican, c'est
« autre chose ! Gracieuse et grande architecture du

« Bramante et le Raphaël là dedans. J'ai vu Raphaël à
« toutes ses grandes pages. Quand Rome ne m'aurait
« appris que cela, et ne m'aurait montré, à l'autre
« bout, que le Colysée, ce serait assez pour remplir la
« mémoire durant une vie ; mais il y a mieux, l'oserai-
« je dire ? Il y a les petites églises et les couvents
« détournés, les basiliques où l'on n'entre qu'en son-
« nant, en passant par le cloître et où l'on respire dès
« l'abord l'odeur du christianisme primitif, parmi des
« colonnes de jaspe encore et de verd antique, des
« sacristies ouvertes sur le grand ciel haut éclairé.
 « J'ai vu là quelques amis qui nous sont chers, l'abbé
« Gerbet déjà acclimaté à cette vie et qui s'amuse à
« glaner sur les tombeaux toutes les jolies épigraphes
« chrétiennes dont les basiliques sont pavées. Il en
« fera un chapitre, dit-il, dans un livre sur Rome qui,
« par malheur, n'est pas encore écrit...
 « J'ai vu M. Ingres qui a la fièvre de Raphaël plus
« que jamais, une fièvre continue avec crises qui se
« manifestent en paroles saccadées et en gestes quasi-
« convulsifs. Admirable et naïve nature ! Il rend d'ail-
« leurs ici les plus grands services et sauve en le faisant
« copier ce qui pâlit chaque jour, ce qui avant cin-
« quante ans doit, hélas ! périr.
 « Me voici revenu à Lausanne et assistant au sortir
« du Vatican à quelques leçons de théologie pratique
« de M. Vinet. Ce retour me plaît au delà de tout et
« même après le golfe de Naples, le Léman me
« paraît plus beau. C'est vous dire, cher Pavie, que je
« suis fidèle à nos souvenirs et à mes amis, à la Loire
« et à mon Liré, à vous et à Mme Pavie, à votre père
« à Théodore.
 « De cœur à vous,
       « SAINTE-BEUVE. »

Quoi qu'il en ait, Sainte-Beuve est par nature l'homme des petits sanctuaires, des cloîtres, des sacristies, où l'on respire le *parfum du christianisme primitif*. Il avait l'instinct de la vie cachée et méditative. Aussi quand il apprit sa triste fin, Victor s'écria-t-il : « Pauvre ami, Dieu lui avait donné l'âme d'un saint et voilà qu'il meurt comme un réprouvé ! » Cependant on sent qu'il est gêné dans la capitale du monde catholique comme l'est dans une église le libre-penseur qu'y amène une cérémonie officielle. Ce silence sur la Rome des Papes et ce retour vers la Suisse calviniste ne laissaient pas d'inquiéter Victor qui l'interrogea sur ces deux points dans une lettre du mois d'août 1839. Sainte-Beuve répondit :

« J'avais reçu à Lausanne votre bonne lettre. Il y a
« des questions auxquelles j'eusse été embarrassé de
« répondre. Pour Rome je n'en ai aimé que le Vatican,
« c'est-à-dire les marbres et les Raphaël, le Colysée,
« Saint-Laurent-hors-les-Murs ; des hommes et des
« choses peu... surtout rien de la Rome pontificale,
« mais pour mieux vous dire, je n'y ai pas regardé et
« n'ai aucun droit de juger. Mon instinct sèchement
« s'en est détourné pour le moment comme s'il sentait
« que cela ne lui irait pas. Lausanne m'a charmé
« comme charme le petit *Liré* et le coin du feu après
« le *jactatus et undis*. Du calvinisme, j'en suis très peu
« fou et je pourrais l'être de M. Vinet sans inconvénient, qui est si peu calviniste, lui, et qui veut
« écrire une vie de saint François de Sales avec
« amour. J'ai surtout vécu dans ce voyage de la vie de

« poète, de rêveur, et bu du soleil et reconquis quel-
« que jeunesse qui ne m'est pas encore passée. C'est
« elle qui m'a fait donner ce coup d'épée en revenant
« à Paris, contre nos forbans littéraires : vous pourrez
« trouver dans la *Revue de Paris*, 25 août, une collection
« de vers de moi, qui sont des fleurettes un peu chauffées
« de ce soleil d'Italie, ou enluminées peut-être de cette
« senteur des hautes Alpes. Vous me direz en cas de
« rencontre, si vous les aimez... »

Est-il sincère, le critique, le poète, le rêveur quand il avance que *son instinct s'est détourné de la Rome pontificale comme s'il sentait que cela ne lui irait pas ?* Je crois plutôt que sa nature l'y attirait et que ne voulant pas céder à une bonne pensée, il évita soigneusement tout ce qui pouvait l'y ramener et dit sèchement *non serviam*. Il y avait tant de choses en lui qui s'opposaient à un retour aux croyances de sa première jeunesse ! Il se défend également d'avoir penché vers le calvinisme, et cette fois je suis certain qu'il dit vrai. C'eût été trop pour lui que s'attacher à la religion même déformée que l'on pratique en Suisse. Avant tout, il tenait à sa liberté absolue, à sa routine, à sa paresse, car ce travailleur qui ne se reposait jamais, avait l'esprit flottant, indécis et remettait toujours le moment de se décider, en matière religieuse ; il trouvait plus commode de vivre au jour le jour et de se laisser aller au courant du scepticisme.

Mais pourquoi revenait-il à Lausanne après son voyage d'Italie ? Il avait là pour amis, des hommes sages, très intelligents et fort bienveillants qui lui plaisaient, et de plus deux demoiselles auxquelles il a adressé plusieurs de ses sonnets qu'il nommait des *fleurettes de poésie*. Ces sonnets étaient dédiés à deux sœurs, mais on suppose, non sans raison je crois, que l'une d'elles l'avait captivé par son esprit ; on alla même jusqu'à dire qu'il devait l'épouser. L'ayant interrogé là-dessus, je compris que cette inclination était passée et la velléité du mariage à jamais abandonnée ; mais elle avait traversé son imagination de manière à y imprimer sa trace. Victor n'aurait pas été trop content de lui voir épouser une protestante, il lui en parla, mais dans les lettres de Sainte-Beuve il n'en est nullement question. Dans le même temps, le bruit courut parmi ceux de ses amis qui lui souhaitaient le plus de bien, qu'il n'était pas éloigné d'un retour aux croyances catholiques. Il est certain qu'il se passait en lui quelque chose de nouveau, d'inaccoutumé ; cela était si évident, que je me permis de lui en toucher quelques mots. « Oh ! oh ! me répondit-il, en souriant, rien n'est fait encore, n'allons pas si vite ! »

Sachant combien il était facile à effaroucher et qu'en insistant je risquais de tout compromettre, je coupai court en disant : « Eh bien, je ne désespère de rien ; bientôt j'aurai une bonne nouvelle à apprendre à Victor, n'est-ce pas ? » Hélas ! cette lueur d'espérance ne brilla pas longtemps à nos yeux; elle s'éteignit peu à peu et disparut pour toujours.

CHAPITRE V

Du Bellay et Gaspard de la Nuit

I

L'édition des œuvres choisies de Du Bellay préoccupait beaucoup Victor, il y apportait tous ses soins de littérateur et d'éditeur. Il avait pour auxiliaires David qui devait orner le livre d'un portrait du poète angevin et Sainte-Beuve qui préparait une notice en guise de préface. Combien de lettres échangées à ce sujet entre le grand artiste qui avait à cœur d'honorer toutes les gloires de l'Anjou, le critique si bien préparé par ses études sur Ronsard à juger et à mettre en relief les écrivains en prose ou en vers du XVIe siècle, et l'imprimeur, lui-même poète et enthousiaste admirateur de la pléiade que l'école romantique avait remise en honneur. En avril 1841, David écrivait :

« Je suis entièrement à ta disposition pour notre
« digne compatriote Du Bellay. Je dessinerai sa tête ;
« ne pourrait-on pas l'entourer d'un cadre qui symbo-
« liserait le génie de notre poète ? Il faudrait, je crois,

« faire graver le portrait, car une lithographie ne serait
« pas digne du monument typographique que tu veux
« lui élever. Mets-moi à même de commencer de suite,
« tu dois penser que je serai heureux de participer à
« cette œuvre avec mon crayon... »

Quelle complaisance chez ce noble artiste occupé de tant de travaux ! Et quand il fut question de publier le *Gaspard de la Nuit*, de Louis Bertrand, cet empressement à rendre service ne connut plus de bornes. Lorsque Victor consentit à imprimer l'œuvre de ce pauvre poète, comme Gilbert mort à l'hôpital, le manuscrit était vendu déjà à l'éditeur Renduel qui n'hésita pas à le céder au même prix à David, lequel le paya de sa bourse. A ce propos, il disait à Victor, en août 1843 :

« ... J'ai enfin le manuscrit de Bertrand. Renduel a
« été mieux pour moi que je ne pensais, il me l'a
« vendu pour le prix qu'il lui avait coûté. Émilie
« (Mme David) est actuellement occupée à en faire une
« copie pour l'impression et Sainte-Beuve donnera une
« notice. »

Et quelques mois après, il disait à Victor, qui se chargeait d'imprimer le livre :

« Mon bon et cher ami,

« Je te remercie bien de ta généreuse décision à
« l'égard de l'impression de *Gaspard de la Nuit*... Quand
« tu auras retiré tes frais, le reste de la vente sera pour
« la vieille mère. La mère de Bertrand et ses parents
« n'étaient pas dignes de lui; il y a là un drame de

« famille sur lequel il est mieux de jeter un voile.
« Sans doute il devait en être ainsi afin que cette vie
« de douleurs ne pût éprouver un adoucissement au
« sein d'une famille qu'il chérissait cependant de toute
« son âme. Il devait en être ainsi pour lui et pour tant
« d'autres malheureusement !... Ce qu'il y a de curieux
« à observer, c'est que le soin de la mémoire du
« pauvre poète soit dévolu à trois hommes qui n'ont
« jamais eu de relations intimes avec lui. Remercions
« le sort qui a bien voulu nous favoriser de cette
« mission. »

On retrouve dans ces lignes la tendre et génèreuse sympathie de David pour les artistes et les poètes malheureux. Quand Bertrand était à l'hôpital, il l'alla voir, et quand il mourut, ce fut lui qui se chargea de le faire enterrer et l'accompagna seul au cimetière par une pluie battante. Il avait des larmes pour toutes les infortunes ! Sa grande âme ne courtisa jamais le pouvoir. Vers ce même temps, Thiers qui lui avait commandé après 1830 le fronton du Panthéon, l'ayant invité à ses soirées, David, fort avancé dans l'opposition républicaine, refusa. Très choqué de cette marque d'indépendance, Thiers s'écria : « Comment, il me refuse, moi qui ai des millions à dépenser pour les beaux-arts ! » Ce n'était point par des millions qu'on prenait David.

Grâce à lui et au concours de Sainte-Beuve, le pauvre Bertrand allait avoir son monument. A peine avait-il achevé de donner ses soins à l'édition angevine de Du Bellay et terminé sa notice, que le critique s'occupa avec le plus grand zèle du manuscrit de Bertrand et de la préface qu'il devait mettre en tête du volume. Il eut bien des lettres à écrire sur ce sujet à Victor, au milieu des embarras que lui causaient son Port-Royal, toujours en retard, la présence à Paris de ses amis de Lausanne et surtout sa candidature à l'Académie qu'il venait de poser. Mais de près ou de loin, poètes, critiques, artistes se montraient toujours prêts quand Victor s'adressait à eux. Cette idée se trouve exprimée dans une lettre de quelqu'un qui habitait Paris alors :

« Ton absence de la capitale est, tu le sais, sans
« effet sur le cœur de tes amis ; tu es toujours près
« d'eux, ils te sentent à leurs côtés. Tu es au fond pour
« beaucoup d'entre eux, le public auquel on pense en
« écrivant la strophe, en fouillant le bas-relief ; la
« nature t'a fait comme eux poète, artiste par l'âme et
« par le cœur et en quelque province lointaine que tu
« habites, ton ombre est auprès de ceux qui t'aiment... »

En sa qualité de critique et d'écrivain consciencieux, Sainte-Beuve était très méticuleux sur l'attention à apporter dans la lecture de ses épreuves. A propos de Du Bellay, il écrivait :

« Voici les épreuves, mon cher Pavie, il y a assez
« de corrections et d'essentielles. J'aimerais mieux
« revoir, si c'était possible ; et dans ce cas, il faudrait
« m'envoyer cette première épreuve pour qu'il me fût

« facile de vérifier. Sinon, il faudrait que vous-même
« prissiez la peine de le bien faire, car je ne me fie
« qu'à l'œil du maître. — Dans les citations latines,
« on ne veut plus (vous le savez) aucun accent ; ainsi
« ne les rétablissez pas. J'ai trouvé à l'endroit sur
« Rome (p. XXI) un mot noté, *ingrédients*. Je l'ai pour-
« tant laissé, parce que les phrases qui suivent et pré-
« cèdent en disent beaucoup plus et plus nettement, et
« parce que ce mot *d'ingrédients*, assez peu noble,
« rend sourdement ma pensée. J'ai l'air de mal choisir
« mon terme et je dis ce que je veux dire. Le mot
« *d'éléments*, si on le voulait substituer, serait lourd et
« aurait d'ailleurs besoin d'une épithète qualificative
« qui en dirait plus que mes *ingrédients*..... »

— Voilà qui est expliqué catégoriquement ; avec
une note pareille, nul prote ne se pourra tromper.
Dans la même lettre il dit :

« Nous sommes enfin en possession du manuscrit du
« pauvre Bertrand. J'ai eu cela, c'est en très bon
« ordre [1] ; quant à la partie que Renduel devait sup-
« primer, c'est celle-là seule qu'il faudrait donner.
« David doit vous en écrire ; il faudra que vous lisiez
« auparavant, car il y a bien quelques diableries à la
« Flamel, mais cela tout fantastique et poétique. Je
« ferai une petite notice pour mettre en tête..... »

Toutefois, cette notice se fit un peu attendre par
suite des embarras que nous avons exposés plus
haut, et Sainte-Beuve s'en excusa près de Victor :

[1] Il a été dit plus haut que Madame David s'était donné
la peine de le recopier de sa main.

« Je n'ai pas eu le temps de tracer une seule ligne
« de cette notice, et ne le pourrai de quelque *quin-*
« *zaine* encore. David d'ailleurs qui doit me donner
« des documents tels que vieux papiers, vieux jour-
« naux, était absent et l'est peut-être encore. J'em-
« ploierai dans ma notice deux ou trois des plus jolies
« pièces de vers. Pour le reste, vous verrez ce que vous
« jugerez à propos, mais je crois que le moins sera le
« mieux..... »

Ce *Gaspard de la Nuit*, pour lequel les trois amis se donnaient tant de mal [1] n'obtint pas beaucoup de succès. Il est difficile d'intéresser le public à un poète inconnu, mort à l'hôpital, quand il n'est pas un homme de génie, et encore ! Les absents ont toujours tort, et les morts bien davantage. Bertrand avait de l'originalité, un certain art d'encadrer dans quelques stances de gracieuses idées, de petites scènes, des fantaisies à la façon de Callot, mais il manquait de puissance, de souffle ; on devine dans ses écrits de courte haleine le poitrinaire haletant, le phtisique. Au reste le

---

[1] A propos de la notice, Sainte-Beuve écrivait de nouveau à Victor :

« Cher Pavie, excusez encore pour ce dernier retard.
« J'ai mieux aimé vous envoyer la notice imprimée et
« corrigée, pour qu'il y eût plus de facilité de l'imprimer
« là-bas. Veuillez m'envoyer votre épreuve pour que je la
« revoie ; vous savez que ce sont mes superstitions... La
« notice passera dans la *Revue de Paris* ; elle attendra un
« peu si vous le désirez, sinon ce sera dans une huitaine.
« Vous remarquerez peut-être dans les pièces que je cite
« deux ou trois petites différences du texte ; je m'y suis
« cru autorisé d'après les brouillons d'ici... »

Du Bellay ne fit pas beaucoup de bruit à Angers. Cette réimpression si soignée, illustrée d'un portrait par David et d'une préface de Sainte-Beuve, n'émut guère les compatriotes de ce poète charmant, que l'on avait surnommé à la Cour, de son vivant, l'Ovide français, et qui célébra en vers si gracieux la *doulceur angevine ;* traduction libre du mot de César : *Andegavi molles !*

Quel contraste entre ce poète pauvre, étiolé dans l'ombre de son triste logement d'une humide impasse du Marais, et le brillant Joachim Du Bellay qui s'épanouit librement sous le beau ciel de l'Italie et chante sous le soleil de l'Anjou sa chanson du *Vanneur,* si poétique et si naïve ! Le premier ressemble à une giroflée jaune qui exhale discrètement son parfum sur une muraille à demi écroulée, le second au lys de neige qui s'ouvre au grand jour d'une pelouse riante devant la façade d'un château.

CHAPITRE VI

Les bonheurs et le deuil de la famille Hugo

I

Ce siècle avait deux ans quand Victor Hugo naquit à Besançon, *vieille ville espagnole.* En 1842 il avait donc quarante ans et se trouvait dans tout l'éclat de son talent et toute la beauté de sa physionomie aux lignes puissantes. Ce fut l'instant que David choisit pour faire de lui un second buste, monumental comme celui de Goëthe. Voici ce que le grand sculpteur écrivait à Victor, cette même année, le 19 juin, au moment de faire un voyage dans le Midi, pour rétablir sa santé altérée par le travail :

« Avant d'entreprendre un voyage, j'ai toujours l'habitude de mettre ordre à mes affaires. Je viens de faire un testament qui prouvera, je l'espère, mon admiration et ma tendre amitié pour Hugo. C'est son buste, car le premier n'était qu'un *portrait* ; je l'ai débarrassé de ses vêtements, je lui ai mis une couronne de lauriers sur la tête. Le buste sera coulé en bronze et donné par moi à la ville de Besançon [1]..... »

L'expression manque parfois de netteté, mais il reste la justesse de la pensée philosophique toujours présente à l'esprit de David. Quand il modelait une statue, il réfléchissait constamment à la

---

[1] Parlant du monument de Mgr de Cheverus qu'il devait terminer à son retour à Paris, David s'exprimait ainsi :
« Ce travail m'intéresse beaucoup ; ce prélat était un homme tout à fait digne d'être mis en parallèle avec Fénelon, il y avait entr'eux une grande similitude de tendres sentiments, de charité. Mais l'évêque de Cambrai avait le double don de génie et de généreuses passions du cœur. La réunion de ces deux qualités chez un homme éminent en fait une exception. »

valeur morale du personnage et s'efforçait de la faire passer dans son œuvre, par le mouvement du corps, le geste et le jeu de la physionomie.

Il n'est peut-être pas inutile de rappeler comment s'était formée cette intimité entre le grand poète et le grand artiste. Aux premiers temps de sa liaison avec Hugo, vers 1828, notre père s'apercevant que celui-ci ne connaissait point David, s'empressa de les réunir aux Frères-Provençaux, dans un déjeuner dont il fit les honneurs avec son esprit et son tact habituels, et à la suite duquel ils se trouvèrent amis. Aussitôt David fit le médaillon du poète qui lui envoya ses poésies avec ces mots : *Du papier pour du bronze !* Hugo était bien jeune alors ; ses traits arrondis et réguliers, sa fine chevelure qui avait quelque chose de métallique, son œil doux et profond, donnaient à sa physionomie de la grâce et de l'élégance. Peu à peu, sous l'influence du travail de la pensée, sa figure s'accentua et gagna en énergie ce qu'elle perdait du côté de la jeunesse. Ce fut alors que David, saisissant avec son coup d'œil d'artiste cette transformation, ce passage de l'homme de talent à l'homme de génie, exécuta le premier buste malheureusement affublé d'un col d'habit et d'une cravate. Il comprit, sans qu'on l'en avertît, ce qu'il y avait d'un peu déplaisant dans cette tenue bourgeoise, et fit un Hugo définitif, au cou puissant, au front haut, et le couronna de lauriers ; chef-d'œuvre digne de l'artiste qui le tira du marbre et du poète dont il était l'image idéalisée.

En ce temps Hugo, sa famille et son entourage étaient *sous le rayon*, comme disait Sainte-Beuve. Les amis pleins d'entrain, la mère calme et reposée au milieu de ses beaux enfants qui poussaient, le poète dans toute sa gloire ; tel était le spectacle qu'offrait le salon de la place Royale. Quelqu'un chargé par Victor de présenter à Hugo son album pour qu'il y traçât un dessin à la plume, des vers et de la prose, lui écrivait :

« ..... Hugo a retouché le dessin qui devient mainte-
« nant une belle eau-forte ; tu auras des strophes et le
« passage en prose sur les *Étoiles* [1]. Comme il lui faut
« du temps, je laisserai l'album chez lui. D'ailleurs,
« Boulanger et Chatillon y traceront quelques gra-
« cieux dessins, sans préjudice des rimes que pourront

[1] Hugo n'était pas toujours aussi complaisant. Ennuyé d'avoir à écrire sur des albums qu'on lui adressait de toutes parts, il se contenta de tracer au milieu d'une page blanche ces deux vers :

Il aurait volontiers écrit sur son *chapum*
C'est moi qui suis Guillot maître de cet album.

Disons à ce propos que Victor avait rapporté de Weimar un fort beau dessin à la plume de Gœthe, un paysage dans le genre de Ruysdaël. Il possédait aussi une lettre du patriarche de la littérature allemande, très aimable, très flatteuse, dans laquelle il s'excusait de n'avoir pas témoigné des égards particuliers au jeune compagnon de David, dont l'article sur lui inséré dans le feuilleton d'Angers lui avait révélé le talent. Le dessin et la lettre imprudemment laissés sur la table de la chambre à coucher furent employés par une niaise servante à allumer le feu.

« y inscrire les deux Vacquerie, peut-être même
« Clodion-le-chevelu (Théophile Gautier) daignera-
« t-il..... ? J'insisterai pour que la moisson soit abon-
« dante.... La *Didine* est bien belle ; la *Dédé*, toute
« jolie déjà, joue à la poupée avec une petite amie de
« campagne, à laquelle le poète fait des niches à la
« Gringoire. Etonnante maison, plus vivante que les
« *Légendes du Rhin !* Le soir, quand vient l'heure de
« s'aller coucher, *Charles* tout endormi embrasse son
« père, sa mère, puis tous ceux qui sont présents,
« même ceux qui sont là pour la première fois.

Cependant, l'album était un peu oublié et Victor s'impatientait. Celui à qui il l'avait confié lui écrivait de nouveau, à deux mois de là :

« Deux visites inutiles à Hugo ! une troisième faite
« le soir ; impossibilité absolue de parler de l'album.
« Ils avaient ce soir-là trois dames de province, sans
« un seul Albertus (Théophile Gautier), sans le moindre
« Francis Wey [1] et, la conversation pareille à une con-
« versation de Baugé : Salles d'asile, curés, première
« communion, feuilletons d'Eugène Sue, choses édi-
« fiantes, plates et peu poétiques. Cette conversation
« était comme d'ordinaire, percée en maints endroits
« par des questions intermittentes de Madame Hugo
« sur ta femme, sur tes enfants, sur le père, sur toi.
« Tu sais ; dans les *spectacles marins*, un gros vaisseau
« passe sur une mer agitée où rien ne motive sa pré-
« sence ; on le suit de l'œil et tout à coup *psicht....,*
« boum ! le feu de la lumière et le canon. Ainsi les

---

[1] Compatriote et ami de Nodier ; il écrivait dans les journaux et dans la *Revue de Paris*, avec goût et talent.

« soirs où Madame Hugo trônant devant son feu,
« accueillante et distraite, rêvant et non rêveuse, se
« laisse aller à la pente de ses idées. *Toto* (François-
« Victor), boutonné jusqu'au menton dans une ample
« lévite d'où sort sa tête amaigrie, trop semblable à
« celle du grand-père Foucher; enfin on le croit
« sauvé [1]. Le fait est qu'il est plus vif, plus étonnant
« que jamais, identique à son père par le geste et
« l'accent. Il sera poète celui-là ; Sainte-Beuve a raison
« de dire ; *c'est le plus compromis !* Le père avait les
« cheveux frisés au fer, un jabot ; il racontait les dix-
« huit blessures reçues par son oncle Louis Hugo dans
« le cimetière d'Eylau ; ce jour-là Murat chargeait les
« Cosaques avec sa cravache... »

La frisure et le jabot avaient sans doute pour objet de faire honneur aux trois dames de province, de Bretagne, je suppose, où Mme Hugo comptait beaucoup de parents.

II

Dans les réunions où la poésie n'entrait pour rien, Hugo ne se montrait pas moins aimable ; il laissait de côté sa supériorité pour ne s'occuper que de ses hôtes. Sa fille aînée Léopoldine avait grandi ; elle était jolie, gracieuse, avec une physionomie à elle, d'une extrême finesse. L'ayant vue toute petite,

---

[1] Il relevait d'une grave maladie, les médecins lui avaient passé au cou un séton ; la tête penchée, chaudement vêtu, il se promenait au soleil sur le boulevard Beaumarchais, appuyé sur le bras de son frère Charles.

nous la tutoyions, elle et les trois autres enfants, sans nous apercevoir qu'elle était déjà bonne à marier. En 1844, un soir que nous allions rendre visite, nous entendîmes un grand bruit dans la salle à manger. « Qu'y a-t-il donc ? demandai-je à la servante qui nous introduisait. — Mademoiselle s'est mariée aujourd'hui ! » Ni Victor, ni aucun des habitués de la maison n'étaient avertis. Nous nous retirâmes, un peu surpris de la discrétion qui avait présidé à ces noces. Le soir même M. Vacquerie partit pour son pays, emmenant sa jeune épouse, que le père très ému laissa s'en aller en lui adressant ces vers :

« Pars avec une larme, entre avec un sourire ! »

Nous ne devions plus la revoir ! Bien peu de temps après son mariage, une rafale de septembre fit chavirer le canot dans lequel son mari la promenait à la voile sur la Seine, près de Tancarville, M. Vacquerie plongea en désespéré pour sauver sa jeune femme et il périt à son tour. Parlant de l'affreux malheur qui venait de fondre sur la famille Hugo, David écrivait à Victor :

« La maison de la place Royale est triste, silencieuse.
« La nuit cependant on doit entendre les éclats de
« voix de la pauvre mère qui a continuellement entre
« ses mains la chevelure de la noyée ; dans le jour
« Hugo tient embrassés ses enfants assis sur ses ge-
« noux. La jeune sœur ne connaît pas encore toute

14.

« l'étendue du malheur ; on ne lui a encore parlé que
« de la mort de M. Vacquerie. »

Le poète aimait ses enfants avec passion ; on conçoit la douleur que dut ressentir son âme de père et de poète, lui qui dans *Notre-Dame* et dans *Le Roi s'amuse* avait peint avec tant de vérité l'angoisse d'une mère et d'un père. Peu de jours après, en réponse à une lettre de Victor, Mme Hugo avait le courage de lui écrire un billet affolé, illisible, et trempé de ses larmes ; elle disait :

« Mon pauvre Victor, ma fille avait prié le jour de
« sa première communion pour que Dieu vous envoyât
« des enfants ; Dieu a exaucé ses prières. Maintenant
« priez, priez notre Maître, afin que je sois réunie
« aussitôt ma mort à mes enfants ; le mari de ma
« fille est mon fils ! Le Seigneur n'a pas voulu les
« séparer même une seconde. Eh bien, mon ami, de-
« mandez-lui cela, votre prière sera exaucée aussi, j'en
« suis sûre ; c'est ce que vous pouvez pour votre mal-
« heureuse amie et c'est tout.

« Vicomtesse A. Victor Hugo. »

Cette courte lettre est une main convulsivement tendue à un ancien ami, un cri d'angoisse. Pauvre femme ! elle montra bien de l'énergie dans cette circonstance et dans une autre tout aussi navrante dans laquelle son cœur de mère et d'épouse eut cruellement à souffrir.

Victor crut devoir profiter de ce dramatique incident pour engager Sainte-Beuve à se réconcilier avec les Hugo, à rentrer dans leurs bonnes grâces par cette large blessure. La réponse est profondément triste, désolante ; la voici, en partie du moins, parce que nous devons être discret dans la divulgation de ces lettres intimes qui nous sont confiées :

« ..... Non, je ne suis point rentré par cette *large
« blessure* comme vous dites si éloquemment ; je ne
« l'ai pas dû, je n'ai pas cru le devoir. *Trois fois*,
« depuis une année fatale, trois fois la liaison réclamée,
« suppliée, reprise à grand'peine, a manqué, et les trois
« fois sans qu'il y eût de ma faute..... Deux fois sur
« les trois, la liaison s'est brisée avec *injures* par
« lettres contre moi, injures non méritées. La dernière
« fois que la trame s'est pour jamais déchirée, ça été
« à la suite d'une visite qu'il avait réclamée de moi pour
« le pauvre enfant *Toto* bien malade.....

« J'y suis allé, il y avait du monde, des visites. J'y
« ai été ce qu'on est quand il y a des étrangers et
« qu'on n'est pas très sûr du parquet glissant. Cette
« pauvre enfant, alors si charmante, si rayonnante,
« *Didine* était là, discrète, prudente, mais regardant.
« Je croyais avoir été très simple ; un mois après, j'ai
« reçu une lettre de rupture et violente.... Longtemps
« après, lui, sur un cadeau par moi fait à ma filleule
« (*Dédé*), m'invite brusquement à dîner ; je refuse....
« Pourquoi y retournerais-je après cet affreux mal-
« heur !

« ..... En voilà pour l'éternité ! c'est horrible à pen-
« ser, mais c'est vrai. Le plus charmant, le plus pur,
« le plus innocent témoin de ce bonheur passé, vient
« de disparaître et de s'engloutir. Image trop fidèle de
« la réalité !.....

« Je n'ai pas vu Châteaubriand depuis ses courses. Je
« vis très seul, profitant du prétexte de la saison où
« le monde est absent ; je travaille, je rêve, je souffre ;
« j'ai fait dans mes vacances deux petites absences de
« quinze jours en tout, et je vais reprendre mon col-
« lier de bibliothécaire [1].

« Vivez heureux et plein de souvenirs, cher Pavie,
« vous seul en avez gardé le culte, et quand nous vou-
« drons aller rechercher et consulter quelque chose de
« notre poétique jeunesse, c'est à vous que tout bas
« nous nous adresserons. — Vous avez les saints mys-
« tères.

« A vous du meilleur du cœur,

« SAINTE-BEUVE. »

On ne peut que blâmer la conduite de Sainte-Beuve en cette circonstance : son extrême susceptibilité faussait parfois son jugement. Il y a des malheurs si grands devant lesquels on impose silence à ses sentiments personnels ! Il ne lui suffisait pas que Hugo l'invitât à dîner, il fallait que Mme Hugo lui témoignât le désir de le revoir. Non, elle ne le voulait, elle ne le devait pas ; les relations intimes interrompues depuis 1837, il ne lui convenait pas de les reprendre sur le tombeau de sa fille. On conçoit que Hugo fut très choqué de ce

---

[1] Il avait été nommé bibliothécaire à la Mazarine, avec logement. Vers 2 heures il quittait son bureau, se retirait dans sa chambre pour s'y reposer quelque temps sur son lit, et revenait à ses travaux littéraires, après s'être recueilli dans un demi-sommeil.

refus qui cachait un dépit inavouable, et il le fit bientôt sentir à Sainte-Beuve.

III

Le critique était alors en plein dans la fièvre de l'Académie et maintenait sa candidature avec la ténacité qu'il apportait à la poursuite de ses projets. Du reste il avait des droits incontestables : les plus sérieux académiciens étaient pour lui ; il s'était mis en règle vis-à-vis d'eux en publiant leurs portraits et il se hâta de faire celui de Thiers qu'il avait négligé jusqu'alors.

Quelqu'un qui le rencontra au cours de ses visites, le dépeint ainsi dans une lettre à Victor :

« ... A travers la fumée d'un long et noir cigare de
« *Tutti-Corin*, j'avisai dans la rue un petit monsieur en
« lévite brune, élégamment taillée ; sur la tête un
« étroit chapeau placé comme le tien, sur le sommet
« du crâne, mais reposant sur une espèce de toupet
« collé le long des tempes ; il précédait à pied un
« cabriolet de remise auquel il signalait de la main la
« route à suivre, tandis que lui-même s'arrêtait à
« toutes les bornes pour faire...

« *Ce que fait un toutou qu'on lâche le matin.*
« C'était ce cher *Delorme*, en visites d'académiciens,
« joufflu et rouge comme une pomme d'api avant les
« gelées, pareil en tout à celui qui, d'après la chanson
« badine de De Musset, serait *grand chantre à Saint-*
« *Thomas-d'Aquin*. Quand il est en tenue, notre ami
« ressemble un peu trop à un instituteur primaire ou

« à un notaire de campagne. En lui serrant la main
« au passage, je vis tout de suite briller dans ses yeux
« cet esprit sagace qui lui ouvrira bientôt les portes de
« l'Académie... »

Quelques mois après, il écrivait lui-même à Victor :

« Que vous dire, cher Pavie, en retour de vos belles
« paroles ? Vous aurez vu qu'au moment où je rece-
« vais votre lettre, j'étais en proie à la lutte acadé-
« mique la plus acharnée. Bien que sans issue, elle a
« été honorable pour moi. On avait tout employé pour
« Vatout (de la part du roi); de plus un ami à moi,
« M. Pasquier, était malade et sa voix me serait
« revenue. Enfin, la voix obstinée à De Vigny, qui
« m'a opposé son *veto* jusqu'à la fin, a été celle de
« Victor Hugo ; lui-même a proclamé son vote haute-
« ment ; voilà, cher ami, où nous en sommes venus.
« J'ignore l'avenir et si je pourrai l'emporter. Au cas
« de défaite, je me retire sous ma tente et reprends
« ma plume de critique pour ne plus la quitter. Nous
« voilà loin de la poésie, des souvenirs touchants et de
« cette piété que devait réveiller la pensée des morts.
« La vie est ainsi faite ; c'est pour cela qu'il peut
« devenir doux et facile de la quitter.

« Pardonnez, cher Pavie, ces brèves paroles. Mon
« cœur n'est pas desséché, mais je le renferme de
« plus en plus ; un jour peut-être je m'assoirai à
« l'ombre ; là, sans plus de trouble ni de haine, je
« rouvrirai les trésors enfouis ; vous y êtes.

« A vous de cœur,

« SAINTE-BEUVE. »

Il y a de la colère rentrée dans ces lignes ; le critique est redevenu méchant ; s'il échoue définitivement au second tour de scrutin, il reprendra *sa plume de critique* et la trempera dans le fiel. Voilà ce qu'il s'était attiré en refusant les avances que Hugo lui avait faites. Mais comme en terminant ces lettres amères et presque haineuses, il a toujours des paroles affectueuses pour l'ami, le seul peut-être sur qui il pouvait compter, bien que celui-ci ne lui ménageât pas les conseils ! Dans cette même lettre il lui annonce en ces termes la mort de Charles Nodier :

« Un article dans la *Revue de Paris*, par Francis
« Wey, contient sur les derniers instants de Nodier
« quelques détails exacts et touchants. Je l'avais vu
« pour la dernière fois le matin du jour de Noël ; il
« était au lit, non encore en danger ; à propos d'un
« Du Bellay que j'apercevais à travers les vitres de sa
« bibliothèque, nous avons parlé de votre édition et
« de vous. Il eut quelques paroles d'éloge... »

La mort de Nodier laissait une place vacante de plus à l'Académie [1]. Dans cette visite au doyen du Cénacle, Sainte-Beuve dut se rappeler que le charmant et aimable écrivain, qui était le parrain de

---

[1] Il fut remplacé par Mérimée qui le connaissait peu, ne l'appréciait guère, et au lieu de faire son éloge avec quelques détails, ne parla guère dans son discours que de Rabelais. Il n'y avait aucune affinité entre l'auteur de *Colomba* et celui de *Thérèse Aubert*, l'un sceptique, dur envers le lecteur qu'il fait assister sans émotion aux scènes les

Charles Hugo, n'avait pas donné sa voix au poète, quand il se présenta pour la première fois à l'Académie, et cela sans qu'il y eût de brouille entr'eux. En lui refusant la sienne au premier tour, Hugo signifiait à Sainte-Beuve qu'il eût à faire pénitence en attendant le jour définitif. Mais le critique était fort impatient; il avait mis dans sa tête qu'il aurait un fauteuil sous le dôme de l'Institut à 40 ans, et il y touchait. Enfin tout s'arrangea : il fallait faire visite à Hugo ; ce fut M. Molé qui conduisit le candidat dans sa voiture à la place Royale et l'entrevue fut très correcte.

Voici comment il raconte les détails de sa réception :

« Le 15 mars 1846.

« Cher Pavie, que je suis en retard pour vous remer-
« cier de votre bon souvenir et vous dire qu'à travers
« mes longs silences je suis le même et tout à un
« petit nombre dans le passé ! Vous aurez su du reste
« tout le torrent qui m'a entraîné durant un mois.
« Une candidature n'est rien auprès d'une veille de
« réception ; enfin tout cela est passé et bien passé.
« Enfin, je jouis du fauteuil et l'un de mes premiers
« soins est de régler les comptes de cœur avec les
« chers amis qui pourraient se croire négligés, s'ils

plus dramatiques, les plus horribles, — ce qui n'ôte rien à la haute valeur de son talent si original, — l'autre conteur entraînant, attendri, qui s'identifie tellement avec ses personnages qu'il semble pleurer avec eux et nous arrache des larmes à force d'être vrai. Le premier n'a pas assez de cœur, le second en a trop peut-être !

« n'étaient indulgents comme des mères. J'ai à peine
« vu le cher Théodore dans tous ces temps-ci ; j'ai eu
« cependant le plaisir de le rencontrer l'autre matin
« et de lui serrer la main, et à vous tous en lui. Hugo
« a été (vous l'avez su) très bien pour moi en cette
« grave circonstance ; il l'a été d'autant plus que la
« veille il avait voulu exiger de moi certaines modifi-
« cations dans mon discours, lesquelles je n'avais pas
« consenties, et malgré mon refus fort net, il n'a rien
« changé à ses éloges. Ainsi tout s'est passé digne-
« ment et avec une parfaite convenance. C'est le der-
« nier hommage au passé, hélas ! Il y a même de la
« division là dedans. Se féliciter de la convenance et
« dire que cette condition rigoureusement observée,
« tout s'est passé à souhait ! Cher Pavie, qui nous
« eût dit cela il y a quinze ans à pareil mois, à pareil
« jour, lorsque les *Consolations* paraissaient [1] ! »

Sainte-Beuve nommé en remplacement de Delavigne, passa le même jour que Mérimée, mais avant lui, ce à quoi il tenait essentiellement, comme il me l'avait affirmé à plusieurs reprises [2].

Dans tout ceci, Sainte-Beuve rend bonne justice à Hugo. Le grand poète n'était pas rancuneux ; il céda devant l'obstination du critique qui ne consentit pas à changer un seul mot de son discours. Cependant, il oubliait un peu les anciens amis

---

[1] Son second volume de poésies dont il avait donné la 2ᵉ édition à sa filleule Adèle Hugo, présent accepté par le père.

[2] Par un hasard piquant, ce fut V. Hugo qui, chargé de recevoir Sainte-Beuve à l'Académie, répondit à son discours.

pour les nouveaux. Au moment de la double candidature de Sainte-Beuve et de Mérimée, déjà sûrs de leur nomination, il recommandait aux suffrages de la Compagnie, dans une séance du jeudi, un jeune poète d'un rare talent, plein d'avenir, son élève favori, Th. Gautier : et ceci, tandis que de Vigny, Émile Deschamps, ses contemporains et ses vieux amis, demandaient à s'asseoir à ses côtés. Comment Villemain, Guizot, de Barante, Ballanche avaient-ils reçu cette injonction dont on n'avait point vu encore d'exemple à l'Académie et que le poète adressait aux immortels avec une pompeuse gravité ?

IV

La tristesse cependant régnait toujours à la place Royale. Dans une lettre écrite de Paris, on lit ces mots :

« Le grand-père Foucher a vieilli en quelques mois
« des dix-neuf ans qu'avait sa petite fille. Le poète
« souffre au cœur, à l'esprit, à la gorge et aux yeux.
« Mᵐᵉ Hugo était au lit malade de chagrin, à trois
« heures, quand ma femme a frappé à sa porte. Les
« enfants vont bien ; Charles, très grandi et en
« seconde ; ton ami, *Toto* le poète, tout guéri, Shakes-
« pearien et Rabelaisien, est en quatrième. Quand on
« songe que ces deux *aiglons* sont plus avancés en
« théories littéraires que leurs professeurs, on se
« demande ce que l'on pense d'eux au collège. La

« *Dédé* grandit, s'allonge ; belle sous ses habits de
« deuil, assise près des portraits multiples des infor-
« tunés époux disparus sous les flots... »

Rappelée brusquement par un affreux malheur aux sentiments religieux un peu oubliés, Mme Hugo semblait avoir découvert quelle source de consolation est ouverte à ceux qui ont des croyances. Dans son zèle nouveau, elle faisait part à tout venant des douceurs réservées aux âmes chrétiennes. Sa douleur était expansive, elle parlait sans cesse de son gendre et de sa fille, et infligeait une gêne constante à ceux qui la visitaient. Pauvre mère ! Elle ne pouvait s'accoutumer à l'idée que sa fille lui était à jamais ravie. Aussi lorsque la petite Elisabeth, le troisième enfant de Victor, mourut d'une fièvre cérébrale, lui écrivit-elle une lettre où son propre chagrin se fait jour et s'exhale.

« Mon cher Monsieur Victor, voilà donc les épreuves
« que Dieu vous réservait ! Cela suffirait à faire croire
« à une autre vie. Si le bonheur est la récompense
« d'une vie si noble et si pure, vous ne l'avez pas
« ici-bas ; nécessairement il vous attend autre part.
« Consolez-vous avec cette pensée et voyez vos petits
« anges déjà rendus sur cette rive où vous débar-
« querez un jour et qui vous y préparent une demeure.
« Levez les yeux là-haut et baissez-les le moins pos-
« sible ; je supporte ma vie seulement dans cet ordre
« d'idées. Sur la tombe de mes enfants d'où j'arrive,
« je touchais leurs corps seulement avec le mien. Mon
« âme sortait pour ainsi dire de moi pour s'unir à la
« leur. Il y a des délices dans l'union, dans la com-

« munion des âmes. Cherchez-les et vous les trou-
« verez avec moi. Dites-vous que chaque jour, dussiez-
« vous vivre aussi longtemps qu'il est donné à
« l'homme, vous rapproche de ces chers petits, et vous
« en viendrez à bénir chaque jour qui s'est écoulé ; et
« puis comme vous le dites, Dieu sait mieux que nous
« ce qu'il faut qui soit fait !... »

Il y a quatre pages ainsi, désolées et consolées, où la foi vit et respire, où la résignation s'affirme, où se trahit aussi l'effort désespéré d'un cœur brisé qui ne voit plus de bonheur en ce monde. Elle termine par ces mots :

« Je vous fais assister, cher Monsieur Victor, au tra-
« vail de mon esprit qui est constamment occupé des
« rapports de ce monde avec l'autre. C'est que j'ai là-
« haut une partie de ma chair et une partie de mon
« âme. »

A cette longue lettre, le poète, sortant de son silence, joignait le billet que voici :

« Hélas ! quel triste écho votre cœur éveille dans le
« mien ! vous en êtes, comme moi, aux grandes dou-
« leurs de la vie ! voir la fleur tomber, voir mourir
« son avenir, voir son espérance se transformer en
« désespoir. Hélas ! c'est ce que je n'eusse souhaité à
« aucun de mes pires ennemis. Pourquoi la Provi-
« dence envoie-t-elle cette angoisse à l'un de mes
« plus chers et de mes meilleurs amis ! Adorons et
« répétons ce grand mot : Ailleurs ! »

C'est là de la douleur poétique, de la sympathie

exprimée dans la langue des Dieux, avec un mot qui en rehausse le ton : *Adorons !*

Pendant la maladie très grave de sa femme, — une fièvre typhoïde contractée à soigner son fils François-Victor, — Hugo avait eu de ces élans presque chrétiens.

Victor pouvait espérer avoir atteint le terme de ses chagrins ; mais Dieu voulait lui ravir les prémices de ses agneaux. Nous avons parlé déjà du lamentable accident qui lui enleva son second fils, Maurice, noyé dans le bassin des Rangeardières. Notre père faillit mourir du coup. Cette fois le cœur de Victor fut déchiré, il se crut abandonné de la Providence et condamné à voir mourir tous ses enfants. Celui-ci avait cinq ans déjà. Ses amis se pressèrent de loin et de près autour de lui. Les lettres et les visites se multiplièrent et arrivèrent de partout. Mais ce qui le toucha jusqu'aux larmes, ce fut de voir entrer sous son toit désolé Mgr Angebault qui venait lui offrir ses consolations. Le portrait du petit Maurice, peint par Alfred Ménard, est toujours resté dans la chambre de la pauvre mère qui en nourrit sa douleur et songe, en le regardant, qu'il ne faut compter sur rien en ce monde.

CHAPITRE VII

Suite et fin des relations avec les grands amis

I

Nous avons pris Victor à sa naissance et nous l'avons conduit jusqu'à sa 36ᵉ année. Nous l'avons vu enfant, adolescent et déjà poète, enthousiaste des arts, avocat, imprimeur, marié, père de famille et bien cruellement éprouvé par la perte de ses trois premiers-nés. Au bout de dix ans, il quitta cette noble profession d'imprimeur pour laquelle il avait du goût, qu'il entendait bien, cette profession héréditaire dans la famille et que notre père avait relevée de la ruine. C'est qu'alors la politique, comme une marée montante, venait battre sa porte; on lui offrait de publier un journal; il ne voulut pas employer ses presses à ce travail de tous les instants, à cette tâche absorbante sans savoir quelles opinions il serait appelé à représenter. Sollicité de divers côtés, il prit le parti de se démettre de son établissement.

Notre père qui se plaisait à le remplacer durant ses absences assez fréquentes, ne vit peut-être pas sans quelque chagrin cette résolution prématurée, mais il n'en fit rien paraître et se résigna comme il l'avait toujours fait. Du moins eut-il la satisfaction de constater que son imprimerie passait à deux frères dignes de substituer leur nom au sien. En 1792, le grand-père maternel de MM. Lainé, qui habitait Chemillé, étant venu à Angers, y reçut de Louis-Victor Pavie, notre aïeul, des proclamations royalistes. Aussitôt dénoncé, il fut saisi. « Qui vous a remis ces papiers compromettants ? — Je ne le dirai pas ! — Vous irez en prison. — Eh bien, j'irai où vous voudrez, mais je ne parlerai pas ! »

La prison ouvrit ses portes à ce brave homme qui aima mieux s'exposer à la mort que de trahir son ami ! Il en sortit sain et sauf, à la chute de Robespierre, comme tant d'autres, mais sa noble action resta gravée dans le souvenir de notre père; il fut heureux de voir succéder à Victor les petits-fils de celui qui avait, par son généreux silence et au péril de ses jours sauvé la vie à son père.

Était-ce l'oisiveté, le *benedetto farniente* que cherchait Victor en se retirant des affaires ? Non, l'eût-il désiré que son esprit actif, ingénieux à se créer des devoirs, l'eût empêché d'en jouir. En quittant son fardeau, il se trouvait plus à même de se charger de celui des autres et plus disposé à ressentir les mille ennuis de la vie de province, car, pour lui il n'y avait point de petites peines : les moindres ennuis prenaient les proportions de gros chagrins, les moindres inquiétudes amenaient avec elles des flots de tristesse ; aux grands cœurs les grandes douleurs. Il souffrait des chagrins d'autrui plus que des siens propres. Voilà comment il fut conduit à se vouer tout entier aux œuvres de charité qui prenaient désormais dans notre ville une grande extension et employa ses loisirs à faire le bien, sans négliger de donner satisfaction à ses goûts littéraires et artistiques. Toujours occupé de mille soins divers, on le voyait passer d'un pas pressé, haletant, la tête levée, comme un homme qui a oublié quelque chose. Ce qui lui donnait ces airs effarés, c'était la pensée qui germait perpétuellement dans son cerveau, la recherche d'une rime, le tour à donner à une phrase, la crainte d'arriver trop tard à une réunion de la Société de Saint-Vincent de Paul, la hâte de terminer une lettre à un ami, car les devoirs de l'amitié furent toujours sa grande affaire, et ceux de la famille ne venaient qu'après.

Nous avons fait connaître en détail ses amitiés littéraires, comment elles se formèrent, comment elles se fortifièrent et finirent par être le trait principal de sa vie entière. Et si nous y revenons encore, ce n'est pas sans un grave motif. Au moment où Mɢʳ Freppel, après avoir prononcé le magnifique éloge de Victor, qu'il a montré sous toutes ses faces, avec toutes ses qualités, toutes ses vertus, toutes ses facultés, au moment où l'éloquent prélat, ému lui-même et des larmes dans les yeux, allait se revêtir de ses ornements pour donner l'absoute, une voix timide hasarda cette parole de reproche à l'adresse du défunt : « Oh ! ses amis, il ne les a pourtant jamais abandonnés ! » Il n'avait donc pas entendu, celui qui prononça ces paroles, la phrase nettement articulée, pleine de tolérance, dans laquelle l'orateur avait caractérisé ces fidèles amitiés ! Eh bien ! c'est à nous qu'incombe le devoir d'expliquer la constance de Victor dans ses relations en faisant connaître quelques détails de la vie des hommes illustres avec lesquels il se lia.

II

A l'époque où Victor y fut admis, le *Cénacle* était presque en entier composé d'écrivains royalistes — et croyants — au moins *plume en main*. La Pléiade des poètes, Lamartine et de Vigny, tous les deux ex-gardes du corps, Hugo, décoré à vingt-deux ans par Charles X, à Reims, Soumet, Guiraud, Émile Deschamps, parmi les prosateurs, Ch. Nodier et d'autres appartenaient à la même opinion. Plus tard, il y eut de grandes défections, mais qui les prévoyait alors ? On a vu que Hugo subit plus qu'il n'accueillit la Révolution de Juillet. Il eut même plus d'un sarcasme contre Louis-Philippe qu'il appelait le roi *pitoyen*. Un jour que le nouveau souverain visitait à cheval avec tous ses fils, les uns jeunes hommes déjà, les autres presque enfants, — les rues encore dépavées de Paris, son chapeau rond orné d'une cocarde tricolore, tomba de sa main. Un ouvrier le ramassa, le lui remit, et reçut pour sa peine une pièce d'or. Racontant cette aventure, V. Hugo disait : « Un louis d'or !... Mais il faudrait que celui qui a touché la *chose* du roi, fût pour toute sa vie à l'abri du besoin, comme cela se faisait en Espagne !... »

Le poëte était monarchique, autoritaire ; il admirait les souverains à la manière de Charlemagne et de Napoléon ; il aimait à prononcer et à placer dans ses vers le grand mot d'Empereur. Il parle quelque part d'une vieille Bible

Où l'on voit Dieu le Père en habit d'Empereur !

C'était d'ailleurs le nom qu'il donnait à Charles son fils aîné. Dans ses préfaces ne trouve-t-on pas le ton emphatique des proclamations qu'un conquérant adresse à ses troupes ? Au reproche qu'on pouvait lui faire d'exalter tour à tour les Bourbons et Napoléon, il répondait : Je suis

« Fidèle au double sang qu'ont versé dans ma veine,
« Mon père vieux soldat, ma mère Vendéenne. »

Je ne le blâme pas de ces tendances autocratiques qui sont naturelles à l'homme de génie. Comme Goëthe, il était attiré vers le surhumain, vers le surnaturel, mais plus spiritualiste que le patriarche de la littérature allemande, il repoussait ce panthéisme qui ne dégage pas Dieu de la création et le noie dans son œuvre. Dans un dîner chez David se trouvait entre autres savants, Arago, alors fort en vogue, et habitué par ses cours à parler en public avec beaucoup d'aisance. Homme politique, non moins qu'astronome, Arago se montra ce soir-là brillant causeur, et les honneurs de la conversation furent pour lui, à ce point que le poète en demeura un peu choqué. Le lendemain je rencontrai Hugo et il me parla avec un peu d'aigreur du dîner de la veille. Comme je lui faisais observer qu'Arago possédait une rare facilité d'exposition dans sa chaire et le mérite fort appréciable d'être un vulgarisateur très écouté : « C'est égal, mon ami, me répondit-il d'un ton sérieux, je me défierai toujours de la science d'un astronome qui a fait le tour du ciel sans y rencontrer Dieu ! » Belles paroles, qui furent prononcées de cette voix sonore et ferme qui exprimait si nettement toute la pensée du poète.

Il n'y avait donc, dans les conversations qui se tenaient chez Hugo, ni de sa part, ni de celle des habitués ordinaires du Cénacle, rien qui pût choquer les convictions d'un catholique. Tout s'y passait dans les convenances, devant Mme Hugo, devant les enfants. En politique, il en allait de même : on n'était rien moins que républicain alors dans ces réunions d'artistes, si simples et si agréables. Un jour, au retour d'un voyage de deux ans dans l'Amérique Méridionale, j'allais faire visite à la famille, sur la place Royale. Ayant eu à subir une traversée de quatre mois et demi, j'étais peu au fait des nouvelles, et j'entendis, sans la bien comprendre d'abord, la conversation suivante :

« Vous n'avez pas assisté, je crois, aux obsèques d'Armand Carrel? — Hugo répondit : Non ; je devais à Girardin de n'y pas figurer ; son journal a été toujours très bon pour moi, il m'a défendu quand tant d'autres m'attaquaient. D'ailleurs, je ne suis pas du tout républicain. Je ne puis pas être républicain...

— Et pourquoi ?

— Vous ne comprenez pas pourquoi, cela m'étonne ! Parce que dans une république je ne resterais pas en vie pendant trois jours... Les partis se disputeraient pour m'avoir et en moins de trois jours, ma tête tomberait [1]. »

Je m'abstiens de tout commentaire, je cite textuellement les paroles que j'ai entendues et qui sont restées gravées dans mon souvenir. Le poète ne passa à la démocratie que pour faire de l'opposition à un gouvernement qui avait trompé son attente en ne l'appelant point dans ses conseils.

[1] L'interlocuteur de V. Hugo n'était ni un poète, ni un peintre, mais un architecte, M. N..., ami de la maison et qui, ayant son franc parler, causait sur toutes sortes de sujets qu'il mettait sur le tapis, un peu au hasard.

Le sentiment religieux n'était pas tout à fait absent de sa famille. La communion des enfants y rappela la mère, comme on l'a vu dans ses lettres, et la mort de sa fille l'y confirma plus fortement. A propos de la perte de son père, (en 1845), elle écrivait à Victor cette lettre touchante :

« Mon cher Monsieur, votre lettre m'a fait du bien.
« Quand l'âme souffre elle est susceptible ; la vôtre a
« si bien compris la mienne que le soulagement m'est
« arrivé, car vous savez ce qu'il faut dire. Mon père
« est mort comme il avait vécu, en sage et en chré-
« tien, entouré de ses enfants. J'ai eu sa dernière
« étreinte qui était son adieu, si ce mot d'adieu
« peut servir là où ceux qui vont dans un autre monde
« vivent plus que jamais en nous. Je n'ai pas eu de
« désespoir, ainsi que dans ma première épreuve, mais
« un grand abattement de découragement, la seconde
« phase de ces sortes de souffrances. Mon boulet s'est
« alourdi, ce que je ne croyais pas possible. En traî-
« nant ce boulet, il faut lever les yeux en haut ; c'est
« ce que je m'efforce de faire.

« Les nouvelles que vous me donnez me disent que
« vous avez eu des inquiétudes sur la santé de vos
« enfants, mais vous en êtes tiré et je m'en réjouis
« avec vous ; car vos peines sont les miennes, de
« même que vos joies. Le temps ne fait qu'accroître
« l'amitié que je vous ai vouée ; cette amitié s'est
« doublée avec votre femme si digne d'être la vôtre,
« et vous êtes bien vraiment mes frères comme l'en-
« tendaient les saints apôtres.

« Mes enfants vont bien ; mon mari vous serre la
« main, Monsieur et cher ami.

« La Vicomtesse Victor Hugo. »

Belle et bonne lettre qui prouve que Victor pouvait s'asseoir au foyer de Hugo et trouver l'occasion de parler librement le langage d'un catholique convaincu. L'ancien *Cénacle* s'était dispersé en partie ; il s'était introduit parmi les familiers du poète plus d'un épicurien franc rimeur, aux propos un peu aventureux, mais tous étaient trop amis de la fantaisie pour aborder la philosophie que le Maître n'aimait guère d'ailleurs [1].

Par la mort d'Eugène Hugo, l'aîné [2], le titre de comte était passé au second fils *Abel Hugo*, qui avait été page du roi Joseph, en Espagne. Victor, le plus jeune, était donc baron, quoiqu'il n'en soit jamais question dans ses écrits. Mme Hugo se contentait d'accepter la qualification de baronne quand

---

[1] J'ai sous les yeux un discours prononcé le 19 janvier 1850 par Victor Hugo dans la discussion de la loi sur l'enseignement. Il insiste avec énergie sur l'éducation religieuse *à donner aux enfants*, et dit en terminant : « Quant à moi, j'y crois profondément à ce monde meilleur, et je le déclare ici, c'est la suprême certitude de ma raison, comme c'est la suprême joie de mon âme. »

[2] V. Hugo a écrit sur ce frère de bien beaux vers. Il était doué d'un talent prodigieux, qu'une maladie du cerveau empêcha de se développer, et fut longtemps enfermé dans une maison d'aliénés : comme on ne parlait jamais de lui, beaucoup d'amis ignoraient son existence.

on la lui donnait dans un dîner d'apparat. Mais, à partir de la mort d'Eugène, elle signa *Vicomtesse V. Hugo*, comme on a pu le remarquer dans la dernière des lettres citées. Quant au poète, il resta Victor Hugo tout court, et préféra à la couronne ornée de perles, la couronne de lauriers que David avait posée sur sa tête ; hommage auquel il fut très sensible. Cependant il tenait beaucoup à ses armes et à sa fière devise : *Ego Hugo*. Non, il n'avait point les instincts démocratiques, le grand poète ; il ne refusa point la dignité de pair que lui offrit Louis-Philippe, le roi *pitoyen* qu'il trouvait trop bourgeois pour régner sur la France.

Il alla dîner aux Tuileries en cravate blanche [1], comme un simple député de province, au milieu de hauts personnages, qui ne lui étaient pas très sympathiques, à commencer par le maître de la maison. A la Chambre des pairs son premier discours, brillant d'images, mais un peu incohérent et bizarre par la forme, eut si peu de succès que son fils François-Victor, témoin de cet échec, quitta la salle en pleurant de dépit. Ainsi, la Révolution de 48 le trouva tout rallié à la dynastie nouvelle,

---

[1] Le hasard m'ayant fait rencontrer V. Hugo dans la rue Saint-Honoré, il m'emmena avec lui, en me disant : « Il me faut une cravate blanche pour dîner ce soir aux Tuileries ; venez avec moi en choisir une. » La demoiselle de magasin, fort jolie personne, en passant à son cou le collier de soie pour le lui essayer, parut frappée de la beauté de la tête et du large front du grand poète qui s'en aperçut.

et l'émeute qui grondait sur la place Royale dans les journées de Juin lui fit peur. Il parla du haut de son balcon aux insurgés, commençant par ces mots : « Vous êtes des gens honnêtes mais égarés !... » Mme Hugo et ses enfants s'étaient réfugiés chez un ouvrier fumiste et s'y tinrent cachés plusieurs jours.

Le poète comprit que sa popularité n'était pas encore parvenue jusqu'aux couches inférieures de la société; il lui manquait le flair politique qui fait prévoir aux hommes pratiques les événements du lendemain. 1830 le trouva légitimiste, et 1848 le surprit pair de France; son opinion retardait sur celle de la population parisienne, et tandis qu'il hésitait à prendre un parti, Lamartine se jetait dans la mêlée et se trouvait prêt à jouer un rôle brillant dans les assemblées publiques qui subissaient le charme de son éloquence entraînante. Quand tomba cette République improvisée, quand le Prince-Président, relevant la couronne impériale, la posa sur son front, Hugo crut que son heure était venue; mais dès qu'il vit qu'on ne prenait pas garde à lui, sa colère ne connut plus de bornes. De Bruxelles où il fut contraint de se dérober aux recherches de la police impériale après le 2 Décembre, de Jersey, de Guernesey où il se retira plus tard, il lança contre le nouveau César les traits de sa haine implacable et méprisante. Dans son exil, du haut de son rocher de *Hauteville-*

House qui était pour lui le rocher de Sainte-Hélène, il ne cessa de faire entendre sa voix au monde entier, tantôt par des poésies d'une inspiration violente, tantôt dans des romans où éclate une sympathie un peu forcée pour les misérables, pour les travailleurs, et une antipathie mal déguisée contre les classes supérieure et moyenne de la société. En peu de temps, il fit de grands pas dans cette voie et se trouva bientôt au premier rang de ceux qui tendaient la main à la démocratie et ne tardèrent pas à lui donner le bras.

Alors Hugo habitait à l'étranger ; ses anciens et ses meilleurs amis ne le voyaient plus. Beaucoup lui restèrent fidèles ; Victor l'oubliait moins que tout autre. A l'occasion de ses œuvres nouvelles qui portaient l'empreinte d'un trop libre jugement sur les choses les plus sacrées, il se crut tenu de lui écrire une lettre dans laquelle il faisait appel aux sentiments respectueux que le poète professait jadis pour les croyances catholiques. Dans sa réponse Hugo protestait contre toute idée d'impiété de sa part et se déclarait « plus religieux que jamais. » Ces paroles prouvaient que le poète ne voulait point heurter les convictions de son vieil ami ; il appelait sentiment religieux une vague adoration du Créateur, du Tout-Puissant, dégagée de toute espèce de culte. Victor s'affligea de cette déclaration qui annonçait un parti pris de ne pas croire ; il avait fait son devoir de chrétien et d'ami et garda le silence. Par ailleurs, Madame Hugo semblait toujours se maintenir dans la foi ; une lettre qu'elle adressait à Victor à propos de la mort de notre père, le ferait espérer.

« Guernesey, 13 décembre 1859.

« Cher ami,

« Je suis bien en retard pour vous répondre. J'ai été
« très souffrante, ce qui m'a rendue très paresseuse,
« mais mon cœur ne l'est pas et mes émotions sont
« toujours aussi vivaces. Votre malheur a trouvé un
« écho dans mon âme si éprouvée aussi ! Votre excel-
« lent père a mené une vie si honorable, appuyée sur
« le devoir et le pieux souvenir de celle qui l'a pré-
« cédé, que s'il a eu des regrets, il n'a jamais connu
« de remords. Sa mort si douce et si confiante a été
« le complément d'une existence si rare, et dans
« votre douleur est encore le ciel bleu. Vous voilà
« avec de grands enfants, une fille bientôt à marier
« et des fils qui continueront vos vertus et, regardant
« devant comme derrière, vous pourrez remercier Dieu.

« Mon mari qui a été très malade l'an dernier d'un
« anthrax, est maintenant brillant de santé. La
« *Légende des Siècles*, en pleine prospérité aussi, a eu
« un grand succès. Charles chez qui le talent de
« romancier s'est révélé a publié dans la *Presse* : la
« *Bohême dorée* ; l'avez-vous lue ? Votre *Toto* poursuit
« avec persévérance sa traduction de Shakespeare. Ma
« fille courageuse, au cœur haut, partage, comme ses
« frères, l'exil du père. Son entraînement est vers la
« musique. Elle donne sa jeunesse et sa beauté à l'art
« et à la piété filiale. Hélas ! tout ce cher monde ré-
« siste au mariage, et les vieilles années viennent pour

« moi, sans que j'espère avoir des petits enfants. Jugez
« donc le bonheur que j'aurais à bénir ces chères têtes
« blondes. Mais dois-je être aussi avide de toutes les
« joies ? et j'ai été trop bien partagée pour me plain-
« dre. Vous verrai-je avant de mourir, cher Victor,
« j'en doute ; mon cœur de vieille amie vous appar-
« tiendra jusqu'au dernier battement.....

« A vous,
                              « Adèle H... »

(La *Vicomtesse* a disparu). De son exil que la famille tout entière partage avec le poète, la mère dont le cœur déborde d'affection pour son mari et pour ses enfants, confie ses joies, moindres que ses peines, à son vieil ami des jours heureux. Quelle cordialité dans cette lettre ! quels accents de fidèle amitié ! Abandonner la famille Hugo quand elle gémissait dans l'exil, c'eût été mal répondre à des sentiments si affectueux, c'eût été de la part de Victor de l'ingratitude. Il ne sacrifiait rien de ses convictions en restant fidèle à une ancienne et constante intimité de plus de trente années. Dans la nouvelle voie que suivait Hugo, il ne le suivait pas : demeuré inébranlable dans celle qu'il avait choisie, il regardait avec tristesse l'homme de génie, le poète plus grand que jamais, qui s'enfonçait chaque jour davantage dans une popularité malsaine, qui, promenant ses yeux sur les mondes visibles et invisibles, en était venu *à faire le tour du ciel sans y rencontrer Dieu*, le Dieu de son enfance et de tous les chrétiens.

III

Passons à Sainte-Beuve et examinons la nature des relations de Victor avec lui. Dans sa jeunesse, le célèbre critique qui avait l'âme ouverte à toutes les nouveautés et les aventures, s'était affilié aux Saint-Simoniens. Il avait fait campagne avec eux dans le *Globe*, et tout en se moquant plus tard de leur prétention à réformer la société, il resta l'ami des meilleurs de la secte. Dégagé de tous liens de ce côté, il se prit d'une vive curiosité et même d'une certaine sympathie pour le mouvement catholique inauguré par Lamennais, l'abbé Gerbet, Montalembert, Lacordaire. Nul doute que sa pensée inquiète ne les eût suivis, si sa jeunesse sans direction, flottant au souffle de passions très vives, — il l'avoue dans ses lettres, — ne s'était pas abandonnée au scepticisme et à l'indifférence. Quand Victor se lia intimement avec lui, il avait des velléités de retour vers la foi; des admirations pour les grands écrivains et les grands orateurs catholiques, il parlait volontiers de leurs travaux; et son vif esprit se partageait entre la poésie et l'étude des hautes questions qui s'agitaient autour de lui. C'étaient là aussi les deux sujets de prédilection de Victor, lui qui disait : « Je ne connais que deux choses, le dogme et la fantaisie ! » Quand ces deux hommes causaient ensemble, quel vaste champ s'ouvrait devant eux ! D'ordinaire Sainte-Beuve aimait à enseigner, à expliquer les nuances qui caractérisent le talent d'un écrivain, à citer des passages d'un ouvrage sur lequel s'exerçait sa critique du moment et à lire de petites notes qui étaient comme les lignes principales du *portrait* dont il s'occupait. Mais quand Victor était présent, l'entretien prenait un autre ton. Le critique jetait en avant une idée et laissait son ami la saisir d'un bond, la développer dans deux ou trois images hardies, imprévues. « Sa parole ardente fait tout de suite éclore l'œuf », disait Sainte-Beuve qui excellait à renfermer sa pensée dans une métaphore.

S'il s'agissait d'une question philosophique ou morale, Victor savait se contenir. C'était du fond de sa conscience qu'il tirait ses arguments ; sa parole devenait douce, convaincante ; son imagination se mettait de la partie, — la poésie ne l'abandonnait jamais, — mais elle cédait la place à l'expression plus précise de sa pensée ; et Sainte-Beuve souriant, entraîné, prêtait l'oreille à cette éloquence subite, née de convictions profondes qui se manifestaient avec une véritable autorité. C'était la foi éclairée, fortement établie qui lui donnait ce singulier prestige auquel il dut de conserver des liaisons durables avec des hommes supérieurs, séparés de lui sur bien des points. Ils aimaient tant de facultés éminentes jointes à tant de candeur et de solides vertus : son âme était à la hauteur de son esprit.

Dans le champ de la politique, Sainte-Beuve suivit une marche tout opposée à celle de Hugo. Hostile à la Restauration qu'il attaquait dans le *Globe*, attaché à la rédaction du *National* sous le régime de Juillet, toujours mécontent et irrité, il se calma peu à peu. S'il refusa la croix de chevalier de la Légion d'honneur qu'on lui offrait à l'occasion du mariage du duc d'Orléans, avec une centaine d'écrivains fort inférieurs à lui et de personnages politiques de mince valeur, *en fournée*, comme il disait dans sa colère, il accepta la place de bibliothécaire à la Mazarine. C'était bien le moins qu'on pût lui offrir. En 1848, voyant la France livrée aux hasards d'un gouvernement provisoire, il donna sa démission. Son zèle pour les révolutions s'était refroidi. Aussi quand on l'appela en Belgique pour faire un cours de littérature française, il s'empressa de s'y rendre. Une lettre datée de Liège du 1ᵉʳ mai 1849, vint faire connaître à Victor ses nouvelles fonctions.

« Cher ami, ce n'est point par lettre, mais en cau« sant, qu'il faudrait se dire ce qui peut combler un si
« long intervalle. Quand je vous ai vu à Paris l'été der« nier, j'étais déjà à peu près décidé à partir. Il ne
« restait plus que le chapitre des *voies et moyens* ; une
« occasion s'est présentée et je l'ai saisie. Je ne voulais
« plus rester fonctionnaire en France, où tout est ra« baissé excepté les *vanupieds*. Il m'a fallu faire un

« coude pour revenir au point où j'étais quand je per-
« chais dans notre petit hôtel, seul avenir à quoi j'as-
« pire ; on revient toujours à ses origines. Je ne re-
« viendrai pas, il est vrai, à cette jeunesse qui fait
« qu'on est bien dans un *grenier*, mais aussi je tâcherai
« au lieu de *grenier* de trouver un entre-sol, et ce seul
« point changé, je serai content. Je serai content et
« triste, mon cher Pavie ; la tristesse sera désormais
« ma douce compagne ; vieillir n'empêche pas d'avoir
« des douleurs, des peines, et j'aime mieux encore
« cela qu'une distraction vaine et futile..... Je fais ici
« des cours dont un public.....; l'année prochaine je
« serai libre et j'espère que je terminerai *Port-Royal*,
« après quoi j'aurai fini et je déposerai le *ceste*.

« Je suis ici en pleine campagne ; je vois chaque
« matin le soleil se lever de mon chevet, et ma vue
« erre au loin dans les vallées, sur un verger immense.
« C'est la première fois que je vois *Avril* aux champs.
« Vous me direz que c'est avoir attendu un peu tard
« pour découvrir le printemps. Dans ce calme de la
« nature et de l'étude, mon cœur est triste, dans un
« deuil qui fait contraste avec la fête de la nature ; je
« reste fidèle au passé, aux absents.....

« Cher Pavie, cultivons l'amitié, le souvenir, le si-
« lence ; c'est de ce côté qu'est pour nous le dernier
« parfum de poésie.

« A vous de cœur,

« SAINTE-BEUVE. »

La position de Sainte-Beuve à ce moment devenait assez précaire. Lorsque l'Empire fut fait, il
se trouvait entièrement dégoûté de ces changements
de régimes, dont il avait à souffrir. Ce n'est
pas qu'il crût à la solidité du nouvel ordre de

choses, mais il disait en homme voué au célibat et qui ne pense qu'à soi : « Cela durera autant que moi ! » A la demande du docteur Véron, il consentit à écrire dans le *Moniteur* où l'on payait très bien ; et puis là, comme il me le disait en souriant, *on est sous le canon de la place*, à l'abri des actes arbitraires d'un pouvoir ombrageux. Il vieillissait, mais sans rien perdre de son talent et de plus en plus acerbe envers les contemporains qui ne lui ménageaient pas leurs sarcasmes. L'expérience de la vie toutefois le rendait plus juste dans ses jugements sur les défunts, témoin le bel article qu'il consacra dans le *Moniteur* à Madame la Duchesse d'Angoulême. Il vieillissait, hélas ! sans se détacher de ses habitudes de jeunesse. Retiré dans la petite et agréable maison de la rue de Montparnasse, devenue sa propriété à la mort de sa mère, il y vivait à la manière des *sages de la Grèce*, et s'arrangeait pour y mourir en païen.

A la mort de notre père, en 1859, il adressa à Victor la dernière lettre où l'on rencontre encore la trace de ces sentiments élevés dont le courant s'était ralenti autour de lui et qui en d'autres temps avaient occupé son esprit.

« Mon cher ami,

« Ce sont de ces calices que chacun a bu et boira, et
« malheur à qui ne les boira pas, puisqu'à ces orphe-
« lins-nés un père a été refusé ! Le vôtre, cher ami,
« était mûr pour cette fin si douce et si consolante. Le

« Christianisme le plus austère ne peut que l'envisager
« ainsi. Pleurez donc, mais pleurez sans amertume, et
« que les saintes joies et les espérances que la religion
« donne aux croyants, se mêlent pour les tempérer, à
« vos bonnes douleurs! Votre frère aura, lui aussi,
« une amertume : celle de n'avoir pas pu assister aux
« derniers moments de celui dont le voilà séparé.
« Dites-lui mes condoléances sincères ; il y a quel-
« ques jours que j'ai aperçu sa bienveillante figure,
« en passant en voiture sur le quai, nous nous sommes
« salués de la main : embrassez-le pour moi. Votre
« père et son souvenir demeurent liés dans ma pen-
« sée à quelques-uns des meilleurs jours que j'aie
« passés au temps déjà si lointain, presque fabuleux de
« ma jeunesse : ses bontés me sont encore présentes.
« A vous et à Théodore, cher ami, mes tendres sym-
« pathies et compatissances.

« SAINTE-BEUVE.

« Je ne sépare point de vous deux celles qui sont si
« étroitement et si parfaitement vous-mêmes ; mê-
« lez-y pour elles tous mes respects. »

Si le cœur eût été tenté de se fermer à la pensée des égarements d'un ami, comment ne se fût-il
pas rouvert à la lecture d'une lettre si sympathique et si correcte ? C'est ainsi que Victor se
trouva toujours ramené vers ceux qui l'aimaient
d'une affection éprouvée ; il leur tenait compte
des bonnes paroles qu'ils lui adressaient. Il y
voyait un hommage rendu à la vérité et un motif
pour espérer, même quand tout espoir était perdu.
Sous l'Empire auquel il s'était rallié, et qui lui

voulait du bien, Sainte-Beuve éprouva beaucoup de déboires. Nommé professeur au Collège de France, il fut hué par ses auditeurs dès son début, à cause d'une allusion trop transparente, qu'il eut l'imprudence de faire en citant ces paroles de Virgile : *Deus nobis hæc otia fecit.* Politique à part, sa première leçon ne pouvait réussir. Sa diction un peu saccadée, accompagné de petits gestes, devait paraître précieuse et maniérée à la vive et turbulente jeunesse qui hantait le Collège de France. Cet insuccès le blessa au delà de tout ce qu'on peut imaginer ; il fut longtemps inabordable, en colère, s'en prenant à tout le monde, aux catholiques surtout qui pourtant n'y étaient pour rien. Les habitués des cours, étudiants et autres, ont pour coutume d'insulter tous les professeurs qui ont changé d'opinions et expriment des idées qui ne sont pas en harmonie avec celles qui règnent dans le public. Le malheureux critique se retira sous sa tente; il perdit la tête et ne put se décider à reprendre ses leçons ; il n'envoya à personne son discours d'ouverture et n'eut pas un mot de remerciement pour la *Revue des Deux-Mondes* qui avait assez généreusement pris sa défense. A la suite de ce désagréable incident, il redevint *méchant,* comme il le disait de lui-même dans sa lettre écrite après la révolution de Juillet.

Enfin, une triste affaire acheva de le tourner du mauvais côté. Un jour, je le rencontrai dans la rue, en quête d'une voiture ; il me serra la main, me fit monter avec lui et tirant de sa poche un rouleau de papier, il me dit : « Le choléra menace Paris, je puis mourir tout d'un coup, je vais de ce pas chez un notaire, un ancien condisciple de Charlemagne, homme très honnête, pour déposer en son étude mon testament. N'ayant point d'héritiers, je lègue la somme de (ce chiffre était fort élevé), à une personne..... que je ne vous nomme pas. Vous m'attendrez en bas, n'est-ce pas, et nous retournerons ensemble pour causer. »

La personne innommée succomba bientôt à une maladie de langueur qui la minait, et quelqu'un de sa famille, qui avait eu connaissance du testament, en réclama l'exécution à son profit comme héritier de la défunte. Ce fut un coup terrible pour le pauvre Sainte-Beuve ; absolument ruiné, il dut vendre à un libraire un ouvrage en deux volumes qui n'était pas même commencé ; il se condamnait par là à deux années de travail forcé.

Les choses en étaient à ce point, quand un membre de la famille impériale obtint du chef de l'État que Sainte-Beuve fût nommé sénateur. Cela ne se fit pas sans difficulté ; on objectait en haut lieu qu'un critique, un écrivain dont le nom figurait au bas d'un feuilleton, n'offrait pas assez de surface pour faire un sénateur. Après bien des pourparlers racontés en détail dans des lettres que Sainte-Beuve m'a lues, — la nomination parut au *Moni-*

teur et notre ami tiré d'embarras au moyen de gros appointements, put se dégager de la promesse faite au libraire, et se livrer à la revision de ses œuvres ; il appelait ce travail « faire de la littérature testamentaire. »

Le voilà donc siégeant parmi des illustrations militaires, littéraires et autres qui ne lui firent pas toutes un accueil très sympathique ; il s'en aliéna plusieurs, — et des meilleurs — par ses tendances anti-religieuses, soutenues avec une grande âpreté, qui lui valaient de vertes répliques ; son collègue, P. Mérimée, le grand sceptique qui n'avait pas été baptisé, disait, et il l'a répété dans ses *lettres à une Inconnue :* « Sainte-Beuve prend à partie le cléricalisme et le dénonce ; je ne crois pas cependant que le danger vienne de ce côté » ; et par représailles, les catholiques se défendirent en l'attaquant. Il s'échauffa dans le combat, s'irrita et devint injuste, agressif. Quand sa personnalité était en jeu, quand un trait satirique l'attaquait en plein, il bondissait et entrait dans des colères qui lui faisaient perdre le bon sens. Peu à peu, pour s'étourdir, il arriva à ce degré d'impiété auquel il mit le comble par ses scandaleux dîners du Vendredi-Saint servis tout en gras, avec ostentation. Et lui qui, lorsque Victor venait à Paris et qu'il ne pouvait le recevoir qu'un jour d'abstinence, ne manquait jamais de lui offrir des aliments maigres ! Ces *convenances* qu'il respectait à huis-clos, vis-à-vis de de son ami catholique, pourquoi les bravait-il à la face du monde entier ?

A la fin, les visites de Victor à Sainte-Beuve étaient tristes. Celui-ci ne se reportait plus aux souvenirs du *Cénacle*, celui-là souffrait de voir que son ami trompait toutes ses espérances et qu'à lui seul s'adressaient les égards apparents qu'il témoignait à la religion. Qu'importait à Victor ce soin à ne pas lui causer de scandale, quand en réalité par tous les actes de sa vie, par ses discours, Sainte-Beuve manifestait la résolution de mourir en athée ? Dans d'autres temps, avec un autre entourage, il fût mort dans les *convenances*, comme il le disait souvent en parlant des personnages du XVIIe siècle, c'est-à-dire avec un prêtre à son chevet et, qui sait ? avec le repentir dans le cœur peut-être. Ce fut pour Victor un profond chagrin de constater l'inutilité de ses efforts pour ramener à des sentiments meilleurs un homme d'une si haute intelligence, qui comprenait à merveille les grandeurs, les beautés du christianisme et qui se laissa entraîner à préférer aux promesses de la religion les basses jouissances de cette vie éphémère !

Vers la fin de sa vie, en 1862, Sainte-Beuve rendit à Victor un hommage public en écrivant sur lui ces lignes attendries :

« Victor Pavie, un de nos plus jeunes amis du
« *Cénacle*, resté le plus fidèle, en vieillissant, avec nos
« amitiés, à toutes les admirations, à tous les cultes

« de la jeunesse ; quand tout est changé, le même,
« conservé, perfectionné, exalté et enthousiaste tou-
« jours, la flamme au front, un cœur d'or. A le voir
« d'ici, à travers notre tourbillon et du milieu de notre
« dispersion profonde, je le compare à un chapelain
« pieux qui veille et qui attend : je l'appelle le gar-
« dien de la chapelle ardente de nos souvenirs. »

Oui, il avait raison, le critique, le maître en fait de *portraits* ! mais Victor était aussi le gardien de la chapelle où l'on adore Dieu en esprit et en vérité, ce qu'il savait bien quoiqu'il se dispensât de le dire.

IV

Les lettres sans nombre que de tous les lieux où il se trouvait, dans toutes les circonstances de sa vie, dans ses joies, dans ses peines, dans ses triomphes d'artiste et du fond de son exil amer, David écrivait à Victor, sont la preuve de l'affection profonde qu'il lui avait vouée. C'était à lui qu'il faisait part de toutes les grandes idées qui germaient dans son âme ardente, lui qu'il prenait pour confident des pensées qui remuaient sans cesse son cœur si sensible, si prompt à compatir aux douleurs de ses semblables. Enfant de la Révolution, républicain convaincu, élevé en dehors de toute idée religieuse, David était au fond et sans le savoir, absolument chrétien par ses tendresses et ses admirations égales pour toutes les vertus, pour tous les dévouements. Il ne faisait point acception de partis. Quand il s'agissait de consacrer un monument à la mémoire des hommes dont la France s'honore, son ciseau impartial taillait dans le marbre toutes les illustrations de la Patrie. Il ne reniait pas les gloires du christianisme, ni celles de la monarchie, comme le font les sectaires de nos jours. Son âme était trop noble, pour ne pas s'ouvrir toute grande aux inspirations les plus délicates, les plus opposées en apparence à ses opinions politiques : généreuse inconséquence qui puisait sa source dans son enthousiasme pour tout ce qui lui semblait grand.

L'amour du prochain fut la passion de toute sa vie. Il se prenait de compassion pour tous les malheurs, pour toutes les souffrances. Il rêvait une société dans laquelle personne n'eût été opprimé, une société exempte d'injustice, un âge d'or en un mot, et il croyait le trouver dans un gouvernement républicain, comme si les vices de l'humanité ne se faisaient pas jour sous un régime démocratique aussi bien que dans une monarchie et plus facilement encore, puisque les luttes des ambitions y sont plus ardentes, plus passionnées. Ses convictions obstinées furent pour lui la cause de bien des déboires. Il ne vit point se réaliser en France ce siècle de Périclès dont il eût été le Phidias, ni se fonder cette République athénienne qu'il admirait et qui pourtant frappait d'ostracisme les citoyens les plus vertueux et exilait en masse les vaincus à chaque triomphe des partis toujours en guerre. La Restauration, sans lui demander compte de ses opinions bien connues, lui confia les statues de Condé, de Bonchamp et tant d'autres, dont il fit des chefs-d'œuvre et qui fondèrent sa renommée. Ce fut pour lui le temps le plus heureux. Ses rapports avec les pouvoirs publics ne furent jamais plus agréables qu'à cette époque. Jamais il n'eut à se plaindre de ce régime contre lequel il conspirait cependant ; il applaudit à sa chute et fut un combattant de Juillet ; ce n'était pas l'intérêt personnel qui le guidait jamais dans sa conduite.

Bientôt cependant il se dégoûta de cette monarchie nouvelle qui ne réalisait point son attente : le *fronton du Panthéon*, entrepris avec enthousiasme, était à peine terminé que de nouveaux mécomptes vinrent l'affliger. Menacé à son tour à droite et à gauche, par les partisans de la légitimité et par les républicains, le Gouvernement se mit sur la défensive, les émeutes furent réprimées avec énergie, le sang coula dans les rues ; écrivains légitimistes et combattants *patriotes* furent emprisonnés et David tomba dans une profonde tristesse, sous laquelle couvait une sombre colère. Il écrivit alors à Victor des lettres violentes où il exhalait en termes acerbes, souvent avec de belles paroles, sa haine contre un régime qui lui semblait violer toutes ses promesses. Cette liberté tant rêvée, elle reculait toujours ! Et pourtant il excusait les hommes de la Révolution qui avaient commis les plus odieux excès, en invoquant la nécessité où ils s'étaient trouvés de se défendre.

Lorsque Châteaubriand fut mis en prison, David s'empressa de l'aller voir ; quand Lamennais fut enfermé à Sainte-Pélagie, il le visita. Toujours dévoué à ses amis, il était de ceux qui s'exposèrent en faisant évader, par un souterrain creusé sous les murs, les républicains incarcérés. Dînant un jour chez lui en famille, je me trouvais à table auprès d'un inconnu aux traits fortement accentués, au grand nez, qui paraissait très au fait des êtres de la maison. Comme nous allumions des cigares après le repas, il lui échappa de dire : « Oh ! je n'ai pas ma pipe, je vais là-haut la chercher ! » — Pendant qu'il était absent, je demandai à Madame David le nom de ce monsieur : « C'est *M. Berzélius*, un chimiste suédois », me répondit-elle. Longtemps après, il me souvint du savant étranger dont je voyais le médaillon qui ne ressemblait en rien à la personne qu'on m'avait dit être lui. Alors Madame David éclatant de rire, m'avoua tout : « Comment, vous n'aviez pas reconnu Godefroy Cavaignac que nous tenions caché chez nous ? Il est parti maintenant, il a filé en Belgique et nous respirons ! »

Agité de préoccupations sans nombre, David

travaillait à force. Il restait fort tard dans son atelier, modelant bustes, statues et bas-reliefs, réfléchissant, en proie à une véritable fièvre d'artiste. Souvent il montait à minuit dans sa bibliothèque et le jour le surprenait, dessinant, traçant les esquisses de monuments projetés, ou écrivant ses pensées sur l'art, sur la politique, sur les sujets bien divers qui affluaient dans son esprit ; c'est cela qu'il appelle ses *esquisses écrites* et dont Victor devint le dépositaire. Il dit dans une de ses lettres « qu'il pense toujours à lui quand il lui vient une idée et que c'est pour lui qu'il travaille ! » Personne mieux que Victor ne comprenait cette âme inquiète, tourmentée du besoin de produire, ne s'associait plus intimement aux aspirations généreuses de ce cœur si large, dévoré du désir de se répandre au dehors. Professeur à l'École des *Beaux-Arts*, David donnait à ses élèves de fortes leçons, précieux résultat de ses études et de son expérience. Il excellait à poser le modèle. Mais sa parole avait quelque chose d'austère, qui ne captivait pas toujours les jeunes gens. Un de ses chagrins, ce fut de voir ses élèves l'abandonner, ceux-là même à qui il avait rendu des services, en les faisant exempter de la conscription ou en les aidant de sa bourse pour les mettre à même de concourir.

Ces vertus qu'on est convenu d'appeler républicaines, et qui appartiennent à tous les partis, puisqu'elles ont leur principe dans le christianisme, — rendaient Victor encore plus désireux de faire pénétrer dans l'âme si haute du grand artiste le rayon de la foi. Dans son ardente charité, il se reprochait de n'avoir encore rien tenté de ce côté. Un jour, il lui envoya une petite croix avec ces paroles respectueuses et on pourrait dire filiales :

« Acceptez-la, cher ami, vous de qui j'ai tout reçu.
« Relique de famille, elle ne pouvait s'échapper de
« mes mains que pour passer dans les vôtres. Je vous
« l'offre en souvenir de nos plus délicats entretiens
« comme un signe de mes plus sérieuses espérances.
« Ce n'est pas un talisman ni une panacée, c'est
« mieux que cela, à moins que vingt siècles n'aient
« menti : c'est de quoi expliquer le monde et justifier
« Dieu à travers le rude pèlerinage de la vie. En la
« portant sur vous dans l'atelier, dans les voyages,
« dans vos heures amères comme dans vos jours
« sereins, vous ne vous séparerez plus de celui qui vous
« embrasse avec confiance et effusion. »

David fut touché de cet envoi, accompagné d'un texte si tendrement explicatif, et répondit :

« Mon cher Victor, c'est avec la plus profonde recon-
« naissance que j'ai reçu ta noble relique de famille ;
« elle m'est précieuse comme venant d'un des hommes
« que j'ai le plus aimés au monde et j'ai compris tout
« ce qu'il y a de tendre et de profonde délicatesse de
« sentiments dans cet envoi qui ne me quittera jamais
« tant que je serai sur cette terre. »

La réponse vaut la lettre d'envoi ; elle est noble, émue, et laisse voir jusqu'au fond du grand cœur de l'artiste.

V

Quand la Révolution de 48, inattendue, sinistre, vint effrayer la France, David éclata de joie. Cette République, tant souhaitée, elle était enfin arrivée !

David fut élu membre à l'Assemblée législative par le département de Maine-et-Loire ; il était au comble de ses vœux. Toujours désintéressé, il abandonna son traitement aux hospices ; l'argent était ce à quoi il tenait le moins, comme il l'avait prouvé en maintes circonstances. Il s'attendait à voir la France régénérée par la République ; cependant Bordillon qui connaissait mieux l'état des esprits, s'était écrié à son avénement : « Elle est venue dix ans trop tôt ! » Il avait raison ; quatre mois s'étaient à peine écoulés que les attentats contre la liberté vinrent confirmer ses prévisions. Aux journées de Juin, le Gouvernement provisoire attaqué par le socialisme en armes ayant appelé à son secours les gardes nationaux de la province, Victor n'hésita pas à quitter sa femme et ses enfants : il crut de son devoir d'aller défendre la société menacée. Quand il arriva à Paris, l'insurrection était vaincue. Ce fut chez les

David qu'il alla loger et il les trouva consternés de cette émeute terrible, que, dans leur mauvaise humeur, ils attribuaient aux menées des partisans de la légitimité. On sait ce qui s'ensuivit et comment le pays se détourna avec horreur d'un régime qui s'annonçait par de si tristes scènes d'anarchie, pour se jeter dans d'autres aventures non moins redoutables.

Alors s'ouvrit pour David l'ère des vrais chagrins ; à la perte de toutes ses illusions vinrent s'ajouter les peines de l'exil. Après plusieurs semaines de prison, il dut quitter la France. Qu'il me soit permis d'extraire quelques passages de ses lettres à Victor, écrites l'une de Bruges, l'autre d'Athènes.

« Bon et cher ami,

« Ta première lettre m'a été remise en prison ;
« c'était un rayon de soleil traversant la barre de fer
« de mon cachot ; ta dernière me parvient dans ma
« nouvelle prison de l'exil ; car, comme disait Danton,
« on n'emporte pas la terre de la Patrie à la semelle
« de ses souliers...
« Pour changer ma prison de Bruxelles, j'ai par-
« couru la Belgique ; j'ai passé huit jours à Bruges.
« Tous les jours j'allais à l'hôpital Saint-Jean admirer
« les sublimes peintures de Hemeling... Ce maître et
« Van-Eick sont les seuls maîtres dignes de ce nom ;
« comme les Rubens et ceux de son siècle sont bour-

17

« soufflés, grossiers, avec leur prétention à ce qu'ils
« appellent la couleur, et tous ces tons verts, jaunes
« et rouges qui sont plutôt l'indice des infirmités
« humaines ! Quelle différence avec mes maîtres ado-
« rés ! Là, tout est dans la lumière et cependant les
« figures ont une saillie inconcevable ; l'imagination
« fait le reste. La chair des personnages est pure
« comme leur âme ; les gestes sont sobres de mouve-
« ments et d'un dramatique qui nous ravit par la
« vérité naïve...

« J'ai vu avec intérêt les églises et les hôtels-de-
« ville, pure expression du gothique ; les monuments
« religieux, revêtus de la teinte des siècles, frappent
« l'imagination par leurs formes singulières, par
« l'abondance de leurs sculptures, par leurs nervures,
« les flèches qui peignent si bien la sombre et ora-
« geuse destinée de l'homme ; c'est la couleur pétri-
« fiée. Malgré moi, mon imagination se porte vers les
« trois temples grecs qui sont depuis des siècles dans
« la plaine de Pœstum. Ils ont perdu leurs sculptures ;
« il n'y a plus que le squelette, mais sublime par ses
« lignes majestueuses et nobles ; ils ne menacent pas
« le ciel comme les monuments gothiques qui semblent
« lutter avec les orages et vouloir percer la nue ; mais
« ils sont en rapport avec un ciel qui les aime et les
« protège.

« J'ai passé plusieurs jours à Ostende ; dès le matin
« jusqu'au soir je restais sur la jetée en bois qui
« s'avance hardiment dans la mer. Là, tout seul, je
« rêvais avec ma pensée, hélas ! aussi tourmentée que
« les flots qui venaient hurler contre la charpente. Un
« jour, j'ai eu la chance d'assister à une tempête ;
« j'étais obligé de me cramponner à une pièce de bois
« pour ne pas être emporté à la mer. Un navire arrive

« trop près de la jetée ; il est lancé sur une des pièces
« de bois qu'il déchire et fait tomber dans la mer. Sur
« ce morceau de bois j'avais remarqué une très grande
« quantité de noms de voyageurs, les uns gravés pro-
« fondément avec l'acier, les autres plus modestement
« tracés au crayon. Ceux qui les écrivaient, pensaient
« léguer leur nom à l'avenir. Eh bien, cette pièce de
« bois a été jetée sur le rivage : la femme d'un pauvre
« pêcheur l'aura recueillie pour préparer le repas et
« réchauffer les membres engourdis de la famille ;
« voilà la gloire !...

« Mon cher ami, mon étoile commence à pâlir... Il
« y a plus d'un an déjà un navire auquel les habitants
« de Dunkerque avaient donné mon nom, s'est perdu
« corps et biens sur des rochers ; je viens de lire dans
« un journal que le buste colossal du général Lafayette
« que j'avais donné à l'Amérique a été totalement
« détruit dans l'incendie de la bibliothèque de Was-
« hington ; on va démolir le fronton du Panthéon (1)...
« Et enfin, je suis exilé .. »

La Belgique, malgré ses œuvres d'art, ne lui
plaisait pas beaucoup. Il ne tarda pas à la quitter
pour visiter la Grèce, le pays de ses rêves, la
patrie de Phidias et de Praxitèle. Là, de nouveaux mécomptes l'attendaient ; voici en quels
termes éloquents cette âme d'artiste confie ses chagrins à Victor.

¹ Le Panthéon étant rendu au culte, on pouvait craindre
que le fronton ne fût transporté ailleurs, mais non qu'il
fût démoli. David me disait lui même : « Bonaparte recevant des couronnes des mains de la France, sauvera mon
œuvre. »

« Athènes, 3 juillet 1852.

« Cher Victor,

« J'écris ces lignes sur l'appui de ma fenêtre, en
« face de l'Acropole, éternel piédestal qui porte les
« ruines vénérables d'une religion effacée et d'une
« glorieuse civilisation éteinte. Ces colonnes isolées
« semblent de loin des bras décharnés, qui se lèvent
« suppliants vers les Dieux qui les ont abondonnés ; à
« ma gauche, dans la plaine, les vestiges du temple de
« Jupiter ; près de ce temple, au pied du mont Hymète,
« coule l'Ilyssus, primitivement une rivière et actuelle-
« ment desséchée et seulement sillonnée de rares filets
« d'eau bourbeuse qui clapotte entre des cailloux.
« Autrefois, ses rives étaient embellies par des platanes
« et des lauriers-roses ; c'était sous ses ombrages que
« Socrate et Platon aimaient à se promener. Au coucher
« du soleil, le mont Hymète reçoit ses derniers embras-
« sements qui le colorent d'une teinte violâtre et sou-
« vent rose, transparente, la plus insaisissable par
« leur mobile et suave dégradation. A ma droite, le
« Pnyx et sa tribune, parfaitement respectée par le
« temps, à laquelle il ne manque qu'un Démosthène et
« un peuple digne de l'entendre. Tout près et presque
« en face, on voit une montagne où se tenait le
« célèbre Aréopage, où Minerve venait déposer dans
« l'urne un vote pour absoudre un citoyen, ce qu'elle a
« malheureusement oublié de faire pour Socrate !
« Devant le tribunal, un peu plus bas, le temple à
« Thésée, plus loin encore, le Pirée et enfin à l'ho-
« rizon et toujours à droite, les belles montagnes du
« Péloponèse, et la baie de Salamine, où les Athé-
« niens vainquirent les Perses qui venaient pour les
« asservir ; on voit aussi la montagne d'Éleusis et la

« voie sacrée qui y conduisait. Tous les soirs j'assiste
« au grand et toujours nouveau coucher du soleil.
« Quelle parole pourrait peindre la solennité de cet
« embrassement du ciel et de la terre! Toutes ces
« magnificences ont bien quelquefois le pouvoir
« d'éclaircir le brouillard qui obscurcit trop souvent le
« miroir de mon âme ; je porte dans mon cœur un
« chagrin qui pourra bien éteindre ma vie si ma
« situation ne change pas...

« J'ai voulu travailler; pour moi le travail est une
« consolation puissante; j'ai fait le buste de Canaris,
« de cet homme extraordinaire qui allait accrocher
« son brûlot aux vaisseaux turcs et a si énergiquement
« contribué à l'indépendance de sa patrie. Je n'ai pas
« été chez le roi, comme il le désirait, pour faire
« son buste. Fidèle à ma vie entière, j'ai cherché à
« élever un monument au malheur héroïque et aux
« hommes de génie, lorsque je n'avais rien à espérer,
« ni grâce, ni faveur.

« Ici, on ne peut s'occuper des arts: pas de terre à
« modeler, pas de mouleur, pas de praticien ; c'est
« comme si l'on était dans un désert. Que je com-
« prends bien les douleurs d'Ovide dans son exil! Ici
« il y a une vanité et une nullité effrayantes ; la
« vanité, — et non cette admiration stimulante — qu'ils
« ont pour leurs ancêtres, est à son comble. Les rues
« portent toutes les noms immortels de Thémistocle,
« d'Aristide, les hommes mêmes sont affublés de ces
« grands noms, comme ces enfants de nobles qui
« n'ont plus que les titres de leurs aïeux, sans en
« avoir les vertus qui les avaient recommandés à l'ad-
« miration des siècles... La terre à modeler dont se
« servirent Phidias et Praxitèle, est vieillie, usée, et
« ne se prête plus aux doigts du sculpteur..... Dans
« les rues décorées de grands noms, passe un ruisseau

« pestilentiel qui cause aux habitants la fièvre dont ils
« sont rongés, et cependant toute la nuit ils dorment
« dehors sur des nattes et les riches sur les terrasses
« de leurs maisons. Sur les piédestaux qui suppor-
« taient des Dieux, on voit le Grec d'aujourd'hui cher-
« chant à se débarasser de la vermine qui le dévore ;
« sur les autels où l'on offrait des sacrifices aux Dieux,
« on vend de la friture et des haillons ! Partout misère
« affreuse et luxe effréné ; c'est un sujet de profonde
« méditation.

« Malgré mes chagrins, j'ai pourtant rêvé quelques
« sujets que j'aurais été heureux d'exécuter avant
« de quitter ce monde où j'ai tant souffert, mais les
« embarras de tous genres arrêtent ici l'artiste et sur-
« tout le statuaire. Je quitte donc ce pays sans avoir
« pu accomplir de nobles projets et cependant je sens
« qu'il y avait encore quelque chose dans mon cœur...

« J'apprends que ce bon Léon Cosnier a fait insérer
« dans le *Maine-et-Loire* quelques lignes qui me con-
« cernent. Remercie-le bien pour moi et dis-lui que
« cela m'est bien sensible dans un instant où tout le
« monde m'abandonne... L'œil fixé sur le ciel conso-
« lateur des affligés, je vois des nuages qui volent
« vers la France ; si je pouvais me pendre avec eux et
« aller me répandre avec toutes mes larmes de mon
« cœur sur ce pays, objet de tous mes regrets !...

« Adieu, adieu, tout à toi,

« DAVID D'ANGERS. »

Quel supplice que l'exil pour une âme aussi
sensible, aussi impressionnable, qui savait si bien
compatir aux malheurs des autres ! On ne peut
lire sans être touché jusqu'aux larmes ces lignes
énergiques et désolées, où se peint à la fois le cha-

grin du proscrit et la peine de l'artiste à la vue de
l'Athènes moderne, si différente de celle dont la
gravure lui avait appris à admirer les chefs-
d'œuvre. Il en avait un, lui aussi, un chef-d'œuvre
digne de figurer dans la patrie de Phidias et
dont il avait fait présent à la Grèce : la *Jeune fille
épelant le nom de Botzaris sur une pierre tumulaire*.
Qu'elle était belle cette adolescente, au profil suave
et ferme, chastement inclinée sur la tombe du
héros dont elle traçait le nom avec sa main effilée!
Hélas! les enfants dégénérés de la Grèce antique
l'avaient mutilée; ils l'avaient prise pour cible de
leur tir à la longue carabine. David en fut navré
et il l'exprimait ainsi dans un *post-scriptum* de cette
même lettre :

« Je regrette bien d'avoir donné à ces sauvages le
« monument de Botzaris. Cette pauvre petite, que
« j'avais soignée avec tant d'amour, qui m'a coûté tant
« de veilles, elle est déjà mutilée[1]!... »

---

[1] Voici ce que V. Hugo dit dans la première note de ses *Orientales* :

« Le tombeau de Marco Botzaris, le Léonidas de la Grèce moderne, était à Missolonghi. On dit que les Turcs l'ouvrirent afin d'envoyer le crâne du héros au sultan.

« Au reste, ce tombeau sera réédifié par une main française. Nous avons vu dans l'atelier de notre grand statuaire David une statue de marbre blanc destinée au mausolée de Botzaris. C'est une jeune fille à demi-couchée sur la pierre du sépulcre et qui épèle avec son doigt cette grande épitaphe : *Botzaris*. Il est difficile de rien voir de plus beau que cette statue. C'est tout à la fois du grandiose comme Phidias et de la chair comme Puget. »

David survécut peu à son exil; sa santé était très altérée par le travail de l'atelier, les veilles studieuses et surtout par les événements publics qui, loin de lui apporter la réalisation de ses rêves, ne faisaient qu'en reculer la perspective. Que dirait-il, s'il vivait de nos jours ? Il ne se lassa pourtant jamais d'espérer, de croire à l'efficacité de la démocratie et à l'amélioration de l'espèce humaine, et toutes ses peines, ses chagrins vinrent de là. Noble et généreuse nature à qui la Providence avait donné tous les éléments du bonheur et qui ne consentit pas à être heureux, parce que tous ses semblables ne l'étaient pas comme il l'entendait. Ce fier artiste qui lui avait témoigné tant d'affection, qui le voulait près de lui dans ses succès et dans ses larmes, et lui confiait tous les secrets de sa pensée, Victor pouvait-il l'abandonner, s'éloigner de lui ? Le catholique devait-il se montrer moins conciliant, moins cordial que l'austère républicain ? Non, et il ne manqua point à son devoir de chrétien et d'ami. Lorsqu'il vit David près de quitter cette terre *où il avait tant souffert*, il s'approcha de lui et tira de sa poche une médaille de la sainte Vierge, comme il avait fait déjà pour la petite croix. « Voulez-vous me permettre de la suspendre sur votre poitrine, sur votre noble cœur qui n'a jamais battu que pour le beau, le bien ? » — Le mourant leva les yeux sur le visage de Victor; troublé, ému, il lui répondit à voix basse : « Fais ce que tu voudras, cher et bon ami ; tout ce qui me vient de ta main est bien reçu de moi ! »

Après le suprême et triste adieu au grand artiste, Victor entra dans une église et pria comme il savait prier dans les occasions solennelles, décisives. Jamais personne ne l'avait aimé et compris comme David, ne lui avait tant écrit de lettres intimes ; en le perdant, il perdait plus qu'un ami, plus qu'un frère aîné qui l'avait soutenu, encouragé pendant toute sa vie, le grand statuaire de génie que notre père avait deviné ; et il n'avait pu, à son grand regret, lui rendre l'inappréciable service qu'il lui devait en retour de tant de magnifiques œuvres, — dont il avait enrichi sa maison — et de sa constante amitié, plus précieuse encore.

CHAPITRE VII

Les derniers survivants du Cénacle.

I

De ce Cénacle dont Victor était le plus jeune, et de cette union intime changée en *une dispersion profonde*, comme disait Sainte-Beuve, que restait-il en 1869 ? Comme groupe, rien ; seulement des poètes isolés, qui tressaillaient à la voix puissante du Maître d'autrefois, du vieil athlète toujours vaillant qui, du haut de son rocher de Guernesey, envoyait aux quatre vents du monde ses vers étincelants et sa prose sonore. Sainte-Beuve était mort et bien d'autres, écrivains, artistes, les romantiques du temps passé. Mais il en est un, que je ne saurais oublier, car il vivait toujours, et se souvenant de Victor, il échangeait avec lui des lettres remplies d'affectueuses pensées; c'est Émile Deschamps, le meilleur, le plus chrétien des poètes de 1825. Retiré à Versailles, vieux, souffrant et à la fin aveugle, il faisait écrire à Victor le 23 janvier 1869 :

« Cher ami Poète,

« Vous voyez à cette écriture étrangère que je n'y
« vois plus. Hélas! depuis quelque temps et pour long-
« temps, j'en ai peur, mes pauvres yeux me refusent
« tout service. Une triste opération m'est promise
« pour la fin d'avril; elle réussira peut-être! En atten-
« dant, on me lit et on m'écrit. Heureux quand on
« me lit des choses délicieuses comme votre lettre et
« votre poésie nouvelle. C'est M. Cosnard, notre cher
« Poète du *Tumulus*, qui m'en a fait la lecture et il
« veut joindre ses applaudissements aux miens. Vos
« vers sont du bon temps, pittoresques et très émus à
« la fois. Nous avons remarqué avec quel bonheur
« vous avez employé et réuni les deux rythmes petit et
« grand.

« Soyez donc le plus souvent possible poète, fût-ce

« au détriment du propriétaire dont vous retracez les
« ennuis avec un charme indéniable. Oui, certes, si
« j'en étais capable et digne, j'irais m'asseoir avec
« bonheur dans cette chambre qui m'ouvre les bras
« avec tant d'affection. Hélas ! Hélas !

« Je croyais votre cher fils aîné à Paris et je lui ai
« envoyé là une carte de souvenir bien sympathique.
« Je n'oublie ni son esprit ni son amabilité, et je fais
« mille vœux pour que le *parquet* ne lui soit pas *glis-*
« *sant*. Je fais le même vœu pour le rétablissement de
« son cher frère. Vous et tout ce qui est vous, ne serez
« jamais aussi heureux que vous le méritez et que je
« le désire.

« J'ai lu moi-même d'adorables nouvelles de notre
« chère et grande Marie Mennessier-Nodier. Il paraît que
« ses yeux lui font mal aussi... Ils ont fait assez de
« mal à d'autres ! Toutes mes prières sont pour elle
« comme pour vous.

« Adieu, cher Poète ami ; plaignez-moi et aimez-moi
« tant que vous pourrez et tâchez de réaliser les espé-
« rances que vous me donnez pour le mois de mai,

« Et que maux et malheurs ne vous fassent la guerre...
« A bientôt c'est bien tard, à toujours ce n'est guère ! »

Ici le pauvre poète trace à travers la page et
d'une main tremblante que l'œil ne guide plus,
son nom illisible.

ÉMILE DESCHAMPS.

Puis revenant sur la poésie de Victor qu'il a
dégustée en se la faisant relire, il ajoute :

« Mais, mon Dieu, que votre lettre et vos vers sont
« charmants, et combien je vous remercie de vos affec-
« tueuses flatteries. »

Quelques éloges bien sentis auront ranimé l'esprit du vieux poëte qui en avait tant autrefois, mais on sent qu'il y a un voile entre lui et le monde extérieur et on ne retrouve qu'imparfaitement cette verve pétillante qui ravissait le *Cénacle*; par contre, le cœur est aussi chaud que jamais, car l'aveugle regarde en dedans et voit le passé qui ne se dérobe point à ses regards fermés [1].

Goëthe, qui s'y connaissait, parle avec éloges du talent d'Émile Deschamps dans une lettre adressée à David (15 mars 1830) à l'occasion de l'envoi d'une caisse de médaillons. Voici ce qu'il dit :

« Monsieur,

« Pour vous exprimer au plus vite ma sincère recon-
« naissance du souvenir imprévu dont vous venez de
« m'honorer, j'ai recours à ma langue natale, qui me

---

[1] Sainte-Beuve qui avait du goût pour les plus chrétiens de ses anciens amis, était toujours resté en relation avec É. Deschamps. Dans une lettre de 1852 je lis ce passage :
« Nous avons vu ici, l'autre jour, à Paris, Laprade
« venant de Lyon ; je l'ai reçu avec Émile Deschamps et
« deux ou trois autres poètes plus jeunes ; nous avons eu
« un arrière-goût du *Cénacle* et je vous assure que ce
« n'était pas moins bien. Les choses que nous croyons qui
« périssent, vont renaissant incessamment ailleurs et par
« d'autres que nous. Le monde est grand, la nature est
« féconde, et pas un homme, pas une génération n'est
« nécessaire. »
Le critique n'a pas été toujours aussi optimiste qu'il se montre ici ; dans son article sur de Laprade, il ne prodigua pas ses éloges ! Enfin, il nous accordera qu'il y a des siècles plus brillants que d'autres et des hommes hors ligne que la *nature féconde* ne produit que de loin en loin. Victor Hugo, dans la *Bataille perdue* de ses *Orien-*

« servira plus certainement que la vôtre. Sans doute,
« vous trouverez au besoin quelqu'un qui sera près de
« vous l'interprète fidèle de mes sentiments. M. Émile
« Deschamps auquel je me recommande particulière-
« ment, se chargera volontiers d'un pareil office...

« ... Je m'interromps ici pour ne pas différer au
« lendemain le départ de ma lettre et je vous recom-
« mande encore une fois, avant de finir, mon très
« cher Monsieur, de remercier de ma part les hommes
« distingués qui m'ont si obligeamment adressé leurs
« ouvrages; surtout M. Émile Deschamps, quel rare
« cadeau il m'a fait dans sa préface! Elle m'a con-
« firmé, par l'esprit de modération et de perspicacité
« qui y règne, dans le point de vue sympathique sous
« lequel j'ai envisagé jusqu'à ce jour les progrès et la
« tendance de la littérature française, jeune et régénérée.

« J'ai l'honneur d'être avec respect,

« GOETHE [1]. »

tales, cite deux strophes d'Émile Deschamps, l'une prise
pour épigraphe, l'autre placée dans ses notes.

Il s'agit de sa traduction littérale de la pièce du *Roman-
cero general* qui raconte la défaite du roi Rodrigue :

Sur la plus haute colline
Il monte et sa javeline
Soutenant ses membres lourds,
Il voit son armée en fuite
Et de sa tente détruite
Pendre en lambeaux le velours.
Hier, j'avais douze armées,
Vingt forteresses fermées,
Trente ports, trente arsenaux ;
Aujourd'hui pas une obole,
Pas une lance espagnole,
Pas une tour à créneaux !

[1] Cette lettre a été publiée en entier dans le *feuilleton*
des *Affiches d'Angers*, du 18 juin 1830.

C'était la grande occupation de Victor d'écrire à ses amis et son vrai plaisir de faire avec eux assaut de rimes. L'âge n'altérait en rien son ardeur poétique; n'avait-il pas, comme le lui disait Hugo, *une âme remplie d'harmonieuse poésie?* Il y avait encore une personne avec laquelle il aimait à échanger ses lettres appliquées, longues et pleines de délicates pensées; Émile Deschamps a prononcé son nom avec la sympathie et l'estime qu'elle mérite : Notre *chère et grande* Marie Mennessier-Nodier. Elle avait été l'étoile du *Cénacle* commençant. Mademoiselle Marie Nodier!... L'essaim des jeunes poëtes tourbillonnait à l'envi autour d'elle; tous exaltaient la grâce de sa personne, ses aptitudes littéraires, son talent musical, son imagination vive, son caractère doux, rêveur, où se retrouve celui de son père, dans toute sa fantaisie et son affabilité. Il fallait entendre Paul Foucher répéter ce nom de *Marie* avec un soupir!... Au grand étonnement de ses admirateurs du *Cénacle*, Nodier, qui avait soigné son éducation avec tendresse et dirigé son esprit vers l'étude des lettres et des arts, lui donna pour époux, non un poète, — il s'en serait bien gardé, — mais un homme d'une haute intelligence, tout simplement engagé dans la carrière des Finances, M. Mennessier.

  Peu s'en fallut que ne pleurassent,
  Les soudards et les bacheliers!...

Leur union fut heureuse ; comme dans les contes du bon vieux temps, ils eurent beaucoup d'enfants. Loin de Paris, Madame Mennessier-Nodier demeura fidèle à la poésie et aux enseignements de son père. Mais le malheur vint l'atteindre ; son mari mourut dans la force de l'âge. La veuve trouva dans ses sentiments religieux et dans sa grande âme le courage dont elle avait besoin pour élever sa famille et la diriger dans la saine voie. Ce n'est pas ici le lieu de raconter sa vie si honorable et si éprouvée ; nous dirons seulement qu'en 1870, sa fille aînée, mariée au colonel du 13e de ligne, à l'armée de Metz, était mère de trois enfants ; son fils aîné était, comme l'avait été son père, dans les Finances. Une lettre dont l'année n'est pas indiquée, mais qui doit être 1871, nous la fait connaître telle qu'elle est, spirituelle, bonne et tendre mère.

« Au milieu de tant de choses ruinées, il existe
« encore un sentiment qui s'appelle l'amitié et une
« consolation qui s'appelle le souvenir, cher et fidèle
« compagnon de mon passé ! Il paraît que la *sympa-*
« *thie*, quoiqu'on en ait fort abusé, n'est pas morte
« non plus, puisque je songeais à vous écrire à l'heure
« même où votre lettre excellente m'est arrivée.
« Grâce à Dieu qui toujours veille, vos dignes
« enfants ont échappé à cette effroyable bagarre. Je
« suis plus heureuse que je ne puis le dire d'en être
« informé, car la pensée de vos fils livrés aux hasards
« farouches de cette lutte folle m'a serré le cœur plus
« d'une fois. Quant à nous, mon charitable ami,

« l'année que nous venons de passer ne s'exprime pas,
« quoique mon fils, receveur des Finances à Romo-
« rantin, ait eu le bénéfice de cette charge terrible-
« ment délicate et inquiétante; de lui, du moins, on
« n'en n'avait fait qu'un soldat sédentaire en considéra-
« tion de la caisse. Ce fils serait l'exacte reproduction
« de son grand-père, si on n'éprouvait pas quelque
« difficulté à se représenter Charles Nodier aux prises
« avec des fonctions aussi contraires à sa nature.

« Mon gendre, colonel du 13e de ligne à l'armée de
« Metz, s'est battu tant qu'on a pu se battre, après
« quoi en outre de l'obus que les Allemands lui avaient
« envoyé dans la cuisse, il a été envoyé lui-même en
« Allemagne avec les autres. Sa femme et ses trois
« enfants l'avaient suivi en Lorraine; ils l'ont suivi à
« Mayence, d'où tout notre pauvre monde nous est
« revenu il y a deux mois. De juillet à novembre nous
« sommes restés sans aucune nouvelle d'eux; ce qui
« nous a paru bien long et bien dur...

« Je vous ai parlé de mon fils et de ma fille aînée.
« Pendant que j'en suis sur le chapitre de mes riches-
« ses, ce n'est pas le cas d'oublier les deux fillettes qui
« sont le charme, la paix, l'intérêt présent de notre
« vie, puisqu'il a plu à Dieu que j'en bénis, de les faire
« trop pauvres pour attirer des maris qui les auraient
« emmenées.

« A ce propos, vous m'envoyez un sonnet enchan-
« teur, et je me demande si, en vous en adressant deux
« mauvais en échange, vous serez assez désintéressé
« pour accepter cette drôle de monnaie. Je serais plus
« tranquille en vous faisant apprécier les modèles de
« ces croquis mal venus [1], mais puisque c'est impos-
« sible, va pour la triste copie.

---

[1] Ces deux sonnets sont les portraits de ses deux *fillettes*.

« Mille tendres souvenirs d'un cœur affectionné et
« reconnaissant,

« M. MENNESSIER-NODIER. »

A l'occasion de la mort de V. Hugo, cette même plume si finement taillée et que tient une main de femme au cœur élevé, écrit ce qui suit :

« Mon cher ami,

« Je savais bien, par ce que j'ai ressenti moi-même,
« quelle cruelle impression vous ferait éprouver le
« récit de la « pompe sinistre » dont vous me parlez !
« Quelqu'un qui m'aurait dit, il y a seulement trente
« ans, qu'aucun de ceux qui ont du sang de mon père
« dans les veines, n'eût porté un dernier adieu à ce
« *Victor* tant aimé et tant admiré parmi nous, je l'au-
« rais cru atteint de ce mal qui n'avait encore frappé
« qu'Eugène Hugo, et qui depuis s'est étendu sur
« toute la maison, sans épargner le plus grand ; nous
« vivions absolument séparés malgré le lien personnel
« qui aurait dû y conduire plus particulièrement ma
« fille Marie, la filleule du Maître, comme on l'appelait
« dans ce Cénacle dispersé depuis si longtemps !

« *Nunc et Semper.* »

Grand'mère depuis plusieurs années, Madame Mennessier conservait encore toute la fraîcheur de son esprit et Victor qui voyait croître autour de lui ses petits-enfants n'avait rien perdu de la vigueur de son imagination. A la distance d'un demi-siècle ceux qui avaient été les plus jeunes représentants du *Cénacle*, désormais les seuls survivants de cette réunion oubliée, rimaient comme au plus beau temps de leur adolescence et échangeaient des sonnets, cette fine fleur de la poésie ! Ils n'avaient vieilli ni l'un ni l'autre, parce qu'ils étaient restés purs, tandis que tout se flétrissait autour d'eux. Si Victor méritait d'être dit le *gardien de la chapelle des Souvenirs,* la fille de Charles Nodier devra être appelée « l'enfant de chœur qui balance l'encensoir devant l'autel. »

CONCLUSION

Notre tâche est finie. Ce que fut Victor Pavie dans notre ville, ce qu'il y accomplit dans l'ordre plus élevé des œuvres charitables et pieuses, n'est ignoré de personne. La génération présente et celle qui commence à vieillir en ont été témoins. Cœur d'or, âme ardente, esprit d'élite, il développa les brillantes facultés dont Dieu l'avait doué en cultivant l'amitié, la vertu, la poésie. Il fut l'ami par excellence, chrétien, catholique passionné, humble et courageux, poète dans toutes les circonstances de sa vie. A qui a-t-il fait du mal? à qui a-t-il refusé ses conseils ou les effusions de sa charité? Il était aussi doux, aussi simple que l'enfant qui vient de naître, et toujours prêt à rendre service, toujours actif, toujours présent aux assemblées charitables et aux réunions littéraires qu'il avait été choisi pour présider et dont il faisait l'ornement. Sa parole ne ressemblait pas à celle des autres; il avait un tour à lui, spontané, original, élevé toujours et quand sa voix se faisait entendre, on restait stupéfait de voir sous quel jour nouveau il présentait sa pensée et de quelle forme inattendue il savait la revêtir.

Il demeura toujours jeune; la veille du jour où il plut à Dieu de l'appeler à lui, il causait avec un entrain charmant et racontait à ses petits-fils des histoires étranges de son enfance. Il était prêt à paraître devant Celui qui, en le frappant subitement, lui épargnait les souffrances de la vieillesse. A l'âge de 78 ans, il expirait la main dans la main de sa fidèle et digne compagne, entouré de ses fils, de sa fille, de son gendre, de ses brus, de ses petits-fils, comme un patriarche. Il mourait dans cette maison de Saint-Melaine où, un an auparavant, nous étions tous réunis pour fêter ses noces d'or, et cinquante-et-un ans après le jour où ses amis venus de Paris assistaient à son mariage. De ce brillant cortège, il ne restait plus au pays que Léon Cosnier qui s'est trouvé là pour rappeler sur sa tombe, en termes si parfaits, la douce intimité qui l'unissait à lui depuis son enfance. Et cette année, quand la Société de Saint-Vincent-de-Paul, *qui s'était incarnée en lui*, vint présenter ses souhaits de nouvel an à Monseigneur Freppel, l'illustre et éloquent Prélat, qui l'avait si magnifiquemment loué à la cérémonie funèbre, ne put s'empêcher de chercher du regard, dans le groupe d'élite, debout devant lui, *cet austère visage qu'illuminaient l'intelligence et la bonté !*

APPENDICES

APPENDICE I.

Voir page 159

Léon Le Prévost était de cinq ou six ans plus âgé que Victor. Sa famille habitait la petite ville de Duclair, sur les bords de la Seine, au-dessous et à petite distance de Rouen. Sa mère y vivait à cette époque, « bien vieille, bonne comme les anges, pure et candide comme eux, » dit-il en une de ses lettres, quand il se sentit irrésistiblement attiré par le besoin de revenir à la religion dont il s'était un peu écarté dans sa première jeunesse, après en avoir puisé de précieux exemples au foyer maternel. Il s'en ouvrit à Victor et lui adressa une lettre que nous plaçons ici comme un précieux témoignage de l'affection, de l'estime, de la confiance que lui inspirait cet ami à peine entré dans sa vingt-quatrième année.

« Paris, 9 août 1831.

« Ecoutez bien, mon cher ami, je voudrais conseil
« de vous sur une affaire grave, une affaire que vous
« comprendrez bien, une affaire de conscience enfin.

« Quelqu'ouvert et accessible que je sois pour vous de
« toutes parts, je me sens quelque répugnance à vous
« entretenir par lettre de pareille matière, qui ne se
« touche guère, même entre amis, qu'avec précaution,
« à des heures choisies de confiance et d'abandon ;
« mais que faire à cela, puisque vous n'êtes pas ici
« et qu'autour de moi je n'ai personne que je puisse
« consulter et dont l'avis éclairé me tire de mes
« doutes ?

« Vous m'avez vu, il vous en souvient, sur la route
« du catholicisme, le regardant comme mon but, mais
« faisant à peine vers lui quelques pas bien lents,
« m'arrêtant souvent sur le chemin et demeurant en
« dernier résultat dans ce triste état mixte qui n'est ni
« lumière, ni ténèbres, et qui tantôt me semblait le
« crépuscule de mon ancienne foi, et tantôt l'aurore
« d'une foi nouvelle. A l'aide de Dieu je sors enfin de
« ces brouillards d'incertitude et de doute, je redeviens
« croyant ; je sens que mes liens se brisent et que je
« remonte à la vérité ; ma prière n'est plus vague,
« incertaine, au hasard jetée vers un Dieu inconnu ;
« elle va d'une pente naturelle au Dieu que je sens, que
« je vois, que j'entends, et sous l'œil de qui je suis à
« cet instant comme à tous les autres. Vous prendrez
« part, je le sais, mon ami, à mon bonheur, et je
« n'eusse pas manqué de vous le dire plus tôt, si je
« n'avais trouvé en moi la répugnance dont je parle
« plus haut, sorte de pudeur de l'amour divin, qui se
« renferme et se voile comme les autres amours dont
« il est le type éternel.

« Mais il ne suffit pas, vous le savez, de croire ; il
« faut une forme à la foi, il faut des œuvres, il faut
« remplir ses devoirs de chrétien. J'ai dû dès lors son-
« ger à remettre ma conscience aux mains d'un prêtre,

« à chercher remède pour le passé, aide pour l'avenir.
« Un digne ecclésiastique dont vous m'avez peut-être en-
« tendu parler, M. l'abbé Busson, ancien secrétaire gé-
« néral de notre ministère, catéchiste de Mademoiselle
« de Berry, m'inspirait cette confiance respectueuse,
« tendre et élevée, que j'aimerais à porter à un direc-
« teur; il était absent. Depuis son retour d'Holyrood
« où il avait été donner à Mademoiselle la première
« communion, il avait dû quitter Paris, toute carrière lui
« étant désormais close ; toutefois l'archevêque qui a
« en lui grande confiance, l'a nommé récemment cha-
« noine et curé de Notre-Dame ; mais déterminé à un
« oubli absolu, déconcerté peut-être aussi par quel-
« qu'odieuse plaisanterie du *Constitutionnel* sur sa no-
« mination, il refuse décidément et je me suis assuré
« à l'archevêché que c'est sans espoir de retour.

« Maintenant, mon ami, dites-moi, que faut-il faire ?
« faut-il frapper à la porte du premier prêtre de pa-
« roisse, et lui dire : je viens à vous, recevez-moi ?
« Sans doute le plus humble prêtre me fera, je le sais,
« entendre la parole de Dieu, mais je suis bien faible
« encore, mes lumières sont bien incertaines ; j'eusse
« aimé pour les jours mauvais trouver des enseigne-
« ments pour tous les jours, un guide dans les études
« que je veux entreprendre. Vous comprenez déjà où
« je vais arriver. M. Gerbet ou M. Lacordaire, seraient
« ceux entre tous dont la direction me serait la plus
« précieuse, dont la parole me pénétrerait le mieux.
« Mais, M. Gerbet ne doit revenir qu'au mois d'oc-
« tobre à Paris, où ces messieurs paraissent devoir se
« réunir de nouveau. M. Lacordaire que je n'ai jamais
« vu me donne une frayeur d'enfant ; puis il me sem-
« ble que ces messieurs ne voudront pas de moi, ils
« ont tant et de si graves occupations ! j'aurais pour-

« tant une grande joie si l'un ou l'autre, le premier
« surtout, voulait me diriger. Dites que faire : faut-il
« attendre le retour de M. Gerbet, cela me semble bien
« long ; aller tout de suite à M. Lacordaire qui me
« dira oui ou non, ou au simple prêtre de la pa-
« roisse ?

« Vous me connaissez bien, mon ami, vous compren-
« drez mieux que moi, étant depuis longtemps en
« bonne voie, ce qui me convient le mieux ; réflé-
« chissez un instant et donnez-moi un bon et salutaire
« avis. Je le suivrai ; pour vous dire ma pensée tout
« simplement, j'eusse de tous aimé le plus le prêtre
« nommé le premier, l'abbé Busson ; déjà chaque fois
« que je le voyais, je me retenais pour ne pas lui don-
« ner le nom de père, tant je me sentais entraîné vers
« lui de respect et de tendre confiance ; puis après,
« M. Gerbet et enfin M. Lacordaire.

« Je cherche dans le monde entier à moi connu à
« qui, excepté à vous, mon ami, j'eusse osé adresser
« pareille lettre, à personne assurément ; c'est peut-
« être que vous ne ressemblez à personne, ou, pour ne
« pas vous donner d'orgueil, peut-être c'est que je
« vous aime mieux que personne.

« Léon LE PRÉVOST. »

N. B. — Brûlez cela de suite, je vous en conjure
instamment. Répondez-moi sans retard, je vous prie ;
cette affaire me préoccupe et j'y veux une prompte
solution.

L'année suivante, le 1ᵉʳ décembre 1832, Le Prévost écrivait de nouveau à Victor pour lui faire
part de l'état plus calme de son âme ; mais il

éprouvait encore des inquiétudes, des langueurs qui ne devaient cesser que plus tard, quand il aurait accepté et consommé le sacrifice de tout son être, en se vouant, sous le froc du frère de Saint-Vincent-de-Paul, au service des pauvres et des malades. On sait qu'il eut pour principal auxiliaire dans cette œuvre admirable, Clément Myionnet, dont les journaux religieux ont donné la biographie, due à la plume autorisée de M. L. Aubineau.

« Paris, samedi 1er décembre 1832.

« Je ne saurais, mon cher Victor, justifier mon long
« silence ; il ne vient ni d'oubli, je n'ai pas besoin de
« le dire, ni de paresse, je me hâte de vous l'assurer :
« c'est un de ces faits fréquents dans notre vie dont
« nous ne saurions nous rendre compte exact à nous-
« mêmes.....
« Dispensez-moi donc, mon ami, de vous dire qu'un
« découragement profond m'anéantit depuis des jours,
« des mois, m'envahit de plus en plus et me jette dans
« une phase peut-être inévitable de la vie et qu'il me
« faut sans doute à mon tour traverser. C'est comme
« le pourraient dire ces odieux Saint-Simoniens, une
« époque critique, la transition de la jeunesse à l'âge
« fait, la résistance du jeune homme qui n'a qu'à
« peine entrevu ce monde doré des illusions, des espé-
« rances et qui refuse d'en sortir si vite ; c'est mille
« choses encore qu'on dit si mal, qu'on sent confusé-
« ment, qui ne supportent pas la confidence, car à les
« dire la bouche bâille, à les entendre l'oreille s'en-
« gourdit : ne vous en apercevez-vous pas déjà ?

18

« Votre amitié, mon cher Victor, voulait bien pourtant s'enquérir et s'inquiéter de moi ; j'ai vu cela avec reconnaissance dans votre dernière lettre à Gavard. Soyez en repos, mon ami, j'ai vu dès l'abord où portait votre sollicitude amicale, sur le seul point désormais essentiel et nécessaire pour nous. Je n'ose pas dire que sur ce point tout est bien pour moi et serait selon votre cœur, tout est aussi bien du moins que je le puis. Je vis maintenant dans l'air qui me convient et ne conçois pas que jamais j'en puisse respirer d'autre. C'était bien là ma voie, c'était bien là ma pente ; la suivre me semble doux. Si vous cherchez d'après cela comment je puis être si triste et si découragé, je reviendrai à mon premier dire, je n'en sais pas très bien les causes ; j'en trouve bien des raisons bonnes toutes humainement, mais que la résignation et l'humilité chrétienne devraient neutraliser ; est-ce qu'il n'en est pas absolument ainsi ? est-ce que je tourne et cherche une forme définitive ici-bas, sans bien trouver comment m'asseoir ? je ne sais, mais qu'importe après tout et la place et la forme ? Il n'y a pas longtemps que, courbant la tête sous une nécessité qu'il fallait bien accepter, ouvrant les yeux à une évidence invincible, je me suis dit : puisque la vie intellectuelle n'est décidément pas faite pour moi, essayons un peu de la vie active ; faisons dans l'humble sphère où je suis placé tout le bien possible ; servons nos semblables, soyons tout à tous, n'en rebutons aucun ; nous verrons ; peut-être cela ira-t-il mieux ainsi pour moi.

« A peine avais-je pensé cela en moi-même, que de tous côtés j'ai vu accourir, pousser, surgir gens de toute sorte, réclamant les uns mon loisir et je le leur

« ai donné, les autres mon argent et ils l'ont eu, et en
« moins de rien je me suis vu sans le sou et chargé
« pour bien des mois, et plus peut-être, des occupa-
« tions les plus fastidieuses. Mais après examen, j'ai
« vu que mon argent servait à ceux-là pour vivre plus
« largement, à ceux-ci mes loisirs pour mettre au
« bout des leurs et s'y étendre plus à l'aise ; cela n'est
« pas fort encourageant ; eh bien, s'il me faut encore
« descendre de là, où arriverai-je donc ? à ramasser
« une aiguille tombée, une pelote de fil égarée dans
« la boîte à ouvrage ? Vous voyez bien, mon cher ami,
« que j'ai raison d'être triste.....

« Pardonnez-moi donc, mon cher Victor, surtout
« écrivez-moi ; je ne sais que votre voix qui puisse
« encore être musicale et harmonieuse pour moi en ce
« moment. Criez fort, soyez tam-tam ou trombone,
« car en vérité il me faut une secousse violente ; la
« flûte ou le hautbois se fondraient avec mon dernier
« soupir. Pourtant il me semble bien que j'ai une
« âme, car je pleure souvent, mais je ne sais que faire
« ni à qui la donner. Blasphème, direz-vous, et Dieu !
« oui, Dieu, sans doute, mais ne nous faut-il pas, misé-
« rable mortel, une forme pour notre amour ; peut-il
« aller droit au sein de Dieu sans ailes, sans un rayon,
« sans un nuage, pour l'y porter, et moi, rayon,
« nuage, ailes, tout me manque. Je dis à Dieu : pre-
« nez-moi, me voici humble et soumis ; parlez,
« j'obéirai au degré le plus bas, s'il vous plaît, à la
« place la plus obscure. Je veux vous servir ! mais les
« jours se passent, ma jeunesse s'en va ; je ne sers à
« rien, je ne fais de bien à personne.. ..

« Savez-vous bien ce qu'il m'eût fallu ? quelqu'un de
« meilleur, de plus haut que moi qui m'entraînât dans

« son tourbillon, me soutint, me dirigeât. La faculté
« d'enthousiasme est réelle chez moi et pourrait par
« élans me porter à toute espèce de bien. Dans le
« monde qu'allait créer M. Lamennais je me casais
« tout naturellement et sans effort. Dites-moi, savez-
« vous qu'il est en Bretagne, avec MM. Gerbet et La-
« cordaire, vivant en reclus, travaillant, méditant,
« priant, résigné à l'inaction, à l'obscurité relative du
« moins ; et je me demande des exemples ! mais
« aussi comment mesurer ma taille à pareil géant ?
« autant vaudrait le grain de sable disant à l'Himalaya :
« frère, marchons ensemble ! M. Gerbet a été bien bon
« pour moi ; il m'a laissé aux mains d'un homme
« doux, excellent, pas précisément l'idéal comme je
« l'entends ; mais qu'importe ? j'ai beaucoup à m'en
« louer.

« Vous remarquerez, mon ami, que pas une ligne de
« ce qui précède n'exige réponse, et je ne vous de-
« manderais pas une lettre, si vous n'aviez qu'à me
« parler de moi ; mais vous, mon bien cher Victor,
« il faut bien que vous me parliez de vous ; il faut bien
« que je sache d'où vous en êtes dans la vie. Je ne
« veux pas vous perdre de vue jamais ; je vous en
« conjure donc, écrivez-moi vite, dites-moi mille choses
« personnelles à vous, mille choses sur votre bon, véné-
« rable, adorable père, sur vos travaux, votre avenir,
« vos espérances, tout ce qui est de vous enfin, et vous
« intéresse et vous touche. Cela me fera un bien ex-
« trême et me rendra un peu de cœur. Adieu, je vous
« aime de toutes mes forces ; ne vous rebutez pas et
« gardez-moi aussi votre affection, j'en ai besoin.

« Léon Le Prévost. »

Comme dans cette lettre se trahit l'effort d'une âme noble et généreuse qui veut à tout prix s'élever vers Dieu et se donner toute à lui ! Mais c'est là un bien trop précieux pour qu'on puisse l'obtenir sans passer par des épreuves pénibles, des crises douloureuses. En ce temps-là, on le voit, les yeux de ceux qui aspiraient à la plus haute vertu se tournaient avec une espérance bien vive vers l'auteur de l'*Indifférence*, et aussi la littérature passionnait les esprits ; témoin ce *post-scriptum* :

« Vous savez que notre ami V. Hugo a éprouvé récemment de vives contrariétés à propos du *Roi s'amuse* ; je n'étais point à la première représentation. Je n'ai pas osé demander un billet, à raison de ma négligence près de l'auteur. Quelqu'un qui m'avait promis une place n'a pu me tenir parole, et tous mes efforts pour m'introduire d'ailleurs ont été inutiles. La lettre écrite dans les journaux n'a pas produit bon effet, mais on oublie vite aujourd'hui ; au premier ouvrage de V. Hugo, on ne se souviendra que de son prodigieux talent de poète. »

Enfin, lorsqu'après des années d'hésitations, de luttes et de souffrances, Le Prévost fut conquis à la foi dans toute sa plénitude, son âme tendre s'épancha en doux et pieux entretiens qui forment la partie la plus reposante de la volumineuse correspondance des amis. En 1840 il écrivait à Victor :

« 6 janvier 1840.

« Mon cher Victor,

« Vous m'écrivez un jour de Noël, je vous réponds
« au jour de l'Epiphanie, nous sommes en plein ac-
« cord, car si Noël est la fleur, l'Epiphanie est le pre-
« mier fruit. Qu'il m'est doux, mon cher Victor, que
« toutes ces bonnes et pieuses pensées, inspirées à
« votre âme excellente par les grands mystères de
« notre foi, s'épanchent tout naturellement vers moi,
« non pas que j'en prenne de l'orgueil, et que je m'en
« croie digne, mais parce que cela me prouve toujours
« de plus en plus que l'union de nos cœurs, fondée
« sur une pareille base, est à tout jamais assurée, tant
« que cette base restera solidement établie. Or qui de
« nous deux n'espère, malgré sa faiblesse permanente,
« demeurer jusqu'au bout fixé sur cette pierre de la foi ?
« nous lui devons nos plus pures joies, et nous savons
« que, hors de là, il n'y en aurait plus pour nous de
« véritables désormais, parce que qui goûte celle-là, a le
« cœur trop grand pour les autres. Je me réjouis aussi
« bien vivement à cause de vous en particulier ; vos
« dernières lettres sont pleines d'une ardeur fervente
« qui me prouve que votre âme va s'exaltant de plus
« en plus ; que ni les affaires de ce monde, ni les
« joies du ménage, causes trop ordinaires de l'affai-
« blissement des nobles inspirations, n'ont de prise
« sur vous. La flamme tend en haut et surmonte tous les
« obstacles ; ainsi fait l'élan sublime de votre cœur ;
« j'en bénis Dieu et lui demande qu'il me fasse pareille
« grâce, pour que nous marchions côte à côte et ga-
« gnions ensemble le but ; nos petites œuvres de cha-
« rité ne seront pas sans influence pour nous guider
« réciproquement. Mon cœur a bondi de joie, je vous

« l'avoue, quand j'ai reconnu que la simplicité de ces
« minimes travaux ne vous rebutait pas. Dieu m'a
« montré qu'il a d'immenses grâces pour ceux qui, en
« son nom, acceptent d'humbles et petites entreprises,
« en les trouvant grandes parce qu'elles se font à cause
« de lui. Persévérez, mon bien cher ami ; notre affec-
« tion déjà grande par là s'en accentue encore, et ce
« ne sera pas le moindre des heureux fruits qui en
« viendront.

« Non, certes, notre bien-aimé Maître n'a point
« proscrit les doux et tendres sentiments pour les
« âmes qui sont siennes ; il avait des caresses pour les
« petits enfants, de vives effusions pour ses amis, et
« des prédilections intimes pour quelques-uns ; il veut
« que nous l'aimions avant tout et c'est son droit,
« mais qu'à cause de lui nous aimions tous les autres,
« non uniformément, mais en ordre et degré de l'affi-
« nité de nos âmes ; celles-là doivent nous être plus
« chères qui nous attirent le plus. Dieu a mis en elles
« ce qu'il nous faut, ce qui doit nous soutenir, nous
« élever au-dessus de nous-mêmes et doubler nos for-
« ces pour avancer vers lui. Ceci, je l'ai trouvé en vous
« dès l'abord, cher ami, et à cette heure je le trouve
« encore. Saint Jean s'appuyait ainsi sur le sein du
« Maître bien-aimé ; que je vous sais gré de rappeler
« cet aimable souvenir ! Saint Jean est mon patron ;
« que de fois l'ai-je prié de m'enhardir et de me con-
« duire lui-même jusqu'au cœur de notre divin Ami !
« Je lisais dans une lettre de sainte Thérèse, ceci :
« Elle priait pour une âme droite mais égarée pour-
« tant et dans un élan de sublime familiarité, elle
« disait : « Attirez-le à vous, ô mon Jésus ; vous le
« savez, il serait digne d'être de vos amis ! » C'est ainsi
« que nous devons traiter avec lui et par retour aussi

« avec ceux qu'il nous a donnés. Allons en cette voie,
« cher ami ; j'y marcherai à grands pas, je vous as-
« sure, et je croirai suivre ainsi l'exemple et la volonté
« de notre Dieu.

« Merci de votre zèle pour le début de Saint-Vin-
« cent.

« Adieu encore, bien cher ami, unissons nos prières,
« nos actes et toute notre vie ; les meilleurs comme
« vous paieront pour les autres et tous ensemble arri-
« veront au but.

« Votre dévoué frère en Jésus-Christ,

« Léon Le Prévost. »

Les débuts de la Société de Saint-Vincent-de-Paul, à Angers, furent bien humbles. Arrivant de l'Inde, en mai 1841, je vis dans la salle à manger de la rue Saint-Laud, autour de la table, une dizaine de chaises et au milieu deux plats contenant des pois blancs et des pois de couleur. « Qu'est-ce que cela ? » Victor me répondit timidement : « Ce sont les confrères de Saint-Vincent qui vont venir écouter les propositions de pauvres à soulager et voter pour ou contre leur admission. » Ainsi c'est sous le toit de notre père et sous la présidence de Victor que la Société prit naissance.

APPENDICE II.

Voir page 157

Notre cher et excellent ami, Ch. Gavard, était intimement lié avec Le Prévost ; jamais pourtant on ne vit deux natures plus différentes au physique et au moral. Le Prévost avait dans sa physionomie quelque chose de suave et une teinte de mélancolie naturelle à ceux qui comme lui sont affligés d'une légère claudication ; on devinait sur ses traits l'habitude de la réflexion et les traces de la souffrance dans l'âme. Sur le visage animé et spirituel de Gavard, à travers les lunettes qu'il ne quittait jamais, s'épanouissait le joyeux sourire du Parisien sceptique, volontiers optimiste, ne s'étonnant de rien et s'intéressant à tout. Il était grand marcheur et faisait autour de Paris de très longues promenades, en quête des sujets qui, frappant son esprit ingénieux, provoquaient chez lui des idées sans fin et des conversations interminables. Sainte-Beuve disait : « Gavard-Bavard » ; ce qui ne l'empêchait pas d'apprécier à sa valeur ce causeur fertile en aperçus si ténus qu'ils se fondaient en nuages, en vapeurs impalpables, quand il voulait les exprimer. Enfin, Le Prévost était poursuivi du besoin de croire et d'adorer, tandis que Gavard se laissait aller jusqu'au panthéisme et échappait par les plus étranges paradoxes aux raisonnements qu'une parole amie opposait à sa rêveuse et folle imagination.

Voici une lettre dans laquelle se manifeste de la façon la plus nette sa passion pour le paradoxe, et aussi son affectueuse bonté pour ses vrais amis :

« Paris, 15 janvier 1833.

« Toutes vos lettres à Le Prévost finissent par :
« Mais pourquoi G..... ne m'écrit-il pas ? Pouvez-vous
« douter que ce ne soit par une juste raison ? que
« vous dirait ma parole que mon silence ne vous dise
« mieux encore ? Si j'avais besoin de vous, je crierais
« à vous et quelles que soient vos préoccupations du
« moment, je serais sûr que mon cri d'alarme serait
« écouté. Mais grâce à Dieu, je ne suis ni tué, ni san-
« glant ; grâce à Dieu, je puis vous laisser toute
« liberté sans réclamer de vous ni regard, ni sourire ;
« je me tiens donc, non pas à l'écart, Pavie, mais en
« solitude ; je vous suis dans mon brouillard et vous
« ne m'y voyez point, mais je vous vois. Allez donc,
« aimez-moi quand même, l'amitié comprend à ses
« éclipses combien sont beaux ses jours de clarté. Etes-
« vous donc déjà tellement perdu, que vous ne com-
« preniez plus le silence d'un cœur qui vous aime et
« auquel il ne reste plus à goûter de commun que le
« temps qui coule pour nous deux ? Nous buvons à ses
« deux rives, tête baissée, sans nous voir, mais savou-
« rant la même onde, Pavie !

« Dans Sophocle, ou je crois mieux encore, dans
« Eschyle, il y a Pylade qui suit Oreste, silencieux,
« immobile. C'est une ombre qui jamais n'agit, ne
« parle, seulement de temps à autre il pose sa main
« sur l'épaule de son ami ; ces deux fronts se tou-
« chent et brûlent ensemble, mais de paroles, au-
« cune ; et le drame s'achève, sans que Pylade, l'om-
« bre, ait proféré un mot à Oreste, le corps ; et pour
« suivre à toute extrémité le sens que j'attache à ce
« symbole, je vous parlerai effrontément des Gémeaux
« du Zodiaque ; voyez leur ligne hiéroglyphique dans

« le Laensberg et dites-moi s'ils ont besoin de parler ?...
« Pieux ami, quel abime à franchir par votre charité
« entre moi, errant, perdu, criant sans cesse et vous ! »

« Non, Pavie, je me fais la part assez funeste pour
« vous demander si vous n'êtes pas l'esclave, l'esclave
« au cou pelé.....! Vous me dites de croire....,
« croire...., croire !

« J'ai fondu ma croyance, je l'ai faite vapeur sub-
« tile, elle remplit l'espace. Je suis tout entier dans
« chaque molécule de cette vapeur, je vais comme
« elle au vague, à l'infini. Croire, Pavie, croire ;
« que ne me dites-vous de ne plus vous aimer !

« Adieu, ami, le silence que je garde envers vous
« est une profonde amitié, profonde, profonde. Je n'ai
« besoin de vos paroles ; écrivez, écrivez à Le Pré-
« vost, écrivez-lui et je lirai ; je lirai, heureux ou non,
« distrait ou non ; je ne lirai peut-être pas comme il
« faut lire ; mais voyez-vous, nos deux germes se
« touchent en quelque point, c'est fait, c'est dit ! allez,
« allez, ami ; je vous accable, je vous ensevelis de
« bénédictions et de vœux. Allez, mon Pavie, jamais
« sécurité plus immense ne toucha un cœur d'ami ;
« vous serez heureux et moi calme et votif.

« Si cependant dans vos lettres à Le Prévost vous
« avez quelques choses à dire de votre frère, réser-
« vez-les moi, je vous en prie, votre frère ! oh ! Pavie,
« nous ne sommes rien près de lui, non, pas même la
« trace de son pas aux déserts qu'il parcourt ! La Pro-
« vidence est un manteau qui nous couvre tous, votre
« frère, vous, moi, nos existences errantes ou ména-
« gères, tout cela souffle sous ce manteau. Que n'avez-
« vous votre mère et une sœur ! non, non, le démon
« ne l'aurait pas permis.

« Adieu, ma main presse votre main ; mon regard

« vous voit ; je vous recommande à Dieu et je vous
« aime en son nom.

« C. Gavard.

« Que le fils rende au père les vœux de son ami. »

Citons encore une lettre de Gavard où le paradoxe et la profession de foi panthéistique, font place au récit pittoresque et animé d'un petit voyage en Picardie et en Normandie. Je la choisis entre cent pour donner une idée de la manière d'observer et d'écrire de cet esprit original, ouvert à la sensibilité et à la poésie.

« 14 mars 1839.

« Un petit déplacement, mon cher Pavie, dont je
« vous dois rendre compte, puisqu'il a changé un peu
« mes habitudes de vie, parmi lesquelles votre amitié
« me suit le sable en main.
« Je reviens des élections de Saint-Pol [1] (non pas de
« Léon, bien que celui-ci ait eu longtemps avant et
« dès l'enfance, sur la foi d'une image donnée par un
« petit ami, toutes mes préférences) : je reviens des
« élections, c'est-à-dire que je me suis promené au
« bord de la mer et que j'ai écouté retentir les galets
« au fond des falaises du Tréport et de Dieppe, seul
« vrai but de mon voyage, et que j'ai vu surtout la
« triste et grande vallée de Criel en Normandie. C'est
« nu, profond, décharné ; c'est une étrange vallée
« formée du confluent de deux ravins, et au bout de

---

[1] Madame Gavard ayant du bien dans l'arrondissement de Saint-Pol, en Frévent, où elle était née, Gavard s'y était fait inscrire comme électeur.

« laquelle s'accumulent, et se pressent comme un
« troupeau, de pauvres maisons dont la première plus
« hardie que les autres regarde un peu la mer qui est
« tout près, au tournant de la vallée élargie, mais
« n'ose pas avancer.

« J'ai été deux jours dans les neiges tranchées au loin
« de bois noirs ; j'y ai vu de beaux corbeaux. J'étais
« dans une rude carriole avec un muet conducteur qui
« m'a dit ces deux paroles, séparées par tout l'inter-
« valle d'un long jour de silence : « Voici ! et étendant
« son fouet : là-bas la plaine de Crécy ; il y a une
« église dont la porte n'a jamais été fermée depuis
« trois cents ans », et plus tard il me dit : « Voici le
« soir... », et en effet c'était le soir et je ne lui répondis
« point, et plusieurs heures après nous arrivâmes à
« Abbeville,

« D'où je me sauvai bien vite pour longer les côtes,
« voyant la mer ou sentant sa présence, quand elle
« disparaissait. Elle se montrait au loin dans un cré-
« neau à l'horizon comme une coupe pleine. Jamais
« je n'ai si vivement senti la force ardente de ce mot
« *là-bas* ! Expression de destinées menaçantes, d'espé-
« rances, de désirs, qui se succèdent en mélancolie
« chaude et en quelques pleurs.

« Puis vint Dieppe, que je n'aimais pas, que j'aurais
« voulu éviter. Cependant j'ai joui de ses grands bas-
« sins, de ses équipages de pêche ; j'ai bien goûté ses
« très hautes et très blanches falaises, ses matelots,
« ses femmes attelées aux cordages des navires qu'elles
« remorquent en sabotant et en chantant. J'ai même
« reconnu là que chaque plage de la mer portait des
« hommes tous variés et tous différents. J'y ai contracté
« la tristesse, parce que je cherchais et je suis arrivé
« à Rouen.

« Que je n'ai vu que trois heures dont une encore
« dans l'aube noire du matin. Là, j'ai pris un grand
« respect pour la ville *Rothomage* qui s'abreuve si bien,
« qui se sert si bien de cette Seine, où nous ne pla-
« çons, nous Parisiens, que des ponts stupides. J'ai
« été un peu mortifié de cette signification, tout autre
« de ce second Paris. Mais quand je quittai Rouen,
« quand des fenêtres de la voiture j'ai contemplé son
« vaste lit, mon Dieu, comme cela me parut merveille,
« ciel et eau, terre illuminée, les jardins, les forêts de
« peupliers, et la ville et ses églises. Ce que je notai
« bien c'est que toute cette nature est malgré sa gran-
« deur, proportionnée aux forces humaines, et que
« ici, le fleuve et ses vallées ne repoussent pas ses fon-
« dateurs. C'est une belle porte de continent sur la
« mer. Il y a toujours sur le bord des fleuves plusieurs
« écoles pour l'homme ; les villes s'élargissent avec ses
« bords ; le temps viendra où on peuplera les embou-
« chures, où l'on comptera des ports comme aujour-
« d'hui des marchés dans la même côte. Je suis revenu
« par cette vallée qui se termine à Paris par le Calvaire
« et Montmartre et dont l'œil suit sans interruption, les
« doubles bords aussi purement dessinés par la rivière
« qui coule au fond et par le ciel qui pose au sommet
« des coteaux. J'en ai le cœur plein, de cette douce
« monotonie et de cette variété des villes qui boivent
« les mêmes eaux et s'avancent différemment aux
« mêmes rives.

« Il était dimanche soir et six heures, quand le cœur
« battant, je frappai à la porte du logis ; des éclats de
« bonne joie me prouvèrent qu'on avait compris le
« coup, et la porte s'ouvrant me montra autour de la
« table tous les miens et votre frère..... Embrassades,
« bon accueil, nouvelles échangées, récits, grands
« rires.

« Adieu, mon bon Victor, vous voyez que quand
« j'obtiens quelque douce émotion, c'est à vous que je
« la communique. J'aurais bien à vous dire des dé-
« tails, par exemple, ce navire qui de Dieppe partait
« pour Terre-Neuve et dont je vis tous les adieux,
« adieux mâles et fiers mais émus et d'autres en lar-
« mes. Mais ce qui me toucha surtout, c'est que, reve-
« nant après l'avoir conduit à l'horizon, revenant au
« port, je vis parmi cent autres navires sa place à lui
« laissée toute vide ; plus rien là où il y avait tant de
« mouvement et de figures !

« Nous appelons cela votre frère et moi, un *ptar-
« migan*. Toute chose de sensibilité, merveilleusement
« symbolisée, est un *ptarmigan*. C'est le nom du dernier
« oiseau qu'on peut voir au pôle Nord, celui qui attes-
« tait encore la vie aux pauvres matelots du capitaine
« Ross. Il disait dans son journal de bord : « Le vent
« reste ouest quart-nord ; le baromètre est encore à
« 30° au-dessous de zéro, personne n'a pu sortir.. Vu un
« ptarmigan.

« Heureux qui voit un ptarmigan ; je vous en sou-
« haite plein le cœur.

« C. GAVARD. »

Malgré son scepticisme parfois joyeux et sa philosophie optimiste, Gavard avait conquis l'amitié
de Le Prévost et de Victor par son esprit brillant,
son intelligence remarquable et la bonté de son
cœur. Il était heureux ; les choses extérieures l'entraînaient dans une sphère d'idées rêveuses ;
un brahmane aurait dit de lui qu'il était fasciné par
la *Mayâ*, l'illusion du monde visible. Riche par
les bénéfices que sa femme réalisait dans son com-

merce de bijouterie du Palais-Royal où affluaient les Boyards et les Hospodars de l'Europe orientale, assez occupé lui-même au ministère des finances pour ne pas connaître l'ennui, il avait du temps de reste pour voir ses amis et leur faire part des mille idées dont il emplissait son cerveau durant ses longues promenades autour de Paris. Ni Victor, ni Le Prévost ne négligeaient l'occasion de ramener sa pensée vers les sentiments chrétiens, et je suppose que ce fut une pensée de cette nature qui engagea Victor à le choisir pour parrain de sa seconde fille, — la seule qui lui soit restée. En apprenant cette détermination, Gavard qui n'avait pas d'enfant, lui écrivit la lettre charmante et sérieuse que voici :

« Je suis bien touché, mon cher Pavie, de la mar-
« que très délicate d'amitié que vous me donnez en
« m'appelant, aussitôt que possible après vos proches,
« à venir aimer avec vous l'un de vos enfants, celui
« qui a encore de plus que tous les autres, le prestige
« de n'avoir pas quitté le monde des âmes et que vous
« voyez arriver du ciel. Mon Dieu ! sais-je, mon bon
« Victor, s'il me suffit d'être vivement sensible à votre
« choix de père pour en être, pour en devenir digne ?
« de ceci je me fie à vous. Si je simplifie trop les de-
« voirs de parrain en les résumant dans une tendre
« affection, vous me les enseignerez mieux et je serai
« docile. Voilà ce *que* et ce *dont* je vous puis ré-
« pondre.

« Dès que vous m'appelerez, en septembre, mon
« cher Victor, je viendrai, mais comme vous le pré-

« voyez avec regret, je viendrai seul et par conséquent
« pour trop peu de temps. Vous êtes trop bon de me
« parler de vacances ou de plaisirs à cette occasion.
« Un jour donné au lien que je regarde déjà, cher
« Victor, comme établi et assuré dès ce moment avec
« vous, sera toutes mes vacances jusqu'au temps où je
« les prendrai avec ma femme, ce qui arrivera enfin.

« Mais vous, n'allez-vous pas venir bientôt à Paris
« pour de là passer en Italie avec votre beau-père ? Je
« vous verrai donc bientôt et comment vous nomme-
« rai-je ? Il me semble que vous me serez plus que le
« Victor d'hier. Votre belle-sœur à qui vous m'associez
« est-elle informée ? Je vais me réjouir de la tour-
« menter un peu, autant que le permettra le sérieux
« Théodore.

« Ma réponse est déjà en retard, si toutefois vous ne
« l'avez pas considérée comme reçue, pendant même
« que vous m'écriviez. Il faut que je termine en vous
« disant que si j'avais ici comme vous plus d'enfants
« que je n'aurais compté de grands pères et de frères,
« c'est tout droit à vous que j'eusse demandé le par-
« rain et porté l'hommage d'ami ; ainsi ce que vous
« faites, je l'eusse fait avec un égal sentiment ; je
« l'attendais et c'était convenu.

« Adieu, cher Pavie ; je vous embrasse bien tendre-
« ment à cette occasion, ainsi que celle qui, je dois
« bien l'espérer, a partagé votre volonté sans avoir eu
« besoin de la diriger vers moi.

                              « C. GAVARD.

« Paris, 19 mai 1844. »

APPENDICE III

Voir page 184

Les nombreux amis de Victor avaient été attirés vers lui par des affinités bien différentes : ceux-ci par la poésie, ceux-là par l'art, d'autres encore par le simple charme d'un commerce prolongé avec un homme sympathique et porté à l'effusion. Si la conformité des croyances ne le guida pas toujours dans le choix de ses relations souvent dues au hasard, on peut dire cependant que celles qu'il contracta avec de pieux amis furent pour lui les plus précieuses. Parmi les lettres que lui adressèrent aux époques douloureuses de sa vie, des prêtres et des religieux il s'en trouve de remarquablement belles ; entr'autres et en première ligne, il convient de citer celle de M. l'abbé Morel où la haute doctrine du christianisme se trouve affirmée dans un style élevé qui en rehausse la grandeur. Lorsque la mort priva Victor de son premier enfant, voici ce que lui écrivait cet ami dévoué :

« Mon bon et cher ami, je viens d'apprendre ton
« deuil par tes volets fermés. Je ne te consolerai pas
« par les paroles que les hommes de bien s'adminis-
« trent entre eux dans les cas de mort : l'usage est
« un fardeau respectable à porter, mais qu'il fait bon
« de pouvoir s'en affranchir avec toi pour aller plus
« haut encore ! La vraie douleur n'est qu'une médita-
« tion : souffre, à cause de mon sacerdoce, que je t'en

« ouvre quelques sources. — Tu étais un bon père;
« aurais-tu été un aussi bon nourricier pour ton fils
« que Joseph lui-même ? Tu as dit comme la reine
« Blanche, comme tout père chrétien : Mon fils, j'ai-
« merais mieux vous voir mort que de jamais vous
« trouver souillé d'un péché mortel ! Dieu ne vient-il
« pas d'exaucer tes vœux dans ce siècle affreux pour
« les hommes ? Ta mère est morte sans avoir eu le
« temps de te caresser à son aise, et presque sans
« avoir embrassé Théodore; ne veux-tu pas qu'elle
« prenne au moins ses petits-fils sur ses genoux et
« qu'elle fasse la grand'mère pour l'accoutumer à l'autre
« vie ? Tu avais déjà derrière toi ton aïeule et ta mère
« rendues au ciel; maintenant tu as ton fils rendu
« devant toi. Oh ! le bel arc-en-ciel renversé, dont les
« deux pieds sont enfoncés dans l'éternité, et dont la
« courbe passant sur la terre te tient encore suspendu
« dans le temps, jusqu'à ce que tes ancêtres et ta
« postérité retirent la chaîne merveilleuse et que tout
« rentre dans le sein de Dieu ! Penses-tu bien qu'il y
« a un citoyen de la sainte Jérusalem à qui tu as
« donné la vie, une âme qui voit Dieu face à face et
« qui a été allumée au flambeau de ton âme, une
« portion de toi-même qui est déjà dans le Paradis ?
« Essaye de ces réflexions et si elles vont bien à ton
« cœur, tu les essayeras ensuite sur le cœur de ta
« chère Louise que le Saint-Esprit comble de plus en
« plus de ses dons, que je suis de loin, en l'admirant,
« et pour lui dire sincèrement la louange qu'elle
« aimera le mieux, que je trouve parfaitement digne
« de toi, que le bon Dieu l'a choisie exprès, comme il
« faisait aux Patriarches ! Qu'elle serait coupable de
« s'abandonner à sa peine, pendant qu'elle répond
« d'un nouvel être devant le Créateur et d'un enfant

« de plus au baptême de Jésus-Christ ! Vous voilà
« engagés, mes chers amis, dans le grand devoir de
« votre mission terrestre. L'apôtre avertit la femme
« qu'elle se sauvera par la génération des enfants, en
« demeurant dans la foi, la charité et la sanctification,
« et l'homme, qu'il doit prier en tout lieu, levant des
« mains pures, sans colère et sans disceptation envers
« la Providence. Et comme les saints hommes du com-
« mencement du monde s'arrêtaient dans leur pèle-
« rinage à tous les grands événements, pour dresser
« un autel au Seigneur et y faire un sacrifice, j'im-
« molerai la victime sans tache demain, entre vos
« deux souvenirs.

« J. Morel. »

Dom Gardereau était, lui aussi, l'ami de nos premières années ; après avoir été vicaire à la cathédrale d'Angers, il avait quitté le clergé séculier pour entrer dans l'ordre des Bénédictins de Solesme. Admirateur passionné des ordres monastiques, Victor entretenait des relations avec l'abbaye dans la personne de dom Guéranger et de dom Gardereau. Celui-ci à l'occasion de la mort de son troisième enfant, Maurice, lui écrivit une lettre, non de condoléance, mais d'enseignement et de doctrine chrétienne, et moins douce, moins délicate que celle de l'abbé J. Morel, parceque le religieux, plus éloigné du monde, plus étranger aux choses de la terre, parle le langage des Écritures dans toute son austérité.

Locmariaker, 7 juillet 1846.

« Ce matin, cher ami, j'ai dit la messe à Sainte-Anne-d'Auray, avec une application toute spéciale du saint sacrifice à vous, à votre femme, à toute votre famille. C'est la meilleure réponse que je puisse faire à votre lettre écrite depuis deux mois et que je viens seulement de recevoir; non par la faute de mes Frères, mais parce qu'on ne savait où me l'expédier.

« On dit dans le monde qu'il y a certaines familles auxquelles la fatalité s'attache ; on le dit probablement aujourd'hui de la vôtre. La jalousie de Dieu vous avait fait longtemps attendre les enfants qu'il vous a donnés ; sa jalousie vous les enlève les uns après les autres. Il y a là une disposition trop extraordinaire de la divine Providence, pour qu'elle ne renferme pas quelque profonde disposition d'amour.

« L'histoire sacrée nous présente plusieurs familles privilégiées de Dieu où s'est passé quelque chose de semblable : apparence de stérilité, puis bénédiction féconde, mais que Dieu n'accordait qu'à condition de les retirer à lui. Il a toujours caché dans ce double sacrifice des grâces d'une haute portée. Sainte Anne pourrait nous en instruire. Il a retiré vos enfants dans son temple, se les appliquant, comme vous dites, par une consécration précoce. Plus tard nous aurons la clef de ces mystères. Quant à Maurice, il vous le conserve comme les deux premiers, Joseph et Elisabeth ; cette triple consécration est un sceau qu'il appose à toute votre famille. Voulez-vous tout conserver, dit, je crois, Joseph de Maistre, dédiez tout.

« Adieu, cher ami, aidons-nous par la prière et par tous ces rapports intimes de la Communion des

« saints à favoriser en nous-mêmes le développement
« des volontés de Dieu, tant que doit durer ce mystère
« de la vie. Que sa grâce nous garde de murmurer et
« nous tienne fermes dans l'épreuve d'où sortira le
« bonheur.

« Votre affectionné à tous,

« Fr. Eugène GARDEREAU.

« O. S. B. »

APPENDICE IV

Voir page 186

Dans son ardeur panslaviste, Cyprien Robert s'était laissé aller à prononcer dans son cours au Collège de France, quelques paroles imprudentes. Voici comment il explique lui-même cet incident auquel il a été fait allusion plus haut. :

Paris, mars 1846.

« Mon cher ami, nos préoccupations à tous ici pour
« la pauvre Pologne, m'empêcheront de t'écrire au-
« jourd'hui aussi longuement que je voudrais ; je le
« ferai cependant pour te remercier de ta lettre et te
« dire qu'elle m'a fait un plaisir d'autant plus grand
« qu'ici nos chers conservateurs n'ont été que médio-
« crement édifiés de ce qu'ils appellent mon équipée.
« Le malheureux article dont tu me loues est cause
« que je ne pourrai plus remettre les pieds dans cer-
« tains pays, d'où je souffrirai en me sentant banni ;
« et dans ma chaire même, au dire de certains diplo-
« mates étrangers, j'aurai désormais à mesurer mes

« paroles quelque insignifiantes qu'elles puissent être
» par elles-mêmes.

« Tu vois que ma position n'est pas des plus gaies.
« Me voilà près de devenir un homme dangereux,
« dont il faudra se défier, et je sais que pour les
« hommes du *statu quo* ce mot de panslavisme est un
« terrible mot. Aussi ne comptais-je pas le prononcer
« avant quatre ou cinq ans. Ce sont les évènements
« qui en se précipitant, me l'ont arraché malgré moi ;
» il fallait bien suivre les miens sur la brèche et main-
« tenant je vais me trouver exposé à tous les coups.

« Puissé-je avoir parmi les Français amis de l'ordre,
« quelques hommes de cœur qui comme toi me com-
« prennent et me défendent ; j'en aurai peut-être
« bientôt grand besoin. Dieu seul sait à quelles ex-
« trêmes concessions ce pays-ci va être poussé par les
« trois grandes puissances continentales et à quels
« mensonges la coalition va recourir pour tromper
« l'opinion. Dans cet état de choses, je ne sais ce
« qu'on doit le plus redouter ou de la vénalité des
« grands journaux ou de la facilité à se laisser abuser.
« J'aurais encore mille choses à dire à mon vieil ami
« d'enfance, et je suis avec peine contraint de remettre
« tout cela à une autre fois.

« Je te serai obligé si tu veux bien aller de ma part
« remercier M. Grille de la lettre si obligeante qu'il
« m'a écrite et à laquelle je n'ai pu encore répondre
« malgré tout le désir que j'en ai. Assure-le bien au
« moins que les conseils qu'il m'y donne ne seront
« pas perdus.

« Je regrette vivement que tu ne puisses pas venir à
« Paris pour les vacances de cette année. Si Dieu nous
« garde encore tous deux sur cette triste terre jusqu'à
« l'année prochaine, j'espère que tu me dédommageras

« et que nous pourrons alors causer amplement
« d'Angers et des Slaves, de la France et de la Po-
« logne, du passé et de l'avenir, de nos premières
« années et de celles qui nous restent encore.

« En attendant, je t'embrasse de tout mon cœur.

« C. ROBERT.

« Tâche de rassurer Montrieux [1] sur ce qu'il sera
« tenté d'appeler mon fanatisme. »

APPENDICE V

Voir page 288

A peine de retour de Paris après les sanglantes journées de Juin, Victor recevait de Mme V. Hugo la lettre que voici :

« Monsieur et bien cher ami, nous nous sommes vus
« la dernière fois après de si terribles choses que les
« individus disparaissaient et que même entre amis
« les plus fidèles et les plus anciens tout sentiment
« semblait atténué, ou tout au moins on était si cer-
« tain de cet inaltérable attachement, qu'il semblait
« inutile de le témoigner, dans un moment où toute
« question est en jeu, hors cette même affection. C'est
« l'impression qui m'est restée de votre visite à la
« place Royale. Hélas ! nous l'avons quittée ; mes
« enfants ont eu une si affreuse impression de ces

---

[1] M. Montrieux portait le plus vif intérêt à C. Robert ; il prenait soin de ses petites affaires, et les gérait avec la générosité qu'il apportait dans toutes ses actions, moins en homme pratique qu'en bienfaiteur.

« quatre journées, qu'ils n'ont même plus voulu cou-
« cher dans cet endroit où ils ont reposé pendant près
« de 17 ans, et 17 ans pour eux c'est l'existence ! Nous
« demeurons rue d'Isly, n° 5, à la Madeleine. Ah !
« quel bond ! Plus d'arbres, plus de fontaine, plus de
« souvenirs ! J'en suis venue, cher Monsieur, c'est ce
« qui est affreux, à éviter le souvenir, à éviter la souf-
« france ; je ne suis pas plus heureuse de me dérober
« au coup de poignard. Ma maladie a cruellement
« éprouvé mon cerveau. Je tâche de rassurer ma
« conscience en me disant que jusqu'ici je n'ai pas
« été responsable. Je demande que la mémoire me
« revienne.

« Je suis diminuée à ce point de vivre dans le pré-
« sent ; je m'occupe de ce dont s'occupe tout le
« monde, du progrès de la civilisation ; j'aime le
« peuple qui souffre, la liberté la plus grande et l'ordre
« combiné avec cette liberté, avec cet amour du
« peuple. Nos amis de *sentiment* ont songé à fonder
« un journal dans cette couleur qui est celle de mon
« mari, qui se trouve isolé comme opinion, ne voulant
« pas de la perturbation appelée par la Montagne et
« voulant le progrès, l'amélioration du bien et de cette
« classe qui souffre depuis si longtemps, n'étant ni
« avec la Montagne, ni avec le parti réactionnaire.
« Nos amis font donc un journal ; ils voudraient le
« plus de propagande possible ; ne pourriez-vous pas,
« vous, cher ami, vous charger de *faire coller avec*
« *soin quelques affiches dans la bonne ville d'Angers* ?
« Je mets ci-joint les noms des rédacteurs et un mot
« de mon mari qui vous indique ce que sera le jour-
« nal. Il a de grandes chances de succès. Répondez-
« moi ; nous comptons sur votre amour pour le bien
« en cette occasion et sur votre amitié pour ces mêmes
« rédacteurs.

« Crie-t-on les journaux à Angers ? Mais ce que l'on
« veut avant tout ce sont des abonnés.

« Mille tendresses à votre bonne femme si digne de
« vous et à vous cette amitié de 25 ans.

« Adèle Victor Hugo. »

Ce 26 juillet.

Cette lettre donne la date exacte de l'entrée de V. Hugo dans la carrière du journalisme. A partir de cette époque il se fit homme politique, sans cesser d'être poète ; mais il associa les deux idées et la fantaisie n'eut plus toutes ses préférences. Ce ne fut pas sans un fond de tristesse, si l'on en juge par cette lettre que Mme Hugo épouvantée des affreuses journées de Juin, désolée de quitter cette place Royale où elle avait tant de souvenirs, rassemblant sa famille effarée, vit commencer pour elle une vie nouvelle et son mari se lancer dans une carrière si différente de celle qui venait de finir. L'ex-pair de France redevenait simple citoyen d'une République condamnée à périr par ses fautes et cherchait à remplir dans une démocratie fort agitée le rôle ingrat de modérateur qui est le rêve des gens de bien, mais qui ne réussit jamais.

APPENDICE VI

La carrière de A. Freslon comme homme public fut de courte durée. Nommé en 48 avocat général à Angers, puis représentant, puis ministre de l'Instruction publique sous le général Cavaignac, — sur les recommandations de MM. de Montalembert et de Falloux, — il échoua aux élections pour la Législative et rentra dans la vie privée. Nous citerons trois lettres de lui : la première exprime sa joie et ses espérances, la seconde ses excellentes intentions, la troisième sa déception douloureuse et résignée.

« Paris, 20 juin 1848,

« Mon cher Pavie, si je ne vous ai pas écrit depuis
« mon arrivée ici, je n'en ai pas moins pensé à vous.
« Les devoirs que vous avez contribué à m'imposer,
« m'absorbent tellement qu'il m'était difficile de vous
« écrire.
« Lorsque nous sommes arrivés ici, la situation
« générale de Paris n'était pas très claire ; toutefois,
« j'ai vu de près toute la population et je l'ai trouvée
« en majorité animée des sentiments les plus honnêtes
« et dévouée à la vérité.
« Celui qui ajouterait foi aux récits des journaux,
« aux mille faits controuvés, exagérés, dénaturés
« qu'ils contiennent, aurait une idée aussi fausse que
« possible de la population au milieu de laquelle nous
« vivons.
« La plaie du moment est le défaut de confiance du
« capital, le manque de crédit et de travail.
« J'ai parcouru les groupes du peuple lorsqu'il y en
« avait, car aujourd'hui on n'en rencontre plus. Je n'y
« ai pas entendu une parole offensante pour Dieu, pas

« une attaque contre un culte, pas une critique amère
« contre les lois de la morale, de la famille, de la pro-
« priété. Si, dans le commencement, des excitateurs,
« des agents payés ou fanatisés faisaient appel aux
« passions, il m'est arrivé de pleurer en entendant les
« réponses pleines de religieuse résignation ou d'un
« bon sens élevé, sorties de la bouche d'hommes en
« blouse.

« La colère, la misère peuvent démoraliser ce peu-
« ple ; ce serait le plus grand crime de notre temps.

« Pardonnez-moi ces détails; ils sont tellement con-
« traires à ce que l'on pense et à ce qu'on publie dans
« nos départements, que j'éprouve le besoin de vous
« les donner à vous qui devez aimer la vérité plus que
« toute chose.

« J'attends avec impatience vos impressions sur les dis-
« positions de la Constitution qui touchent à la question
« religieuse. Le clergé ici ne demande pas la sépara-
« tion de l'État et des cultes. Il est, je le crains, peu
« d'entente à ce sujet entre les représentants officiels
« du culte. Quant à moi, j'appelle de tous mes vœux
« le développement le plus complet de toutes les ins-
« titutions qui pourront ramener l'homme à l'idéal, à
« l'éternel. Si je me trompe, ce ne sera que sur les
« moyens d'atteindre ce but.

« Plus je réfléchis à ce qui est, mon cher Pavie, et
« plus, malgré les misères du présent, je suis con-
« vaincu que la Patrie doit tenter d'organiser loyale-
« ment le fait démocratique qui est le fond de la
« société française ; en dehors de là je ne vois qu'in-
« trigues, guerres civiles sans fin et une guerre sociale
« au bout.

« Adieu, mon cher Pavie, je crains de vous trou-
« bler par mes propres agitations, et cependant je

« suis, comme je le disais ce matin à l'évêque d'Or-
« léans, de ceux qui ont foi, espérance et charité.

« Adieu, je vous embrasse,

« A. FRESLON. »

A peine choisi pour ministre par le général Cavaignac, il écrivait à Victor, de l'Assemblée constituante cette lettre remarquable dans laquelle il lui faisait part des discussions entamées sur la question de la liberté de l'enseignement.

« 22 Octobre,

« Mon cher Pavie, un mot sur une question qui vous
« intéresse avec tant de raison ; je parle de la liberté
« de l'enseignement. Vous savez dans quelles disposi-
« tions d'esprit la révolution de Février m'a placé sur
« ce point. Elles n'ont pas changé ; elles s'affermissent
« chaque jour. Convoqué par M. Cazalès pour une
« réunion spéciale où l'on devait prendre des résolu-
« tions sur la marche à suivre dans cette affaire, je
« m'y suis rendu. Là, j'ai posé très clairement, on
« me l'a assuré du moins, les données du problème,
« la conduite à suivre. L'évêque de Langres, Falloux,
« de Corcelles, Roux-Lavergne et autres étaient là.
« Malheureusement, les meilleures causes ne font pas,
« pour leur succès, taire tous les amours-propres. L'en-
« tente n'a pas été complète entre quelques hommes
« de la légitimité ; de là, les tiraillements du premier
« débat.

« Avant-hier nous nous sommes réunis de nouveau ;
« on acceptait la rédaction de la Commission après
« des explications qui devaient être données par

« l'évêque de Langres. MM. Poujoulat et autres ont
« consenti après les paroles de l'évêque qui avaient
« produit le meilleur effet, à retirer les amende-
« ments..

« Mon cher ami, combien peu d'esprits se laissent
« éclairer par les événements et combien peu lisent
« avec profondeur dans les problèmes que Dieu a
« posés devant les hommes au XIX° siècle ! Ni les gran-
« deurs, ni les misères de notre époque ne sont
« embrassées par les intelligences qui ont, dans le
« département et beaucoup ici, la prétention d'être la
« sagesse. Pour moi, je me réfugie chaque soir et
« chaque matin, pour me préparer aux combats quo-
« tidiens, en présence de Dieu et du peuple. Je sens
« bien alors mes faiblesses, mes défaillances, mes
« infirmités, mais ma foi dans la justice me retrempe
« et je me trouve plus disposé à faire bravement ce
« que je crois le devoir.

« Une chose qui m'afflige au delà de toute mesure,
« c'est le peu de progrès que font, au point de vue
« que je vous indique, les organes de la presse dans
« nos contrées. Sont-ils donc affamés du besoin de
« haïr et ne devraient-ils pas, à défaut d'esprit de
« charité et de justice, comprendre que leurs intérêts
« exigent qu'ils fassent trêve à de vieilles querelles?
« Il s'agit bien de M. Guizot et de M. Thiers, de
« M. Cavaignac et d'Henry V !... Sans doute, tous
« ces noms signifient quelque chose, mais ils ne signi-
« fient pas régénération des âmes et cessation de la
« misère, liberté virilement acceptée et pratiquée.

« C'est la vie et le salut, c'est là où doivent tendre
« les hommes éclairés, les hommes honnêtes, de cœur
« et à qui l'intelligence ne fait pas défaut, quelle que
« soit leur croyance politique et religieuse,

« Quant à moi, mon cher Pavie, je ne demande
« qu'une chose après mon mandat rempli, être aimé
« des hommes qui, comme vous, sortis de tous les
« anciens partis, cherchent le salut dans la justice pour
« tous.

« Adieu et amitiés,

« A. Freslon. »

En décembre de la même année, dès que le bruit se répandit que Pie IX, chassé de Rome par une révolution impie, venait chercher un refuge en France, Freslon, prêt à partir pour Marseille, afin d'accueillir, au nom de la deuxième République, le Pape fugitif, se hâta d'écrire à Victor :

« Mon cher Pavie,

« Vous savez à cette heure que le Saint-Père est
« probablement à Marseille. Le Gouvernement vient de
« me confier la glorieuse mission d'aller lui porter les
« consolations et les espérances de la République fran-
« çaise. Je ne pensais pas que Dieu me réservait à
« cette sainte et mémorable mission. Je demande
« dans votre personne à tous les catholiques sincères
« de prier du fond de leur cœur pour qu'il me soit
« donné d'avoir assez de dévouement, de sagesse et de
« prudence pour accomplir un acte qui fasse connaître
« au monde que la démocratie française sait entourer
« de respect, de généreuses sympathies le Chef de
« l'Église, qui a été le berceau de notre nationalité.
« C'est à l'instant où les drapeaux de la République
« portent pour devise les paroles fondamentales du
« christianisme que le Saint-Père vient se réfugier
« sous notre pavillon. N'est-ce pas le symbole éclatant

« de ce que vous me disiez dans votre dernière lettre :
« Alliance de la foi antique et de notre jeune liberté?

« Adieu, mon cher Pavie, je n'écris qu'à vous avant
« mon départ pour Marseille. Si je savais un cœur
« dans lequel l'amour de la liberté et la foi catholique
« fussent plus sincèrement unis, je l'aurais pris pour
« confident dans ce moment solennel de ma vie.

« Adieu, je vous serre sur mon cœur,

« A. Freslon. »

Le Pape ne vint point chercher un refuge sous les plis du drapeau de la République française qui avait donné naissance à la révolution romaine, et le ministre bien intentionné qui espérait mettre aux pieds de Sa Sainteté la démocratie triomphante, en fut pour son déplacement. Les démocrates irréligieux se moquèrent un peu de ce voyage inutile, entrepris avec précipitation, mais Freslon prenait fort au sérieux son rôle difficile, impossible peut-être de républicain ami de l'Église et du catholicisme. Quand son rôle fut achevé, il resta sincèrement religieux d'esprit et de tendance, et un peu désillusionné, il se rapprocha des idées de la droite. Le 24 mai 1849, après son échec électoral, il écrivait à Victor ces lignes touchantes qui méritaient d'être conservées :

« Mon cher Pavie, je ne vous ai pas écrit avant les
« élections, retenu que j'étais par un certain sentiment
« de pudeur de candidat que vous comprendrez mieux
« que personne. Vos efforts, ceux de vos parents et de

« vos amis n'ont pu concourir à vaincre ceux qui vou-
« laient m'exclure. Je ne cherche pas les motifs qui
« ont dirigé les personnes qui ont combattu mon élec-
« tion. Je ne me plains même pas de leur décision ;
« j'ai conscience que depuis février j'ai obéi autant
« qu'il était en moi aux règles de la justice, de la
« vérité et de la modération. Sans haine et sans
« crainte, j'ai agi sous l'inspiration de ma conscience,
« et, dans les circonstances difficiles que j'ai traver-
« sées, je ne me reproche rien qui puisse me troubler,
« maintenant que je rentre dans la vie privée. Placé
« pendant quelques mois à un poste élevé et difficile,
« appelé à prendre des résolutions qui pouvaient
« servir ou blesser les grands intérêts de la science et
« de la religion dans mon pays, je crois n'avoir rien
« fait qui ne tendît à sauver le dépôt qui m'était
« momentanément confié. J'ai même l'orgueil de croire
« que les meneurs qui m'ont fait évincer, sont d'ac-
« cord avec moi sur tout cela. Les plus basses passions
« du cœur humain ont réagi contre moi ; c'est une
« expiation nécessaire peut-être des fautes inévitables
« que j'ai pu commettre contre mon gré, pendant
« l'exercice de mon pouvoir. Mais combien, mon
« cher Pavie, je suis dédommagé de tout ceci par
« l'estime des personnes comme vous ! J'ai toujours
« désiré obtenir votre amitié ; si je l'ai conquise,
« comme je le crois, gardez-la moi et, je vous l'assure,
« j'aurai là une large compensation à l'abandon de
« mes électeurs...

« Adieu, mon cher Pavie, remerciez de ma part
« votre père et votre frère ; croyez à mon bien cor-
« dial et bien sincère attachement.

« A vous de cœur,

« A. FRESLON. »

Ces lettres rappelleront au souvenir des contemporains l'homme de cœur, l'homme de bien qu'ils ont trop oublié et feront connaître à la génération actuelle un type bien pur des républicains de 1848. Ajoutons que ces lignes intimes sont un commentaire précieux de la conduite loyale et désintéressée de Freslon, et nous le montrent tel que l'a dépeint M. Cél. Port, dans son *Dict. biographique et historique*. Il est bon de rappeler qu'à la suite du 2 Décembre il donna sa démission d'avocat général à la Cour de Cassation, fonction très haute et bien enviée à laquelle le général Cavaignac l'avait élevé, pour le consoler de n'avoir pas été élu à la Législative. *Erudimini qui judicatis terram !*

APPENDICE VII

Pour ne pas embarrasser le récit des premières années de Victor Pavie dans la carrière des lettres, nous avons omis une partie de la correspondance de Victor Hugo qui trouvera mieux sa place à la fin du volume et lui donnera sa véritable signification ; car c'est de l'écrivain que nous nous sommes presque exclusivement occupé.

Les facultés poétiques qui s'éveillèrent chez Victor avec les premiers rayons de l'adolescence, étaient naturellement un peu vagues et incertaines ; quelle voie suivrait-il ? Comme tout écrivain, comme tout artiste à son début, il cherchait un maître sympathique à sa nature, auquel il pût s'attacher. Victor Hugo parut, et ce fut vers cet astre, si brillant dès la première heure, que se tournèrent ses regards éblouis. Le maître avait à peine 25 ans et le disciple 18, lorsque les premiers essais de celui-ci furent adressés à celui-là. Cette rencontre eut l'effet d'un choc électrique. Le poète de génie, si jeune encore et voyant alors la gloire dans l'avenir seulement, accueillit avec joie l'enthousiasme naïf, la candide admiration du provincial adolescent qui le jugeait si bien et semblait le deviner. Il accepta son hommage avec la reconnaissance et le sentiment affectueux que tout chef d'école entrant dans la lice ressent pour ses premiers disciples.

Le V. Hugo de 1826 est peu connu de la génération présente qui s'est habituée à le voir s'avançant dans la postérité à la tête de trois cents volumes, vers, prose, drames et tout rayonnant d'une gloire dont l'auréole multicolore fascine et trouble ceux qui le contemplent. Nous avons donc pensé qu'il ne serait pas sans intérêt de montrer à la jeunesse de nos jours le poète de génie au début de sa carrière, déjà sûr de lui-même, plein d'ardeur, mais encore modeste et prêtant une oreille attentive aux louanges qui peu à peu étouffent les voix de la critique et lui font présager le triomphe définitif et prochain.

Victor lui ayant envoyé un article sur ses *Odes*

et Ballades signé seulement V. P., Hugo s'empressa de l'en remercier par une lettre que voici :

« C'est à vous sans doute, Monsieur, que je dois
« l'envoi d'un numéro du *Feuilleton* d'Angers (2 décem-
« bre) où il est parlé du recueil d'*Odes et Ballades* que
« je viens de publier. Du moins, c'est à vous, Monsieur,
« que je dois ce bienveillant article ; et je me fais un
« devoir et une joie de vous en remercier.
« Ce n'est point parce que vous me louez que je
« vous remercie. Je ferais peu de cas, permettez-moi
« de vous le dire, d'un éloge qui ne serait qu'un éloge.
« Ce dont je suis reconnaissant dans votre article, c'est
« du talent qui s'y trouve ; ce qui me plaît, ce qui me
« charme, ce qui m'enchante, c'est d'avoir trouvé dans
« si peu de lignes la révélation complète d'une âme
« noble, d'une intelligence forte et d'un esprit élevé.
« Vous êtes, je le sens, Monsieur, du nombre de ces
« amis que mes pauvres livres me font de par le monde
« et que je ne connais pas, mais que j'ai tant de
« plaisir à rencontrer quand une occasion fortuite se
« présente de leur serrer la main. En attendant que
« cette bonne fortune m'arrive à votre égard, recevez
« cette lettre comme un gage de ma vive et cordiale
« estime.
« Je regrette de ne pouvoir vous écrire que sous les
« initiales V. P. Elles signent un article que les pre-
« miers noms de notre littérature pourraient souscrire,
« mais quel qu'il soit, le nom qu'elles cachent ne
« restera pas longtemps ignoré.

« Votre ami, V. Hugo. »

13 décembre 1826.

Dans cette lettre écrite à un anonyme, à un inconnu qu'il a droit de supposer au moins de son âge, sinon son aîné, Hugo ne sait au juste quel ton prendre ; mais quand il apprend que l'auteur de l'article n'a que dix-huit ans, oh ! alors il est plus à l'aise et parle avec hardiesse ; les conseils ou plutôt les encouragements s'échappent de sa plume ; il comprend qu'il vient de faire une recrue précieuse et il s'en applaudit.

Enhardi par cette réponse, Victor écrit pour demander, — timidement ce que demandent les jeunes poètes, — s'il doit continuer de faire des vers, et V. Hugo lui adresse cette lettre qui remplit de joie le jeune provincial.

« Paris, 7 février 1827.

« Ne croyez pas, Monsieur, je vous prie, que vos
« aimables lettres puissent jamais m'importuner. Bien
« au contraire, elles me rafraîchissent l'esprit. J'aime
« les épanchements d'une âme jeune, les confidences
« d'un cœur élevé et naïf. Les sept ans qui nous sépa-
« rent me font presque vieux pour vous et si votre amitié
« veut bien accorder quelque déférence à la mienne,
« je l'accepterai par le droit d'aînesse et non par le
« droit du talent.
« Je ne vous ai point dit assez, je ne vous ai point
« dit au gré de mon cœur et de mon esprit, à quel
« point vos vers m'ont frappé. Ils ont ce caractère
« qui est celui des grandes choses de notre poésie
« renouvelée, ce caractère de grâce et de vigueur, ce
« mélange de jeunesse et de maturité qui est le cachet

« de tous nos talents supérieurs. Vous êtes un de ces
« jeunes hommes du dix-neuvième siècle qui étonnent
« par leur gravité et par leur candeur les vieillards faux
« et frivoles du dix-huitième. Vous me demandez une
« *direction* ? C'est me demander ce qui dépasse ma
« force. Laissez faire votre pensée ; laissez votre
« nature achever votre éducation ; elle est déjà si
« admirablement commencée !

« Vous ferez, Monsieur, tout ce que vous voudrez.
« Je ne sache rien de grand et de fort que ne pro-
« mettent vos premières poésies. Cet état même de
« transition où vous êtes et que vous peignez si bien
« annonce la crise d'une jeune imagination qui se
« développe successivement.

« Vous avez été assez bon pour citer mon nom dans
« un article du dernier *Feuilleton* où s'empreint votre
« originale pensée ; je vous remercie ; vous voulez qu'au-
« cun sentiment ne manque à mon affection pour vous ;
« elle a commencé par la reconnaissance.

« Adieu, Monsieur ; je n'ai que ce conseil à vous
« donner : faites de beaux vers et d'excellente prose,
« et cette prière à vous faire, aimez-moi.

« V. Hugo. »

Quelle exquise politesse dans ces lignes où respire je ne sais quel souffle de poésie qui enivre !
Qu'il y ait un peu d'exagération dans l'expression,
on ne peut le nier ; mais on sent qu'au fond la
pensée est sincère et que bientôt le mot de *Monsieur* ne se trouvera plus sous la plume du maître.
Hugo a deviné Victor ; il se plaît à causer avec lui,
il l'a adopté pour disciple et pour ami. Vers le

milieu de cette même année 1827, il lui adresse une nouvelle lettre à l'occasion de la première visite que notre père venait de lui faire.

« Vous êtes bien heureusement né, Monsieur ; vous
« avez un talent fait pour honorer votre famille et
« une famille faite pour comprendre votre talent. J'ai
« vu votre excellent père, et je ne saurais vous dire à
« quel point je l'ai aimé dès le premier jour. Il a
« quelque chose de si bon, de si cordial, de si bien-
« veillant que je ne pourrais souhaiter un autre pro-
« tecteur aux premières années d'un talent précieux
« comme le vôtre. Bénissez Dieu tous les deux, il ne
« pouvait donner un meilleur fils à un meilleur père.

« Votre père nous a quittés vite, trop vite, dites-le
« lui bien ; mais aux regrets que nous a causés son
« départ, il a voulu mêler une espérance, celle de vous
« voir bientôt. Votre aimable lettre la change en cer-
« titude, et la plus chère marque d'amitié que vous
« puissiez me donner, c'est de la réaliser bientôt. Vous
« ferez de belles choses partout, mais à Paris l'esprit a
« plus d'aliment ; les musées, les galeries, les biblio-
« thèques lui ouvrent de nouvelles sphères d'idées ;
« enfin, tout ce qui s'acquiert est ici, et vous avez déjà
« tout ce que la nature donne.

« Votre ami, M. Mazure, a été assez bon pour me
« venir voir deux fois, et m'a communiqué de fort
« beaux vers, auxquels il ne manque qu'un éditeur.
« Le moment est malheureusement peu propice pour
« qu'un libraire s'éprenne d'un manuscrit dont l'auteur
« est inconnu ; mais j'espère être plus utile cet automne
« à M. Mazure ; je ne me plains que de le voir trop
« rarement ; il doit penser qu'un poète qui est de vos
« amis, ne peut jamais me déranger.

« J'ai été également enchanté de connaître M. David.
« C'est un homme de beaucoup de talent et de beau-
« coup d'idées. C'est le seul des sculpteurs actuels qui
« ait de l'originalité; il m'a fait voir son atelier où
« abondent les belles choses.

« Je viens de recevoir l'*Inauguration du buste de
« Béclard*. Je l'ai lue avec beaucoup d'intérêt. Le dis_
« cours de M. votre père est surtout remarquable.....
« Vous n'avez plus besoin maintenant que je vous dise
« de m'écrire. Vous savez comme je vous aime. Dites
« à votre bon père que le plus sûr moyen de doubler
« le plaisir que me fera votre arrivée à Paris, c'est de
« venir avec vous.

                        « Votre ami, V. H.
    « Ce 20 mai 1827. »

Notre père était de ces hommes bien doués du côté du cœur et de l'esprit, qui se révèlent au premier abord tels qu'ils sont et plaisent partout où ils vont. Le grand poète l'a bien vite compris et il a saisi ses qualités dominantes, bonté, cordialité, bienveillance. Si notre père fut ravi de l'accueil qu'il reçut, on le devine! Et Victor se sentit enhardi à franchir le seuil de ce sanctuaire qu'habitait son idole. A propos d'une pièce de vers intitulée *Dernière feuille* qu'il lui adressait, Hugo disait :

« Votre *Dernière feuille* est charmante, Monsieur ;
« vous y avez attaché de certains vers et un certain
« nom qui résonnent comme elle ; mais j'ai été ravi, et
« bien touché de cette preuve d'amitié que me donne
« votre beau talent.

« Vous m'avez écrit une lettre charmante qui m'au-
« rait consolé du *Globe* et de l'*Etoile* si j'avais eu besoin
« d'en être consolé ; ce sont des gens qui m'attaquent
« et qui ont leurs raisons, sans doute. Je suppose que
« cela leur fait plaisir ; pourquoi m'en affligerais-je ?
« Je m'en réjouis au contraire, puisque cela me vaut
« des lettres comme les vôtres.

« J'ai chargé mon libraire de vous envoyer cette
« *Ode à la colonne* qui ne vaut pas ce seul vers :

« C'était une feuille d'automne, »

« j'en destine également un exemplaire à M. votre
« père.

« Adieu, Monsieur, vous me promettez de m'écrire
« souvent. N'y manquez pas, de grâce ; votre amitié,
« votre poésie me rajeunissent ; vos lettres sont déjà
« plus qu'un plaisir pour moi.

« V. H. »

Peu à peu la liaison se forme ; le poète prend
un ton plus affectueux et d'une aimable familiarité. Ce qu'il dit à Victor à propos de ses deux
articles sur *Cromwell* est trop flatteur pour que
nous le passions sous silence : on voit paraître
dans ces lignes le profil de Sainte-Beuve, — le
plus assidu de ce *cénacle* non encore au complet,
— qui déjà s'étonne des jugements remarquables,
que porte Victor sur la littérature renouvelée :

« Nos lettres se croisaient, mon poète ; à l'heure où
« je lisais votre *gentil message*, vous lisiez mon griffon-
« nage inextricable, mais n'importe ! Votre amitié,
« n'est-il pas vrai, me devine quand vos yeux ne peu-

« vent me déchiffrer, et quand je vous écris, si la plume
« est mauvaise, le cœur est bon.

« Savez-vous que je m'en veux de vous avoir écrit
« toute une page sans vous avoir dit encore que votre
« 2ᵉ article est plus beau, oui plus beau, s'il est pos-
« sible, que le 1ᵉʳ ; que vous êtes déjà mûr pour avoir
« à peine vingt ans ! Quelle verve ! quel éclat de style
« et d'idées ! Sainte-Beuve s'extasiait hier sur votre
« travail ; il le sait par cœur, *à la lettre*, et le récite à
« tout le monde.

« Il ne s'est pas fait en France de si remarquable
« article que le vôtre sur ce *Cromwell* ; il n'y a que les
« hauts articles de *Reviews* anglaises qui soient dignes
« d'être lus après les vôtres.

« Pardon pour mon gâchis. Vous savez que notre
« David va bien, tout à fait bien [1], qu'il sort, qu'il se
« promène au soleil et qu'il va reprendre ses travaux.
« Je le vais voir tous les jours, pour le voir et pour
« causer de Victor d'Angers [2]. Mille souvenirs de ma
« femme et de moi à votre excellent père. Je viens de
« marier mon frère aîné [3] ; quand vous serez marié
« j'aurai une belle-sœur de plus.

« Victor. »

Il paraît que les deux articles sur *Cromwell* avaient
été lus avec un véritable plaisir par V. Hugo et
par ses amis. Dans une lettre du 5 janvier 1828, il
y revient encore avec un redoublement d'éloges :

---

[1] David était en convalescence du terrible coup de bâton qu'un assassin lui avait porté au front, à la sortie d'une soirée chez le peintre Gérard.
[2] V. Hugo demeurait alors au n° 90 de la rue de Vaugirard et l'atelier de David était rue de Fleurus, tout près.
[3] Abel Hugo.

« Vous avez beau m'y louer, mon jeune et bien cher
« ami, et m'y trop louer, je n'en crierai pas moins
« jusque sur les toits que votre article est admirable,
« et qu'il est triste (je ne dis pas pour moi, que
« suis-je? mais pour les lettres) qu'un si profond et si
« élevé morceau de critique s'imprime dans le coin
« d'une province, tandis que messieurs R. et compa-
« gnie déposent leur nullité en quatre colonnes dans
« un journal qui se multiplie à quinze mille exem-
« plaires et parle à cinq cents mille hommes dans les
« deux mondes ! que voulez-vous ?

« Toutes les personnes qui ont déjà lu votre premier
« article sur *Cromwell* sont dans le ravissement; David,
« Sainte-Beuve, Paul Foucher, en radotent. Je vais le
« faire lire à Emile Deschamps et à Ch. Nodier. Sainte-
« Beuve a fait aussi, lui, deux bien remarquables
« articles sur ce pauvre livre; on les a refusés au *Globe*
« dont les *prosaistes* me gardent rancune. Vous voyez
« qu'il y a de l'intolérance jusque chez les philosophes
« et de la *censure* même chez les démocrates; que
« voulez-vous encore ?

« J'ai mille vœux de bonheur à vous envoyer; car
« il n'y a rien à vous souhaiter du côté du talent.
« Soyez donc toujours l'orgueil de votre respectable
« père, et quant à moi, je me fais un souhait de bonne
« année, c'est que vous veniez me voir en personne.
« Parlez-en, de grâce, à Monsieur Pavie.

« *Ora pro nobis.*

« Votre ami, V. HUGO. »

Dès le mois de juillet de cette même année,
V. Hugo écrit de nouveau à Victor. Celui-ci est en
verve, il multiplie dans le *Feuilleton* les vers et la

prose que lui inspirent les productions des maîtres, et c'est Hugo qui se charge de répondre :

« Vous êtes en droit de m'en vouloir, mon poète,
« car depuis de longues semaines que vous nous avez
« quittés, comment ai-je répondu à votre correspon-
« dance, à votre charmante lettre et à cette autre cor-
« respondance imprimée qui m'a apporté tour à tour
« votre bel article sur la *Ronde du Sabbat*, les remar-
« quables strophes sur *Smarra*, et enfin l'excellent
« morceau sur le *Faust* des deux grands poètes, Gœthe
« et Delacroix [1] ?

« Ne me croyez pas pourtant, cher ami, aussi cou-
« pable que je le parais. J'ai des épreuves à lire, à
« corriger, des visites à recevoir, de gros livres à lire,
« des affaires à suivre ; j'ai écrit ce mois-ci trois let-
« tres à des notaires et à des avoués. Jugez quelle
« fatigue il y a dans tout cela ! Et puis, la meilleure
« raison, c'est que je suis paresseux.

« Vous êtes indulgent, vous, et vous voudrez bien
« m'aimer comme cela, et pensez qu'entre les lettres
« de Lamartine, de l'abbé Lamennais, de Château-
« briand, les vôtres sont encore celles auxquelles je
« réponds le plus vite.

« Vous occupez-vous, comme vous me l'avez promis,
« de la petite maison gothique près d'Angers ? De
« grâce, envoyez-moi dans votre prochaine lettre des
« détails sur cette affaire [2], si pourtant vous voulez
« toujours de moi qui veux toujours de vous.

« Sainte-Beuve vient de publier son livre qui est

---

[1] La belle édition du *Faust* illustrée par E. Delacroix.
[2] Il s'agissait du château des Ponts-de-Cé, alors en vente et que V. Hugo songeait à acheter pour y venir passer l'été.

« excellent, Boulanger va vous envoyer sa *Saint-*
« *Barthélemy* qui est magnifique. Vous voyez que Paris
« pense à Angers.

« Adieu, adieu; Paul se plaint de la rareté de vos
« lettres; il a raison, elles sont rares de toutes ma-
« nières. Mille choses à vous tous.

« V. H. »

Déjà Victor est devenu l'ami de la famille;
V. Hugo lui fait part des événements heureux et
malheureux qui se passent parmi les siens; ces
lettres dont nous extrayons des fragments nous
montrent le grand poète dans la simplicité de son
rôle de fils et de père, sensible à tout ce qui peut
toucher le cœur de l'homme. C'est à cette année
1828 si féconde en lettres de Hugo, que se rap-
portent les fragments qu'on va lire.

« Je dois des remerciements à quelqu'un d'Angers,
« mon jeune et cher poète, et il est impossible que ce
« ne soit pas vous ou monsieur votre père. J'ai reçu
« dimanche d'Angers six bouteilles d'une excellente
« liqueur... Or cette bonne et douce liqueur nous la
« boirons avec vous, je l'espère, car nous vous atten-
« dons tous les jours et nous vous comptons déjà dans
« toutes nos joies de cet hiver. Maintenant que je vous
« ai remercié, il faut que vous me félicitiez. *Un enfant*
« *nous est né !* Ma femme a mis au monde un petit
« garçon, il y a une huitaine de jours, lequel se porte
« fort bien et n'a que très peu altéré la santé de sa
« mère. Le nourrisson et la nourrice sont à présent le
« mieux du monde, ne demandant l'un qu'une goutte
« de lait, l'autre qu'un sourire. — Est-ce que vous

« n'allez pas arriver demain, cher poète ? Savez-vous
« que nous avons besoin de vous voir et que nous
« nous fatiguons de vous aimer de loin ?

« Victor.

« Paul vous embrasse ou plutôt demande à vous
« embrasser ; j'en fais autant et bien fraternelle-
« ment. »

L'enfant dont il signale ici la naissance, c'était
François-Victor, nommé dans la famille Toto.
Parlant de la mort de son père, le général Léopold
Hugo, le poète disait :

« Je ne vous ai pas encore remercié, mon jeune
« poète, de votre bonne lettre et de la lettre de votre
« excellent père. Je sais que vous êtes tous deux pleins
« d'indulgence pour moi comme pour mes œuvres,
« et mon deuil profond, mon deuil inconsolable ne
« m'excuse que trop près d'amis comme vous. J'ai
« perdu l'homme qui m'aimait le plus au monde, un
« cœur noble et bon, qui mettait en moi un peu d'or-
« gueil et beaucoup d'amour, un père dont l'œil ne
« me quittait jamais. C'est un appui qui me manque
« de bien bonne heure. Aussi, mon bien cher Victor !
« priez Dieu qu'il vous laisse longtemps votre père ! »

Nous avons là en regard le père joyeux et le
fils attristé, à côté de l'affabilité poussée jusqu'à la
coquetterie, la note pieuse et désolée. C'est toujours le même fond de poésie qui fait arriver
l'expression juste, vraie, colorée, au bout de la
plume, et se joue avec une merveilleuse aisance

sur un ciel bleu et sur un ciel noir. Écoutons maintenant le poète expliquer la chute retentissante d'un drame de Paul Foucher, *Amy Robsart*, que le public regardait comme l'œuvre de Victor Hugo lui-même :

« Vous savez la petite infortune advenue à Paul.
« C'est un petit malheur près d'un bien grand[1]. J'ai
« dû le couvrir de mon mieux dans cette occurrence.
« D'ailleurs c'est moi qui lui ai porté malheur. La
« plébécule cabalante qui a sifflé *Amy Robsart* croyait
« siffler *Cromwel* par contrecoup. C'est une malheu-
« reuse petite intrigue classique qui ne vaut pas du
« reste la peine qu'on en parle.
« Adieu, mon poète ; comment en êtes-vous encore
« à me demander une place dans mon amitié ? N'êtes-
« vous pas déjà de mes vieux amis ? La perte de mon
« père m'a laissé un vide immense, profond ; mais
« vous êtes de ceux qui le rempliraient, s'il pouvait être
« rempli.

« Votre frère, V. H. »

On sait que V. Hugo affectait de ne pas prendre au sérieux les critiques qui dénigraient ses œuvres ou celles de ses amis ; il y était au fond très sensible et savait trouver des formules amères pour se venger. Voici une lettre où la bienveillance poussée à ses dernières limites coudoie le mépris le plus vif ; elle ne serait pas signée que l'on n'hésiterait pas à en nommer l'auteur.

[1] La mort de son père.

« 3 avril 1829.

« Vous allez donc enfin nous revenir, mon jeune et
« cher poète. C'est une agréable et douce nouvelle au
« milieu de mes chagrins de famille. J'aime bien votre
« lettre, mais j'aimerais encore mieux vous.

« J'ai vu ce méchant portrait dont vous parlez ; il me
« semble qu'on m'a flatté et qu'on m'a gâté ; c'est un
« joli garçon, tradition populaire. Je demande toujours
« le vôtre à David et je le gronde de ne l'avoir pas
« encore *publié*, pour vos amis. Savez-vous qu'il y a
« dans le dernier *Feuilleton* une ballade qui est un chef-
« d'œuvre ; faites en mes compliments à M. V. P. C'est
« magique, c'est pittoresque, c'est neuf et d'un excel-
« lent ton de style... On dirait une de ces vieilles et
« admirables compositions d'Albert Durer ou de Rem-
« brandt.

« A propos de grands peintres, ne croyez pas, je
« vous prie, sur la foi de quelques feuilletonistes stu-
« pides, au premier rang desquels je mets sans
« balancer le *Globe*, ne croyez pas que Delacroix ait
« failli. Son *Sardanapale* est une chose magnifique et
« si gigantesque qu'elle échappe aux petites vues.
« Du reste, ce bel ouvrage, comme beaucoup d'autres
« ouvrages grands et forts, n'a point eu de succès
« près des bourgeois de Paris : *sifflets des sots sont*
« *fanfares de gloire !* Si je regrette quelque chose,
« c'est qu'il n'ait pas mis le feu à ce bûcher ; cette
« belle scène serait bien plus belle encore si elle avait
« pour base une corbeille de flammes. Quant à la
« *Sainte Thérèse* de M. Gérard, c'est mieux que son
« *Canning* sans doute, mais souvenez-vous que M. de
« Ch. (Châteaubriand ?) se connaît peu en peinture ; ses
« éloges sont tout simplement un remerciement.

« Vous me dites de vous parler de moi ; hélas ! pour

« le moment ce serait vous parler d'avoués, de com-
« missaires-priseurs, de scellés, d'inventaires, etc.
« Qu'il est triste de penser que les chagrins deviennent
« si vite des affaires ! Je corrige les épreuves d'une
« 4ᵉ édition des *Odes et Ballades*. Adieu, mais venez vite
« avec votre bon père.

« *Vale et ama.* V. H. »

Jusqu'ici tout est au mieux. Pendant son séjour à Paris Victor trouve auprès du Maître le plus aimable accueil, les plus encourageantes paroles et quand il revient à Angers les lettres les plus flatteuses entretiennent sa verve poétique. Dans sa candeur il était loin de soupçonner les idées étranges, les théories ambitieuses qui germaient dans la tête de Hugo. Il supposait que l'homme de génie ne peut errer et que le bon sens, à défaut de convictions religieuses, l'empêcherait de s'abandonner à des rêves dangereux et de vouloir substituer ses fantaisies aux lois esthétiques et morales qui régissent le monde des arts et la société humaine.

Vers 1833, V. Hugo de plus en plus attiré vers le théâtre qui procure la gloire la plus sensible et rapporte les plus gros bénéfices aux écrivains, se mit en tête d'avoir une scène à lui. Des disputes qu'il avait eues avec les directeurs qui jouaient ses pièces et avec les acteurs et actrices qui tenaient les premiers rôles, le fortifièrent dans cette résolution. On en parla dans le public ; on dit que Hugo voulait se faire directeur de théâtre. David et Sainte-Beuve en firent part à Victor dans leurs lettres et se trouvèrent d'accord pour blâmer Hugo. Il paraît que Victor écrivit à ce propos une lettre attristée au poète qui voyant le mauvais effet produit dans le public par cette détermination étrange, répondit en expliquant sa pensée :

« Vous avez raison, mon ami, mille fois raison. Je
« n'ai jamais songé à *diriger* un théâtre, mais à en
« *avoir* un à moi. Je ne veux pas être directeur d'une
« troupe, mais propriétaire d'une exploitation, maître
« d'un atelier où l'art se cisélerait en grand, ayant
« tout sous moi et loin de moi, directeur et acteurs.
« Je veux pouvoir pétrir et repétrir l'argile à mon gré,
« fondre et refondre la cire et pour cela il faut que la
« cire et l'argile soient à moi. Du reste quelqu'un
« administrera, *dirigera* pour mon compte à moi, je
« ne ferai que des pièces, et la machine une fois en
« train, je les irai peut-être faire au lac de Côme ou
« sur les bords du Rhin, ou chez vous. Je serai même
« moins mêlé de cette façon aux choses du théâtre,
« qu'en restant simplement autour *ou dehors*. Ce qui
« salit le poète, ce sont les tracasseries de la coulisse.
« Vous concevez qu'il n'y a pas de tracasseries pour le
« maître. — D'ailleurs, aurai-je un théâtre, et tout
« ceci n'est-il pas une chimère ? Mais tranquillisez-vous.
« Venez me voir; je vous achèverai cette lettre en
« causerie. Je ne saurais vous dire combien votre lettre
« m'a touché ! Pour rien au monde, je ne froisserai
« une si noble et si tendre amitié, quand même elle
« aurait tort; mais ici elle a raison. Je suis, j'étais
« d'avance d'accord avec vous. Le fond de moi ne

« change pas ; vous savez que je suis un homme
« *synthétique* et par conséquent plein de préjugés.
« Gardez cette lettre bien secrète et bien entre nous
« deux, pour mille raisons, et venez me voir. J'ai un
« service à vous demander.

« *Ex imo corde.* V. H. »

C'était donc de Paris que Victor avait écrit, jugeant trop délicat de s'expliquer de vive voix avec Hugo sur ce sujet. La réponse est un peu difficile à comprendre. Comment admettre que le *maître* d'un théâtre soit moins exposé qu'un directeur aux tracasseries de la coulisse *qui salissent le poète ?* Est-ce que les tracasseries, les querelles jalouses des acteurs et des actrices ne devaient pas en dernier ressort remonter jusqu'au maître qui aurait lui-même choisi sa troupe ? C'était un projet mal conçu et qui n'eut pas de suite. Hugo ne s'y était arrêté qu'un instant, emporté par sa passion pour l'omnipotence en fait d'art et l'ardent désir de reformer la scène française selon ses idées. C'eût été une manière de mettre en action les théories proclamées dans la préface de *Cromwell*. Mais pour nous la question n'est pas là. Ce qui nous frappe c'est la douceur, la patience avec laquelle il prend la peine de se disculper devant Victor, et les précautions que prend cet homme de génie, d'ordinaire impétueux et peu flexible, pour ne pas froisser une *si noble* et *si tendre amitié*. Et pour qu'il ne reste pas même une trace de ce malentendu, il veut achever de convaincre son ami par une causerie; il l'appelle; afin d'être plus sûr qu'il viendra sans retard, il feint d'avoir un service à lui demander. Quelle condescendance! il tenait donc bien à l'amitié de Victor ?

Hugo professait sur le théâtre des idées neuves, étranges, faites pour dérouter des esprits moins profondément religieux que celui de Victor. Un jour il disait devant nous qu'il voulait faire un drame sur la mort de Louis XVI où l'on verrait le roi, pieuse et innocente victime, recevant la sainte communion sur la scène, de la main du prêtre !!! Une discussion s'engagea sur ce sujet entre Victor et le poète; le premier soutenait qu'il y a des cérémonies saintes qu'on ne peut transporter sur la scène sans commettre une profanation, le second prétendait que le théâtre pouvait, devait être comme un tableau, la représentation vivante des faits. Il paraît que cette théorie réaliste fut développée plus tard par Hugo dans un article de revue. Mécontent et profondément affligé de voir le poète exposer publiquement de pareilles idées, Victor lui écrivit; en même temps il faisait allusion, paraît-il, à d'autres incidents de la vie de Hugo dont les journaux parlaient... Ces choses sont si loin dans le passé qu'il est difficile de préciser les faits. On comprendra par la réponse même de Hugo ce dont il s'agissait : le plaidoyer du poëte en faveur de sa conduite permettra au lecteur de juger la cause devenue transparente.

« Paris, 25 juillet 1833.

« Personne ne me comprend donc, pas même vous,
« Pavie, vous que je comprends pourtant si bien, vous
« dont l'âme est si élevée et si bienveillante? cela est
« douloureux pour moi.
« J'ai publié il y a six semaines un article dans
« l'*Europe littéraire*. Lisez le paragraphe qui se termine
« par *Deus centrum et locus rerum* [1]. Vous aurez ma
« pensée; commentez-la en vous-même *dans mon sens*,
« je crois que cela modifiera vos idées actuelles sur
« moi.
« Le théâtre est une sorte d'église, l'humanité est
« une sorte de religion. Méditez ceci, Pavie; c'est beau-
« coup d'impiété ou beaucoup de piété, moi je crois
« accomplir une mission.
« Je n'ai jamais commis plus de fautes que cette
« année et je n'ai jamais été meilleur; je vaux bien
« mieux maintenant qu'à mon temps d'*innocence* que
« vous regrettez. Autrefois j'étais innocent, mainte-
« nant je suis indulgent, c'est un grand progrès, Dieu
« le sait. J'ai auprès de moi une bonne et chère amie,
« un ange qui le sait aussi, que vous vénérez comme
« moi et qui me pardonne et qui m'aime. Aimer et
« pardonner, ce n'est pas de l'homme; c'est de Dieu
« ou de la femme.
« Certes, vous avez bien raison de dire que vous êtes
« mon ami. A qui écrirais-je ainsi?
« Allez, je vois clair dans mon avenir, car je vais

[1] Je ne suis pas sûr de la lecture de ces cinq mots, tracés avec une plume qui effleure à peine le papier.

« avec toi l'œil fixé au but ; je tomberai peut-être en
« chemin, mais je tomberai en avant, quand j'aurai
« fini ma vie et mon œuvre, fautes et défauts, volonté
« et fantaisie (?), bien et mal, on me jugera.
« Aimez-moi toujours.
« Je vous serre dans mes bras.

« V. H. »

C'est là le langage d'un esprit qui a rompu avec toutes les traditions, qui se crée un monde selon sa fantaisie, invente une morale à son usage. La phrase court de sommet en sommet, sans se poser nulle part, et semble errer dans les nues. Je ne sais si Victor put comprendre quelque chose à ces théories, mais je suis certain que cette lettre lui causa du chagrin. On sent que celui qui l'écrit n'espère pas convaincre son ami ; il cherche à l'éblouir par des mots sonores, par une poésie orageuse d'où il voudrait faire jaillir des éclairs ; et puis ne sachant comment conclure, il le serre dans ses bras pour l'attendrir. On va loin quand on est emporté sur cette pente avec la rapidité vertigineuse d'une âme ardente, en proie à l'orgueil et aux passions ! On n'est plus aussi surpris de ce que devint plus tard le poète de génie quand on le voit dès 1833 écrire une pareille lettre. Quels terribles pressentiments durent troubler l'esprit de Victor lorsqu'il lut ces lignes dont chaque mot renferme un paradoxe inquiétant ! Il n'essaya plus de lutter contre le courant qui entraînait

Hugo, et Hugo n'eut plus besoin de lui exposer ses théories pour tâcher d'obtenir son adhésion. L'amitié évita cette pierre d'achoppement, mais quoique rien à la surface ne parût altéré dans leurs rapports, au fond la confiance ne pouvait être la même.

Dans les grandes circonstances de la vie, quand le cœur souffrait, le poëte oubliant des idées transcendantes, redevenait tout simplement l'homme sensible, malheureux, le bon et tendre père. A la mort de sa fille, il écrit à Victor cette courte lettre qui n'est paradoxale que vers la fin :

« Je ne vis plus, mon pauvre ami, je ne pense plus :
« je souffre, j'ai l'œil fixé sur le ciel; j'attends. Que de
« belles et touchantes choses vous me dites ! les cœurs
« comme le vôtre comprennent tout parce qu'ils con-
« tiennent tout. Hélas! quel ange j'ai perdue !
« Soyez heureux, soyez béni; ma bénédiction doit
« être agréable à Dieu, car près de lui les pauvres sont
« riches et les malheureux sont puissants. Je vous
« serre tendrement la main.

« V. H. »

Lorsque sa conduite décidément énergique lui attira des rigueurs maladroites de la part du régime inauguré le 2 décembre, Hugo fut étourdi du coup. Il ne soupçonnait pas qu'il pût être jamais mis hors la loi dans cette France qu'il aimait parce qu'il était une de ses gloires. Le

25 janvier, peu de jours après son arrivée à Bruxelles, il écrit :

« Cher ami, cher poète, merci. Votre lettre m'arrive
« et me touche au cœur. Je suis banni, proscrit, exilé,
« expulsé, chassé, que sais-je ? Tout cela est bon, pour
« moi d'abord, qui sens mieux en moi la grande joie
« de la conscience contente, pour mon pays ensuite,
« qui regarde et qui juge. Les choses vont comme il
« faut qu'elles aillent ; j'ai une foi profonde, vous
« savez. Je souffre d'être loin de ma femme si noble
« et si bonne, loin de ma fille, loin de mon fils Victor,
« (Charles m'est revenu) — loin de ma maison, loin de
« ma ville, loin de ma patrie ; mais je me sens près
« du juste et du vrai. Je bénis le ciel ; tout ce que Dieu
« fait est bien fait.

« Je vous serre la main, cher vieil ami.

« Victor H.

« 25 janvier 1852. »

V. Hugo a beau se poser en républicain qui oppose le stoïcisme à l'arbitraire et simuler la résignation, il souffrait plus que nul autre hors de la France qui écoutait sa parole et applaudissait ses drames. Il est atterré du coup qui le frappe ; sa phrase chrétienne : *Je bénis le ciel, tout ce que Dieu fait est bien fait !* cette phrase conforme à l'Évangile, prononcée à contre-cœur, n'étouffe point en lui le désir, l'espoir de la vengeance qui s'échappera en traits brûlants et répétés de son âme ulcérée.

Désormais sa vie est troublée ; il exultera à chaque succès de ses vers qui causeront de l'irritation chez ceux qui l'ont exilé ; il répandra sur eux sa haine, son mépris, ses malédictions ; toutes choses qui assouvissent la colère, mais ne donnent point la paix. Aussi, plus de ces lettres aimables, cajolantes, affectueuses et sincères qu'il se plaisait jadis à écrire à Victor, comme pour se donner la joie d'exprimer tout haut la satisfaction intérieure de sa conscience tranquille.

Citons encore une lettre de Mme Hugo, lettre naïve, affectueuse et familière, datée de Jersey, 20 novembre 1854, troisième année d'exil. Ces pages donnent de curieux détails sur la vie que menaient les bannis dans cette île hospitalière :

« Cher Monsieur, merci, merci de votre souvenir ;
« les souvenirs qui nous arrivent sont précieux ; nous
« les gardons au plus profond de notre cœur.
« Voilà tout à l'heure trois ans que mon mari est
« exilé, et voilà plus de deux ans que nous habitons
« Jersey. Nous sommes habitués à cette île et nous
« finissons même par nous y attacher ; le climat est
« doux, l'air y est sain ; nous n'y sommes pas trop
« dépaysés quant à la nourriture. Les habitants sont
« illettrés, sans entrain, mais sont d'un commerce sûr.
« Ils savent estimer ce qui est estimable et ont une
« grande déférence pour les intelligences supérieures
« aux leurs. La liberté, et cela nous est précieux, est
« ici incomparable. Je n'ai jamais vu un gendarme,
« ni un sergent de ville et, je ne sais comment cela se

« fait, l'ordre y est parfait [1] : l'Eglise anglicane exerce
« ici une grande influence ; les Jersyais sont très reli-
« gieux et quoique leur religion soit un peu aride et
« étroite, le résultat en est au demeurant excellent.
« Ce qui donne cet esprit d'ordre, la charité y est
« exercée d'une façon touchante par les femmes.....

« Que je vous parle des miens ; mon mari achève
« ses *Contemplations* et fait mille autres choses à la
« traverse. Mon Charles rêve beaucoup, travaille peu,
« parle extrêmement et très bien. Toto traduit Shakes-
« peare ; Adèle prend des notes pour le *Journal de*
« *l'exil*, apprend la composition musicale, attrape de
« temps en temps un mot d'anglais, que Toto sait par-
« faitement. Notre fidèle Auguste [2] fait des pièces que
« la censure (en France) empêche de jouer.

« Il fait de la photographie ; j'ai en ce moment un
« bel album de portraits. Je m'occupe de bas et de
« chaussettes ; je tâche de ne pas trop dépenser, car
« nous sommes fort appauvris. Depuis l'exil on n'a pas
« joué une seule pièce de mon mari ; on empêche le
« plus qu'on peut ses œuvres de se vendre. Nous
« tâchons d'agrandir notre âme, d'augmenter nos
« facultés aimantes, d'élever notre pensée. Nous
« aimons, nous travaillons, nous pensons, nous tâchons
« enfin autant qu'il est donné à notre faiblesse, d'obéir
« aux grandes lois de Dieu. Nous croyons être moins

---

[1] La police de la rue se fait à Jersey par un *centenier* et des *dizainiers* qui savent très bien mettre la main sur le collet des malfaiteurs et la haute police est représentée par le gouverneur que nomme la Reine et qui a des pouvoirs fort étendus. Victor Hugo ayant publié à Jersey un journal très dangereux, intitulé *l'Homme*, se vit obligé de quitter l'île peu de temps après et se retira avec sa famille à Guernesey.

[2] Le frère du mari de sa fille, M. Auguste Vacquerie.

« loin de lui maintenant, qu'avant l'exil. — Les bas et
« les chaussettes raccommodés, je fais un travail ; mon
« mari me raconte sa vie, toute sa vie, le soir après le
« dîner ; j'écris ce qu'il vient de me dire ; cela formera
« des espèces de mémoires, vous y aurez votre place,
« cher ami. J'ai une belle terrasse, à mes pieds est la
« mer ; je vais souvent m'y promener ; je pense à mes
« morts, à mon ange qui est plus que jamais vivante
« dans mon cœur. Nous avons dans notre maison des
« chiens que Charles adore ; nous y avons des chats,
« qu'Auguste adore ; le soir des amis viennent chanter
« et faire de la musique. Cette musique nous ravit
« tous. — Cher ami, quel changement ! Des chiens et
« de la musique chez Victor Hugo ! Eh bien, oui ;
« maintenant tout cela est aimé de nous. Cela vient
« d'une plus grande expansion de l'âme ; cela vient de
« l'exil. Embrassez bien fort pour moi votre femme et
« vos enfants qu'hélas ! je ne connais pas. Je ne puis
« vous dire : à bientôt ! mais je puis vous dire : à cer-
« tainement là-haut.

« ADÈLE H.

« Je vous envoie deux portraits d'êtres qui vous
« aiment. »

Cette lettre est un tableau exact de ce qui se
passait à Jersey en 1852, une scène de famille
peinte au naturel ; Mme Hugo était réaliste quand
elle parlait de son mari et de sa famille. Elle aimait
les siens d'un amour dévoué ; tout était au mieux
dans le meilleur des intérieurs. Lorsqu'elle mourut,
la pauvre mère, l'exil avait pris fin ; à Victor qui

avait appris la triste nouvelle, Hugo répondait ces quelques mots désolés :

« J'ai le cœur navré ; je sens que vous m'aimez tou-
« jours un peu. J'entends votre voix comme la voix de
« mon passé et de ma jeunesse, doux et sombre appel ;
« je suis vieux ; j'irai bientôt où est cette grande âme
« qui vient de partir.

« A vous *ex imo*, V. H. »

C'est sur la tombe de Madame Hugo que se ferma cette correspondance qui avait duré quarante années. Quelle profonde tristesse régnait alors au fond de l'âme du grand poète saturé de gloire ! Ah ! son passé, sa jeunesse qu'il qualifie de *doux* et *sombre* appel ! Le souvenir de ces temps de luttes où la poésie tout entière occupait son esprit, était plus présent à son cœur qu'on ne l'a cru, qu'il ne l'a avoué. Quelqu'un, une personne respectable, intelligente, qui l'avait connu dans son âge mûr, dans son rayonnement, ayant eu l'occasion de le voir, quelques jours avant sa mort, lui rappela cette époque lointaine en laissant entendre que la voie suivie depuis lors s'écartait de celle dans laquelle il avait marché. Le poète prit sa tête dans ses mains et dit en soupirant : Mon passé ! mon passé ! — Le regrettait-il ? le préférait-il à son présent ? On peut le croire, car la dernière fois que Victor eut avec lui une entrevue, il répondit aux questions, — discrètement posées, mais bien nettes, — sur la grande affaire des croyances : « J'espère, j'ai confiance dans la miséricorde de Dieu qui est si bon ! » Non, la foi n'était pas tout à fait éteinte en lui ; elle eût pu se rallumer, si le nouveau *cénacle* n'eût pris soin de l'étouffer !

FIN.

TABLE

PREMIÈRE PARTIE

	pages
Préface	v
Les années d'enfance	1
Les grands parents	19
La première jeunesse	33
L'école et le collège	42
Les débuts littéraires	48
Le mouvement littéraire à Angers	62
Les voyages à Londres et à Weimar	70
La liaison avec Sainte-Beuve	75
Le Cénacle	89
Le retour à Angers	103
Les années inquiètes	114
Les derniers mois d'ennui	140
Le mariage	149

DEUXIÈME PARTIE

Les premières années de mariage	167
Le petit Cénacle de la rue Saint-Laud	183
L'*Ode à Riquet* et les articles dans *l'Artiste*	199

Les joies et les peines	208
Sainte-Beuve à Lausanne et à Rome	217
Du Bellay et *Gaspard de la nuit*	233
Le bonheur et le deuil de la famille Hugo	239
Suite et fin des relations avec les grands amis	258
Les derniers survivants du Cénacle	297
CONCLUSION	307
APPENDICES	309

ANGERS — IMPRIMERIE LACHESE ET DOLBEAU

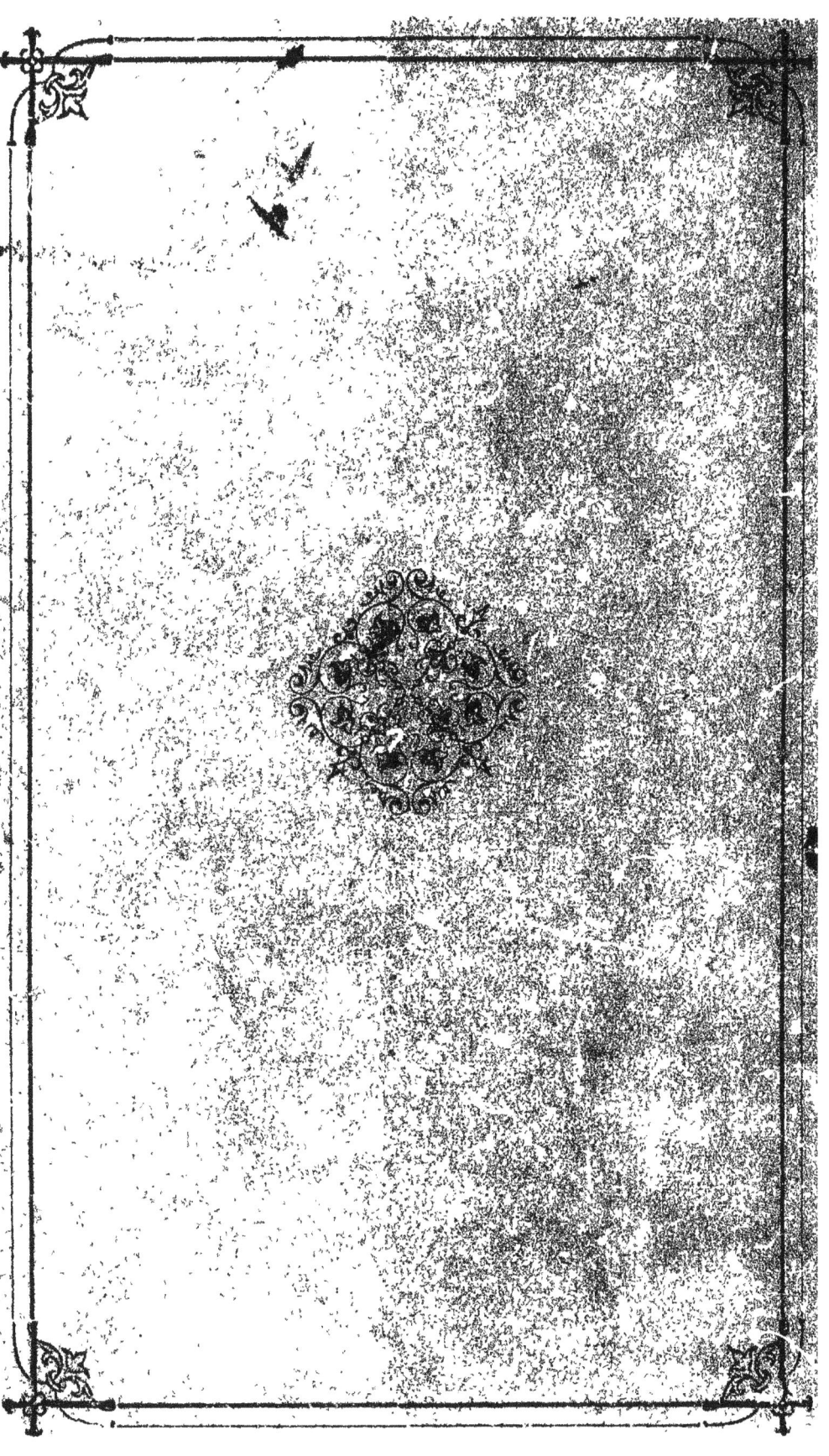

www.ingramcontent.com/pod-product-compliance
Lightning Source LLC
Chambersburg PA
CBHW070434170426
43201CB00010B/1080